生態悠悠行

增訂版

梁永健 編著

花千樹

目錄

第一章
短途路線

第二章
中等難度路線

第三章
長途路線

第四章
生態點滴

前言
延續少年夢

夢想是每個人都有的。我在小學時夢想成為教師；高中時夢想當上飛行員；大學時代夢想可以出版一本書……這些夢想，有一些真的實現了，另一些卻落空了，當然，也有一小部分是不了了之的。

翻閱八十年代末的綠色刊物，教條式的環保指引真的有點令人不知所措：一百條的「dos」與「don'ts」也許永不能在生活中完全銘記遵從。假如環保在今天的世界裡已經不只是一系列的「地球操作守則」，那麼「環保」究竟是什麼一回事？對企業而言，環保也許是一種形象包裝；對政治家而言，環保或是一堆口號與政策；對不懂關愛地球的人而言，環保總是嘮嘮叨叨。

對我而言，環保是一種對生活的堅持。猶記得把廢紙從垃圾箱送返回收箱的「拾荒」行徑引起辦公室內一陣子騷動；也曾拿著鋁罐在街上走了半天也遇不到一個回收箱，結果還是到家門前才能為它找到安身之所；來到工作的地方，我首先要找的不是小食部，也不是洗手間，而是回收箱。一點點的堅持，只因不甘心看見尚有價值的資源被白白浪費。環保，就是應該這麼簡單。

由二〇〇五年《綠色香港──生態欣賞與認識》初版誕生，到今天《生態悠悠（增訂版）》之間，本港有關環境保育的新聞真的不少：二〇〇六年公布「藍天行動」；二〇〇九年實施塑膠購物袋環保徵費計劃；二〇一五年立法會批出撥款於石鼓洲興建焚化爐；二〇一六年香港首個污泥處理設施啟用等。這些事件不少都成了熱門議題，促進不同界別交流意見，也使環境保育成為大眾化的議題。

「自然生態系列」定位在融合學習環境科學與傳遞保育概念的工具書，我們強調的是理性學術、主觀感覺、細心觀察和親身行動結合。《生態悠悠行（增訂版）》繼續引領你到香港各地，透過觀察觸摸，繼而發掘問題和找尋答案，目標是將不同範疇的知識整合，為時事問題提供多元思考角度。我們不會向你訴說官方答案，因為我們相信環境保育沒有標準答案，每個人皆有權利就環境議題進行思考和選擇。

最後，讓我藉此機會感謝各位同儕的協作。對我們一群作者而言，《生態悠悠行（增訂版）》延續了我們的少年夢，同時，也希望這本書能夠引起你的共鳴。

梁永健

準備展開綠色夢幻之旅
做一個良好的生態旅客

歡迎參加這趟綠色夢幻之旅！出發前請先仔細閱讀以下事項：

一、書中地圖只顯示主要地標，並非依準確比例繪製。計劃行程時，請參閱標準的郊遊圖或地形圖。以下為書中地圖的圖例：

二、交通班次或有改動，出發前請從互聯網或致電有關機構查詢最新安排。

三、路線介紹後的生態、文化、風景及難度指數以五粒★為最高評級。計劃行程時，不妨參考這些指數，以配合參加者的興趣及體能。為了方便讀者選擇，三十條路線按路程長短和難度分為三組。

四、欲對生態系統和城市發展的概念有更深入的了解，可參閱《綠色香港──生態欣賞與認識（增訂版）》、《與孩子一起上的十三堂自然課》和《城市發展的爭議──城市、可持續發展與生活素質》。

五、注意安全。出發前查閱潮汐漲退時間、日出日落時間、天氣狀況、路線狀況等，並帶備必需用品和食水；長途旅程更要有完善的行程計劃和充足裝備。旅程中勿騷擾野生動物。觀賞生態時容易忘形，必須注意潛在危險，例如濕滑的山澗、陡峭的山坡、不知不覺的漲潮、突如其來的洪水或海浪等。

六、沿途不斷發掘新鮮事物，試試挑戰每條路線介紹後的「考考你」題目！記著要發揮觀察力，不要依賴或局限於本書所介紹的。

七、本書介紹植物時，偶然提及其可供食用或其醫藥功效，目的是介紹該植物的特性。某些植物與另一些植物外形相似，欠缺專業知識和經驗者不易辨認，切勿嘗試採摘食用。

八、參與具有專業知識的生態導遊帶領的導賞活動，使旅程更安全和更富教育意義。

生態旅遊（ecotourism）有別於一般旅遊，前者令參加者領略大自然的可愛，鼓勵他們身體力行，最終達致保護大自然的目的。「體驗、認識、欣賞、保育」是生態旅遊的四部曲。只有親身體會，才能對大自然有多一分認識，欣賞其可愛之處，繼而予以保護。

據國際自然和自然資源保護聯盟（IUCN）特別顧問謝貝洛斯•拉斯喀瑞（Ceballos-Lascurain）於一九八七年提出的定義，生態旅遊是指「到相對未受干擾或未受污染的自然區域旅行，有特定的主題，以學習、體驗或欣賞其中的景物及野生動植物，同時以關心區內過去及現在的文化特色為目標。在創造經濟機會及對當地居民帶來經濟效益的同時，能達到資源保育及保護的目的」。可見生態旅遊除了以自然為本外，歷史文化亦是重要元素之一。

「除了腳印，什麼也不可留下；除了回憶，什麼也不可帶走」是生態旅遊的大原則。探索大自然的奧妙時，請緊記我們只是一個客人。大自然是各種動植物共同擁有和分享的，於大自然作客時，請緊記做一個守禮的生態旅客：

一、乘搭公共交通工具前往目的地。

二、不要傷害任何動植物──萬物皆有其生存權利。

三、多發問，多嘗試——只有互動的旅程才能帶來樂趣和意義。

四、減少浪費——帶備毛巾，購買簡單包裝的食物和飲品。

五、把廢物帶回市區拋棄——市區有較完善的廢物處理系統。別忘了把可回收的廢物放進回收箱！

六、放下煩惱，盡情探索大自然！

第一章
短途路線

鹿頸

鷺鳥天堂

鹿頸位於新界東北，鄰近沙頭角海，是全港最大的鷺鳥繁殖地點。鹿頸附近的鴉洲更是上佳的觀鳥地點。由於生態價值很高，鴉洲早於一九八五年被列為「具特殊科學價值地點」（Site of Special Scientific Interest, SSSI）。

沿岸風光

在膊頭下下車，從鹿頸路上眺望北面，那一片深藍的海洋是沙頭角海。鹿頸毗鄰禁區，一直沒有大規模發展，大自然風光才得以保留。近年政府縮小沙頭角禁區的範圍，以減輕土地壓力。受歷史及地理因素局限，香港不可

能如其他城市一樣不停地向外擴展伸延，環境保育的問題對香港而言更具挑戰。在其他地區，一樣設有生態保育區，但因為土地供應充足，保育區不致被主張發展的人視為絆腳石。在香港，要平衡「發展」與「保育」已是一大難題。正如二〇一〇年底，南生圍受到大規模的破壞，生態價值盡失。所謂生態價值由誰決定？保育人士所追尋的是不是一個純粹供動植物生活的地方？在發展與保育是必然衝突的港式思維下，沒有生態價值的地方才可盡情發展，結果很多土地在將要開發前都巧合地出現了各種破壞（見《綠色香港——生態欣賞與認識》一書）。

眺望沙頭角

靠著海旁的行人道走，不時會見到高大翠綠的樹和滿樹的白花。花潔白而柔美，像個溫柔的小姑娘，不過這卻是香港四大毒草之一——海杧果（*Cerbera manghas*, Cerbera）。海杧果是類紅樹（associate mangroves），常見於海邊。海杧果的莖、葉和果均含劇毒，不過它的花卻能為蝴蝶（butterfly）提供花蜜！除了海杧果，路邊的類紅樹還有黃槿（*Hibiscus tiliaceus*, Cuban Bast）、

海杧果

海杧果的花

秋茄

恆春黃槿（*Thespesia populnea*, Portia Tree）和露兜樹（*Pandanus tectorius*, Screw Pine，又名Pandanus）。類紅樹適應海岸環境的能力雖不及紅樹，但作為「第二梯隊」，其生長形態較為高大，根部更有效抓著泥土，防止水土流失。在發育完全的海岸，類紅樹和紅樹都井然有序地在岸邊生長。

沿岸也可見到其他紅樹（mangroves），有秋茄（水筆仔，*Kandelia obovata*）、桐花樹（蠟燭果，*Aegiceras corniculatum*）、木欖（紅茄苳，*Bruguiera gymnorhiza*, Many-petaled Mangrove）、海漆（*Excoecaria agallocha*, Milky Mangrove）等。香港許多地方都能見到紅樹，但在鹿頸，紅樹群落很大，看起來像連綿綠色的樹海！這裡的紅樹也長得特別高，香港一般的紅樹高度都低於四米，但在這兒要找一棵高於四米的

池塘

實是易如反掌。鹿頸的海灣三面都有陸地包圍，加上並非面向盛行風，海面平靜，生態環境穩定，故可以孕育出這麼大片紅樹林。

常提及紅樹，原來紅樹是指那些生長在熱帶（tropical）和亞熱帶（subtropical）地區鹹淡水交界的常綠植物。它們在攝氏二十度等溫線（isotherm）之間的沿海地區廣泛分佈。紅樹多在泥灘上生長，但它們適應力強，在岩岸（rocky shore）也可以找到它們的影蹤。紅樹一般都具有特別的生理功能，隔絕鹽分進入根部或／和把鹽分從葉的腺體排出；它們還可以適應泥土因長期被海水淹沒而出現的厭氧（anaerobic）環境。紅樹身體中的丹寧（tannin）含量也挺高，目的是令自己不會「太可口」，減低被草食性動物（herbivore）吃掉的機會。當然，紅樹最為人熟悉的特徵一定是防止幼苗被潮汐帶走的繁殖體（propagule）。繁殖體是紅樹的幼苗，成熟後插在鬆軟的泥土上，迅速長出根部，抓著泥土（見《綠色香港──生態欣賞與認識》一書）。

觀鳥天堂──鴉洲

香港是全球最佳的觀鳥地點之一，每年都有許多觀鳥發燒友千里迢迢前來觀鳥，同時亦推動經濟；沙頭角海灣擁有香港其中一個最大的鷺林。沿岸的石灘或紅樹林旁邊，常會見到很多大白鳥飛過。沿路走幾分鐘，可見到不遠處的小島鴉洲上盡是一點點白色的鷺鳥（egret）。觀鷺鳥時最好帶上八至十倍的望遠鏡；另外，不應穿著顏色鮮艷的衣物和發出聲浪，以減低對鷺鳥的干擾。

鴉洲

根據香港觀鳥會二〇一五年的調查，鴉洲有六十六個鷺鳥巢，為全港第八位。鴉洲成為

鷺鳥

鷺鳥的主要棲息地，一是因為附近的魚塘、淡水河和海灣有大量魚類，為鷺鳥提供大量食物來源；二是鴉洲位處邊境，可達度低，甚少人為活動。在缺乏人類干擾下，鴉洲自然成為鷺鳥棲息地。香港其他鷺鳥棲息地，如米埔、上水河上鄉亦有類似的特徵。可惜近年新界魚塘多被填土作其他用途。當失去食物來源時，鷺鳥也隨之消失。

再往前走，有一條小路直達泥灘。泥灘上長滿了紅樹，秋茄更是優勢群落，隨地都可見到「水筆仔」。泥灘盡頭是離鴉洲最近的地點，在這裡可以近一點欣賞鷺鳥的美態：牠們有的站在淺水處；有的成群地停在同一棵樹上，成了樹上無數白色花朵，令人嘆為觀止！

通往泥灘的小路

小白鷺

大白鷺

大白鷺和小白鷺		
差別	大白鷺	小白鷺
體形	較大	較小
頸部	屈曲度較大	屈曲度較小
喙部顏色	黃色 （繁殖期變為黑色）	黑色
腳趾顏色	黑色	黃色

香港有超過十種鷺鳥，而在鴉洲築巢的便多達六種，有大白鷺（*Egretta alba*, Great Egret）、小白鷺（*Egretta garzetta*, Little Egret）、夜鷺（*Nycticorax nycticorax*, Black-crowned Night Heron）和牛背鷺（*Bubulcus coromandus*, Cattle Egret）等，大部分都是留鳥（resident bird），一年四季都可以見到牠們。鷺鳥是群居動物，牠們大都依賴海岸或濕地維生，特別是有紅樹生長的地方，因為紅樹為鷺鳥提供豐富的食物。在鴉洲看到的大部分是大白鷺和小白鷺。牠們的外形相似，都是亮白如雪，頸部呈 S 形彎曲。不過大白鷺體形較大一點，有黃色的喙（bill），在春夏繁殖期間會轉黑色，而且腳趾全黑；小白鷺則有黑喙及黃趾，不難辨認。

泥灘上可以看到許多一株株的小草，看起來像許多白色和黃色的花，細看原來白色的是花萼，黃色的才是真正的花。這是補血草（*Limonium sinense*, Sea-Lavender），一種常見的海濱植物。它的樣子並不起眼，不過原來它大有用處，全株都可入藥，主要用於清熱止血。

黃槿的果

補血草

補血草的花

鹿頸陳屋及黃屋後有風水林，擁有大量本地樹木。兩村前的沼澤和魚塘的生態價值同樣豐富。

南涌天后宮入口

南涌天后宮

離開泥灘後來到南涌天后宮。天后宮是香港最多的廟宇，南涌天后宮分成上下兩層，上面供奉了天后娘娘、福德伯公等；下層則供奉了海神龍王。香港從前是一個漁港，人們以捕魚為生，他們膜拜天后和海神以祈求風調雨順、漁獲豐富。雖然現在村民大多非從事漁業，但每逢節日，天后宮仍必香火鼎盛。

南涌河

遠眺沙頭角海

▲▲ 公廁

鳳坑・谷埔

往前走會經過魚塘和洗手間，繼續沿新娘潭路走至雞谷樹下，經小路前往鳳坑和谷埔兩地。鳳坑和谷埔都是香港的客家村落，面向沙頭角海，其歷史可追溯至清朝遷界令時期。村民過去以務農為生，農田棄耕後，漸漸發展為淡水濕地。

鳳坑有大片紅樹林和蘆葦叢；谷埔有楊氏宗祠和李氏宗祠，兩者都建於十八世紀，現屬三級歷史建築物；谷埔部分地方屬「具考古研究價值地點」(Site of Archaeological Interest)。谷埔的一段河道更被定為「具重要生態價值的河溪」(Ecologically Important Stream)。由於人為影響甚少，谷埔成了淡水魚、蜻蜓和蝴蝶的重要生境。據規劃署文件顯示，香港鬥魚和寬鍔弄蝶（*Aeromachus jhora*）等稀有品種亦可在這裡找到。

▲▲ 海漆

▲▲ 鳳坑

▲▲ 垃圾從何處來？

鳳坑和谷埔的鄉村大多已荒廢，與對岸的深圳和鹽田港形成強烈對比。試細心研究纏結在紅樹林間的垃圾，這些包裝袋、塑膠瓶等是從哪裡來的？這種情況，正正提醒我們保育邊境地區時兩地政府合作的重要。任憑香港自身如何努力，污染物卻可穿越政治邊界到達對岸。香港西面的米埔濕地亦面對著相同的問題。

▲▲ 對岸的深圳

主宰著鳳坑和谷埔環境的，還有當地村民。二〇一六年初，城市規劃委員會把鳳坑、谷埔和更遠的榕樹凹部分土地規劃作綠化地帶（greenbelt）和自然保育區（conservation area），此舉引起居民不滿，說政府限制了他們的復耕計劃。村民把通往村落的道路封閉七天以示抗議。看來政府要進行保育也不是容易的事。你知道村民心底裡有什麼訴求嗎？在小攤品嚐他們出售的美食時，不妨趁機問清楚。

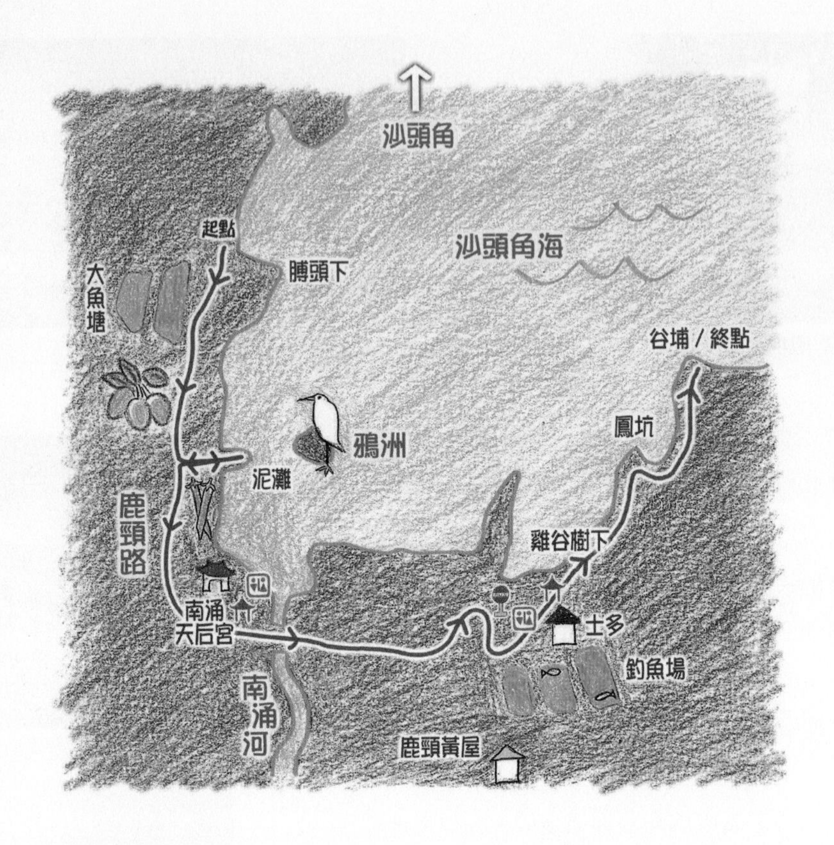

旅程資料

位置	行程需時	行程距離
新界東北	4 小時	9.5 公里

主題　鷺鳥生態

路線　膊頭下 ▶ 泥灘 ▶ 南涌天后宮 ▶ 雞谷樹下 ▶ 鳳坑 ▶ 谷埔

前往方法　在粉嶺港鐵站旁的小巴總站乘 56K，於膊頭下下車。

生態價值指數	文化價值指數	難度	風景吸引度
★★		★	

考考你

1. 觀鳥的時候，如何避免對雀鳥造成滋擾？
2. 鹿頸的村民過去以什麼為生？
3. 天后宮多在海邊，但香港一些天后宮卻在離岸地區，為什麼？

延伸思考

鹿頸

鹿頸被譽為鷺鳥的天堂，附近的鹽灶下於一九七五年二月二十五日劃為具特殊生態價值地點，是香港第一批具特殊科學價值地點。香港尚有數個地方因鷺鳥聚居而同劃為具特殊科學價值地點，例如米埔村、尖鼻咀、沙頭角鴉洲、大埔鷺鳥林等。同時，根據保育團體的調查結果顯示，鹿頸亦是蝴蝶的聚居地，可找到侏儒鍔弄蝶（*Aeromachus pygmaeus*, Pigmy Scrub Hopper）等品種。

鷺鳥在鹿頸一帶的存活情況

鹿頸一帶可找到的鷺鳥品種包括小白鷺、大白鷺、牛背鷺等。鷺鳥是什麼動物？還有什麼品種？牠們是候鳥還是留鳥？以什麼維生？鹿頸外不遠處的小島鴉洲是全港四分一鷺鳥的棲息地，是什麼環境因素吸引鷺鳥來到鹿頸一帶聚居繁殖？花點時間，透過望遠鏡記錄鷺鳥的生活習慣，了解什麼環境因素對牠們的存活最為重要，並評估該環境因素所面對的自然和人為威脅。

九龍寨城公園
罕見植物旅程

九龍寨城公園位於繁忙的市區，原址是九龍寨城（Kowloon Walled City），它見證了香港許多的風風雨雨。公園融合了寨城原有的部分遺跡，而且栽種了不少罕見而富價值的植物，是學習植物的重要地點。

寨城風雨

清政府在一八九八年簽訂《展拓香港界址專條》（The Convention for the Extension of Hong Kong Territory），租借新界（The New Territories）。雖然條約保留了清政府對寨城的管轄權，但實際上清政府並未派員進駐，寨

衙門

大炮

城於是成為「三不管」地帶──中國、英國和香港三地政府均無力管治。在寨城裡，大量欠缺穩固地基的樓宇建成，人口急劇增長，衛生環境惡劣，不法活動滋長，整個寨城處於一片混亂之中，直至一九九三年被政府清拆為止。

從南門進去，有一座建築物，門前上方刻著「ALMSHOUSE」字樣。這座建築物原是清政府的衙門，建於一八四七年。衙門曾有一段時間先後被用作老人院、幼稚園等。清拆寨城時，衙門被保存下來，並加以修復。常在古裝劇集中看到「衙門」這東西，原來真的衙門是這樣子的。香港近年積極推動可持續發展（sustainable development），其實也不應只集中在環境方面著手，文化古蹟也應該加以保存，好讓下一代不止從相片中了解我們的過去。惟政府通常只保護一些具有明顯歷史價值的建築物，對一些有重要集體回憶的東西卻不甚了了。幸而這幾年公眾學會對這些事件表達意見，令情況改善，中環天星碼頭的舊鐘樓便是很好的研習例子。你想到有什麼方法既可保存舊建築，又可進行新的發展？在〈柏架山──大潭水塘〉一文或可找到一點頭緒。

不過，保育的代價甚大。舊建築保留下來，任其丟空，或只成為一件陳列品，相當可惜；掏空內部，活化作新用途，又破壞了原來的建築目的；如果建築物被評為古蹟，那即使是業主也不能隨意改動，結果是建築物停留在原有狀態，不能配合今天的使用需要。擁有一個物業，卻不能隨意改動，你會接受嗎？種種掣肘下，除非業主十分支持保育，否則多數不會作繭自縛，這也是人之常情。

園內「龍津一巷」、「光明二巷」等小徑，也是當年城內的街道名稱。園內亦保留了寨城城牆殘存的牆基和花崗岩（granite）石額。當中最具考古價值的，要算是刻有「九龍寨城」的那一塊。寨城鄰近九龍城，故民間亦有把寨城叫作「九龍城寨」。在一九九三年的清拆工程開展典禮上，主禮台背幕亦是用上「九龍城寨」一詞。一時間，誰也搞不清正確名稱是「寨城」還是「城寨」。直至清拆期間，石額出土，爭議才告一段落。

南門遺址

緬懷著寨城風雨飄搖的歷史，轉往右邊翠綠一片的小徑，往風景如畫的江南園林進發。福木和南天竹福木（*Elaeodendron orientale*, False Olive）原產於菲律賓，它的葉子集大、厚、重於一身，給人一種謐靜莊嚴的感覺。這植物的樹汁多而黏性大，可用來做黃色染料；樹皮則可做黑色染料。因葉子厚大的緣故，它的隔音功能還很好呢！你想到這樣的植物還有其他實用的功能嗎？把它植在園中有什麼好處？站在又厚又大的葉子下，你感到涼快嗎？

福木

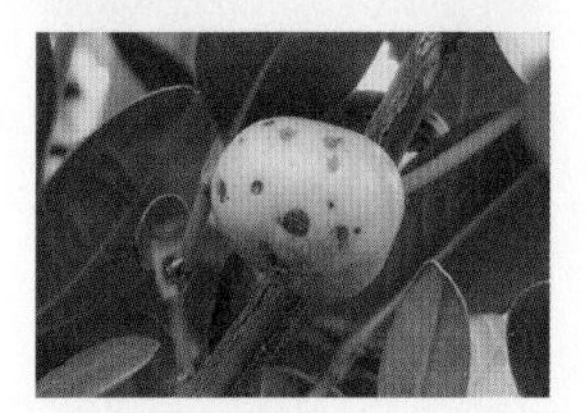
福木的果

在假山旁邊，有一種柔弱可愛的植物，它的枝條纖幼，葉子尖細，名字叫南天竹（*Nandina domestica*, Sacred Bamboo）。南天竹秋冬時會結出紅色的小果子，叫「天竺子」，是有名的中藥，主治哮喘。很多植物都如南天竹一樣，在夏天的時候，葉還是綠的；但當面對冬天低溫乾旱和日照（insolation）減少的環境，為了減少水分和養分消耗，植物會把葉中的養分回收到植物本體儲存，葉片中的葉綠素（chlorophyll）則漸漸分解，只剩下葉黃素（xanthophyll）和葉紅素（erythrophyll）。這時候葉子便顯得渾紅。落葉後的植物，已經不可以透過光合作用（photosynthesis）去製造食物供給自己，惟有依靠植物本體儲存的養分維生，直至春天重臨。至於長於熱帶地區（tropical region）的植物，它們長年面對和暖、水分充足和長時間日照的環境，落葉這過程對它們而言就沒有必要了。

福木的葉子

南天竹

南天竹的果和葉

松徑公園

以江南園林的模式建成，講求「山窮水盡疑無路，柳暗花明又一村」，所以有許多曲折的小徑，每轉一個彎，都有意外驚喜。松徑是佈滿松樹的小徑，除了常見的濕地松（愛氏松，*Pinus elliottii*, Slash Pine）外，還有因被過度砍伐而成了國家二級保護植物的羅漢松（*Podocarpus macrophyllus*, Buddhist Pine）。羅漢松在內地是著名的風水樹，有「家有羅漢松，一世不會窮」之說，也可作建築和裝飾，因此已長成的羅漢松市場價值不菲，吸引不少人來偷伐，連周遭的植物也受破壞。中國的風水被視為傳統智慧的結晶，使人與大自然能和諧共存。但在羅漢松的例子中，似乎是風水的緣故加速了對大自然的破壞吧。

在松徑還可以發現香港少見的雪松（Cedarwood Himalayan）。雪松形態優美，原產於喜瑪拉雅山（The Himalayas）一帶，是黎巴嫩（Lebanon）的國樹。雪松的針狀葉呈銀灰

羅漢松

濕地松

濕地松的果

雪松

色，遠看真有點像覆蓋了一層雪。雪松的木材堅實，而且紋理緻密，是建築的好材料。它的種子還可用來生產工業用油呢！在不遠的紅葉徑是另一片截然不同的天地，這裡種有紅背桂（*Excoecaria cochinchinensis*, Cochin-china Excoecaria，又名 Red-back）、大花紫薇（*Lagerstroemia speciosa*, Queen Crape Myrtle）、蚌花（*Tradescantia spathacea*, Oyster Plant）、紅桑（*Acalypha wilkesiana*, Copper Leaf）、紅草（*Alternanthera bettzickiana*, Calico-plant，又名 Red Border Weed）等。紅葉徑栽種的植物，葉子都是紅紫色，或在冬天時會變成紅色，可見園藝師的心思。

紅背桂

蚌花

大花紫薇

童樂苑

▲ 木油樹

紙傘與木油樹

過了紅葉徑，走上長廊，有一棵木油樹（千年桐，*Vernicia montana*, Wood-oil Tree）。木油樹是一種經濟樹，果實可榨取桐油。煮食上雖用不上，工業上卻十分重要。你知道為什麼紙傘可以防水嗎？原來紙傘上就是漆有一層桐油，桐油在紙上形成保護膜。因為桐油是天然物質，所以這樣的製法對環境的影響輕微。古時雖沒有防水布料，但古人懂得從植物中提煉出桐油製造防水物料，可見智慧甚高。

文殊蘭和水石榕

▲ 文殊蘭

在湖邊種有文殊蘭（*Crinum asiaticum*, St. John's Lily），它的葉子狹長，像一個彬彬君子。開花的時候，花高高地挺起，白色而芬芳。它原生於海濱，不過由於深得人們的喜愛而成為常見的觀賞植物。

離開長廊，經過一片嫣紅點點的茶花園，穿過蕉葉林，便來到水中亭。水石榕（*Elaeocarpus hainanensis*）在湖邊迎風而立。水石榕的葉子尖長，多生長在水邊潮濕地。它叫榕，卻不是真的榕樹。它會開花，花像一個個吊鐘般掛在樹上，很有特色。七月到八月是水石榕的花期，是觀賞的好時機，千萬別錯過了！

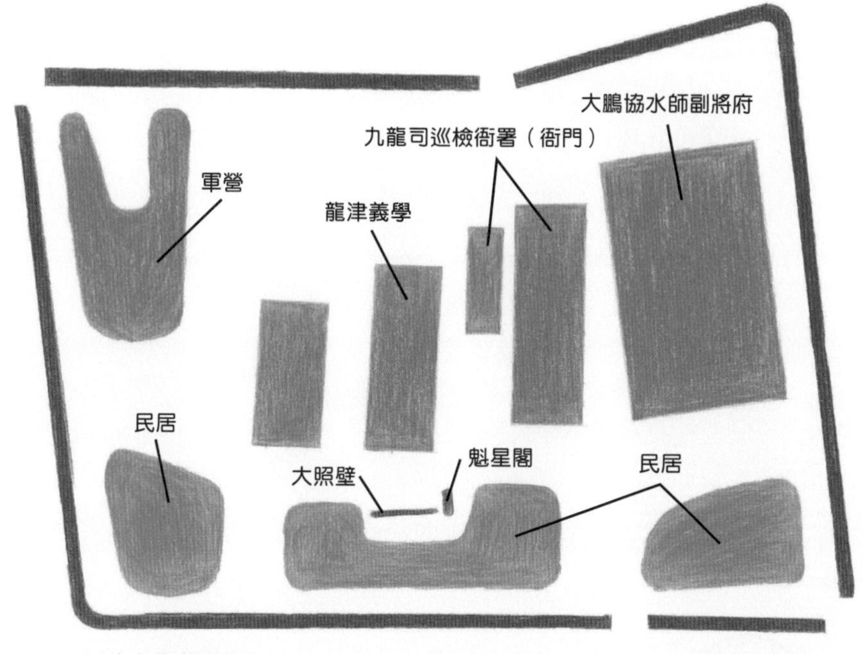

古九龍寨城略圖

九龍寨城公園的興建正好把古蹟文物與休憩用地揉合在一起，使古蹟不致消失在城市發展的壓力中，這是大家樂見的；在完善的管理下，源自不同生境（habitat）的特色植物聚在一起，為城市人提供認識這些獨特植物的機會。只不過，在大量的人工建設下，那些古蹟文物似乎變成了配角。雖然公園可使文物不受破壞，但昔日寨城那獨一無二的歷史意義又是否單憑衙門、城牆、石額與舊街道的名字便找得到？

水石榕

旅程資料

位置	行程需時	公園面積
九龍中	1.5 小時	31000 平方米

主題　罕見植物

路線　九龍寨城公園

前往方法　於樂富港鐵站 A 出口，沿聯合道前往；或乘 2A 或 9 號巴士往九龍城，再步行前往。

生態價值指數	文化價值指數	難度	風景吸引度
★★★	★★★	★	★★★★

1. 除了木油樹，園內能找到其他有經濟價值的植物嗎？
2. 公園裡有雪松、濕地松和馬尾松，它們在生長形態上有什麼不同？

政治上有「外飛地」（exclave）和「內飛地」（enclave）的概念。外飛地是指己國在他國國土中的屬地；內飛地則指己國國土中的他國領域。九龍寨城是充滿傳奇的地方，回看歷史，它曾經是中國在香港的外飛地，並不隨一八九八年《展拓香港界址專條》租借予英國。由於特殊的歷史地位，一九八七年清拆九龍寨城的工作亦須得兩國政府同意。地理上，九龍寨城又可算上是「內城區」（inner city），是城市發展最早的一部分，也是城市衰落（urban decay）的極端例子。

九龍寨城的歷史地位

飛地的概念與九龍寨城有什麼關係？為什麼九龍寨城會成為所謂的「三不管」地帶？九龍寨城對中國和香港的歷史發展有什麼影響？研究時可從文獻和片段中找尋九龍寨城的資料，並須留意昔日的海岸線與今天的有很大對比。內城區又是什麼？城市衰落為什麼會先在內城區出現？在九龍寨城有相同情況嗎？九龍寨城衛生環境差劣、罪案率高，是什麼因素促成的？

蕉坑

真正的自然教室

獅子會自然教育中心是全港首個以自然為主題的教育中心，於一九九一年開放。今天，回到兒時學校旅行的地點，重新用環境保育的角度去領略這個地方的意義，發現了許多兒時未能感受的趣味。

三色分類回收箱

從崙徑篤路進入蕉坑，先到自然教育中心參觀。入口不遠處放有一套三色分類回收箱（three-colored waste separation bin）。相信大家已把「藍廢紙、黃鋁罐、啡膠樽」的口號唸得朗朗上口，但你是否知道什麼東西可以放進三色分類回收箱？

▲▲ 簞徑篤路入口

▲▲ 三色分類回收箱

環保署在二〇〇五年推出的「家居廢物源頭分類」（source separation of domestic waste）計劃下，三色分類回收箱所收集的回收物種已經擴大，不再局限於廢紙、鋁罐和膠樽。餅乾罐、罐頭、月餅盒、金屬廚具、光碟、膠袋、洗髮水樽等家居廢物現在也可以分別放進黃色（金屬）和啡色（塑膠）分類回收箱中。至今，全港約有二千個屋苑設有三色分類回收箱，希望透過家居廢物源頭分類，使大部分家居廢物得以回收再造，減低堆填區（landfill，見〈釣魚翁〉一文）的壓力。不過，本港固體廢物的回收率只有百分之三十五，加上人口增長，堆填區的壓力還是有增無減。

可回收廢料先由回收商集合，再出口到內地和其他國家循環再造，只有剩下百分之六的廢料是在本港進行循環再造，當中尤以紙張佔大部分，這是因為循環紙張的過程較為簡單。不過由於大部分市民覺得把家居廢物分類回收只是徒添煩惱、多此一舉，所以計劃也不是十分成功。回想起數十年前，大家都記得在喝過牛奶、汽水後把玻璃瓶子拿回士多進行回收，以取回按金，問題的癥結似乎又是金錢吧！透過金錢作利誘，還是可以令人實踐「環保」的。可惜時移勢易，工業北移、消毒和運輸成本不輕，除政府推動的試驗計劃和個別團體外，至今香港已沒有人願意回收玻璃。

在芬蘭、丹麥等歐洲國家，超級市場設有塑膠瓶回收機。把塑膠瓶放進機器回收後可得數元——這差不多是當地一瓶樽裝汽水價錢的十分一。這回收

丹麥超級市場內的塑膠瓶回收機

計劃吸引不少人四處搜集塑膠瓶，增加回收率。以芬蘭為例，當地的塑膠瓶回收率逾九成。

香港不是也有回收公司到屋苑進行回收嗎？對，但相比超級市場的覆蓋率和密度，香港的回收方法顯然不能配合市民的生活習慣；香港的計劃亦只著重市民的自覺，欠缺經濟誘因。空有「三堆一爐」，只能消極地處理廢物，卻不能推動回收。與歐洲各地的回收計劃相比，香港的顯然落後了很多。

種植能源

蕉坑裡有一片頗大的農地，內裡植有高粱（sorghum）、大豆（Glycine max, Soybean）、甘蔗（sugar cane）等農作物。自古以來，這些農作物對我們的生活都非常重要：高粱可以釀酒；大豆可以製成豆腐和豆漿等；甘蔗則是各種糖製品的主要原料。

▲ 高粱

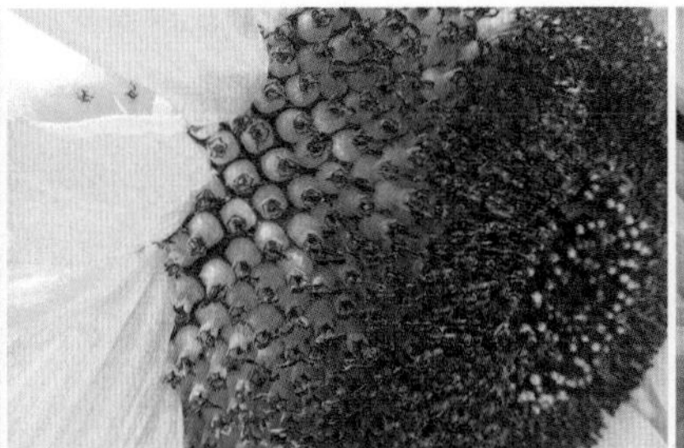

▲ 向日葵

▲ 大豆

▲ 甘蔗

▲ 高粱

▲ 捕蠅器

甘蔗無論在糧食抑或能源方面，同樣貢獻良多。甘蔗是一種光合作用效率十分高的植物，它可以有效地把太陽能量轉化為植物可用的化學能量。光合作用的過程以方程式表述如下：

水 + 二氧化碳 + 光 = 碳水化合物 + 氧

為解決糧食短缺問題，科學家透過研究甘蔗，尋找方法提高其他農作物的產量。同時，甘蔗亦是一種能源作物（energy crop）。甘蔗含有大量糖分，經發酵後糖分被轉化為乙醇（酒精，ethanol）這種汽油替代品，可紓緩能源短缺的問

題，也有助緩和全球暖化（global warming）。一公噸的甘蔗，可製成八十多公升乙醇。乙醇這種生化燃料（biofuel）在巴西已經大行其道，供汽車當作汽油使用。不過，因為甘蔗的種植、收割和運送，以及乙醇的提煉和蒸餾過程也需要使用能源，有些人對使用生化能源去減低化石燃料（fossil fuel）的消耗持保留態度。

不過，總體來說，只要控制能源使用和利用可再生能源（renewable energy），以甘蔗生產生化燃料還是可以省下一點化石燃料的。除了甘蔗外，粟米也是新興的能源作物。不過，在解決全球暖化的同時，能源作物卻引發食物危機。美國近四分一的粟米被用作生產經濟價值更高的生化燃料。換句話說，糧食產量減少了。在南美洲，大量農地改為種植能源作物，在發展中國家，糧食減產和高價格令貧民更難購買足夠的食物；而單一作物（monoculture）的耕作模式亦促成水土流失、生態失衡等問題。

在田的另一角，亦種植了水稻（wet rice）作自然教育的示範。在六、七十年代，新界地區如天水圍和元朗還有大片稻田。不過隨著時代變遷，稻田在八十年代已經絕跡。稻米是我們的主要食糧，但今天香港也得完全依賴內地或泰國等地進口。考察水稻田時要小心，因為水稻是水生植物，整片田也是水。在南方溫暖潮濕的地方，米農一年可種二至三造（crop）米。水稻一定要有充足的雨水才可以生長（年雨量不少於一千毫米），所以在北方乾旱的地區，人們只能種植水分需求較少的麥作為食糧了。

無殼的蝸牛

天氣炎熱，但仍阻不了小動物的活動。在樹蔭下，發現一隻「無殼蝸牛」在樹枝上爬行。正確點來說，這種「蝸牛」只是真蝸牛的親友，牠叫蛞蝓（slug），與蝸牛（snail）同屬腹足綱（Gastropoda）動物。牠與蝸牛都是以植物為主要食糧。你曾試過在清洗蔬菜時發現牠們嗎？蛞蝓沒有硬殼保護，不過換得靈活身手，可以在狹窄的地方躲藏起來，更難被覓食者發現。

利用接枝法繁殖植物。

蝸牛和蛞蝓都喜歡在潮濕和陰暗的環境中生活，所以雨後的晚上是觀察牠們的好時機。留意一下蝸牛和蛞蝓「漫步」時的情景，在牠們爬行的路線上留有一些分泌物，原來蝸牛和蛞蝓都是用腹足（pleopod）來爬行。為免粗糙的爬行面令腹足受傷，牠們會在腹足分泌黏液潤滑爬行面。

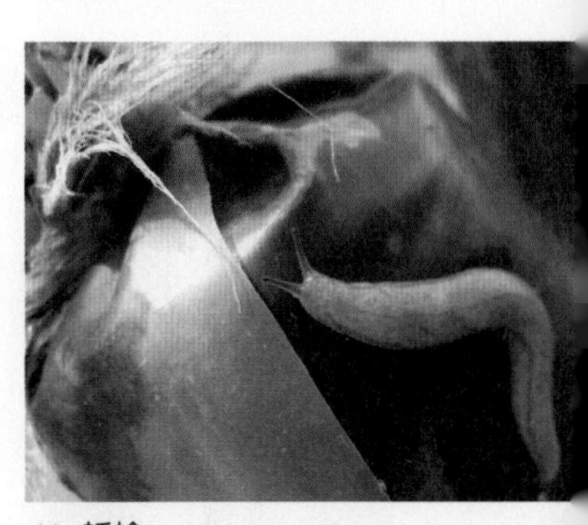

蛞蝓

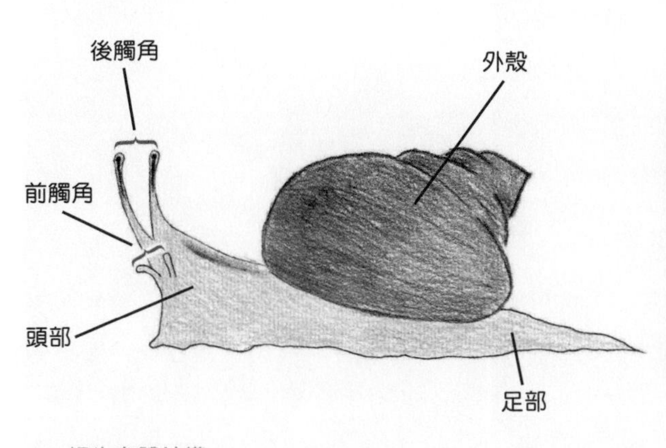

蝸牛身體結構

蝸牛

蜂窩

向蕉坑自然教育徑的方向走，在路旁發現了兩片黃白色的東西。細看之下，竟然是兩片蜂窩。蜂的尾部長有由產卵器進化出來的刺針。當針刺到動物後，毒液注入動物體內，使動物產生麻痺的感覺，嚴重的甚至會死亡。一般情況下，遇上蜂窩時，我們應該遠離，以免被蜂群誤以為有襲擊之意而攻擊我們。不過，這次的情況有點不同，因為兩片蜂窩入面，只有還在結蛹階段的蜜蜂。由於在附近的地面和樹上都看不到其他蜂窩，而蜂窩的形態又呈片狀，估計這兩片蜂窩是從養蜂箱中拿出來的。

蜜蜂蛹

你留意到六角形的蜂房是多麼的完美嗎？在大自然中，六角形是常見的圖形：上至天上的雪花，下至地面的凝灰岩（tuff）石柱，也是六角形。六角形結構穩固，又可以完整而緊密地鋪蓋在平面上。而且六角形的結構可利用最少物料來建成最大的空間，所以在大自然中十分普遍。正六角形的蜂房中，藏了很多蜜蜂蛹。另一邊，部分小蜜蜂幾乎完全成長，還有一隻小蜜蜂把頭伸出來。

蜜蜂採蜜

假連翹

假連翹

走進蕉坑自然教育徑，路上有很多不同的動植物。最吸引的要算是假連翹（*Duranta erecta*, Golden Dewdrops）了。論生態角色，假連翹是蜜源植物（nectar plant），在五月至十一月開花。記得一個故事說蜜蜂努力採蜜過冬，而蝴蝶則不以為然，最後在飢寒交迫下死去。不過，故事的作者似乎忘記了冬天時仍有蜜源植物繼續為蝴蝶提供食物呢！香港常見的蜜源植物還包括藿香薊（勝紅薊，*Ageratum conyzoides*, Billygoat-weed）和馬纓丹（如意草，*Lantana camara*, Lantana，見〈水浪窩—榕樹澳〉一文）。除了對自然的貢獻之外，假連翹生長速度快，顏色鮮艷，容易打理，所以十分適合成為天台綠化（rooftop greening，見〈油塘—馬游塘〉一文）的植物品種。

椿象

設計考察的技巧

蕉坑設有多個專題展館介紹貝殼、昆蟲和漁農業；在戶外還設有蜻蜓池、中藥園和岩石展品等。蕉坑提供了多元的自然教育設施，適合不同主題的考察。安排考察時，切忌讓參加者漫無目的、走馬看花地參觀；也不要因為難得可以安排旅程而讓參加者走遍整個地點。考察前不妨先擬好一個主題，再選三至五個景點讓參加者作詳細觀察和嘗試，這樣可以令學習更有系統和集中；在考察完結前，應讓參加者交流感受，這對鞏固知識起著關鍵的作用。

呂宋灰蜻

雞蛋花

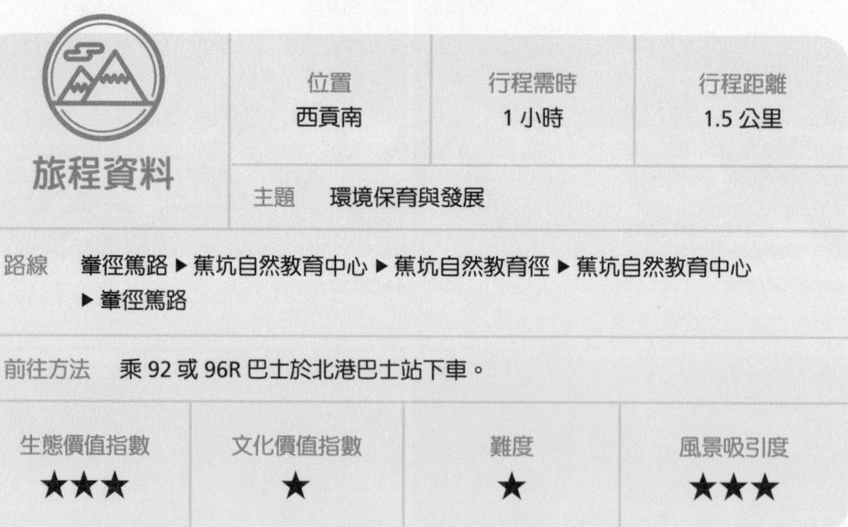

旅程資料

位置	行程需時	行程距離
西貢南	1 小時	1.5 公里

主題　環境保育與發展

路線　輋徑篤路 ▶ 蕉坑自然教育中心 ▶ 蕉坑自然教育徑 ▶ 蕉坑自然教育中心 ▶ 輋徑篤路

前往方法　乘 92 或 96R 巴士於北港巴士站下車。

生態價值指數	文化價值指數	難度	風景吸引度
★★★	★	★	★★★

考考你

1. 訪問一下身邊不支持家居廢物回收的人，了解他們的原因。
2. 在日常生活中我們如何利用六角形的結構？
3. 除假連翹外，你又認識什麼冬季蜜源植物？

延伸思考

蕉坑昔日是政府農莊，一九九一年成為自然教育中心，是本港少數的戶外自然教育中心之一。自然教育中心對香港的環境教育有重要的作用。蕉坑的展覽涵蓋了昆蟲、蜻蜓、貝殼、中草藥、礦石、漁農業等主題，透過互動的參觀過程，參加者可以輕鬆地了解香港的自然環境。

香港的環境教育

從過去的「環境教育」到今天的「可持續發展教育」，你認為香港的環境教育成功嗎？試設計一個問卷調查，了解不同年齡層對環保的看法。訪問時，可了解受訪者的行為和想法，例如有否實行廢物回收、減少資源耗用、對環保政策的看法等作為環保意識的指標。此外，你看到收入、社經地位（socio-economic status）、教育與環保意識有直接關係嗎？對孩子而言，家庭教育的影響又有多大？就調查結果，你可以設計出一個針對某組別而進行的環境教育活動或宣傳嗎？

商業農莊與自然環境

由於農業式微，近年新界出現了不少由農地轉型而成的「農莊」，供城市人到園內玩樂，體驗耕作、採摘蔬果、餵飼動物。這些農莊會否令參加者更關注環境保育？試以參加者的身分到訪某（幾）個農莊，從經營團體背景、目的（牟利／非牟利）、運作模式和園內活動，評價該農莊是否可以促進環境教育，達至可持續發展。同時，農莊對環境造成什麼影響？與農田比較，農莊對環境的破壞更大麼？面對農業式微，轉型為農莊又是否一條出路？

塔門

有「塔」有「門」的小島

要在香港找一塊綠油油的天然草地絕不容易。若想一嘗被草地環抱的感覺，同時在海風吹拂下聽濤賞浪，那就非到塔門一趟不可。

有「塔」有「門」的小島

塔門位於大鵬灣以南，是西貢東北對出海面的一個小島。塔門這名稱的起源有多種說法，較為普遍的，是昔日漁民從大鵬灣看到小島東南方的疊石有如佛塔，是為塔門的「塔」。疊石高約六米，由於外形有如兩塊呈方形的石塊縱向架疊在一起，活像中文字的「呂」字，所以亦稱為「呂字疊石」。距離疊石以北不遠處，有一海蝕洞，從前漁民稱之為塔門洞，亦成了塔門的「門」。

遠方山巒為中國大鵬半島。

若要欣賞這塔門洞，必須乘船，因為海蝕洞（sea cave）是一種出現在懸崖峭壁的海岸地貌，形如海岸的洞穴，只能從對岸遠觀或乘船經過，沒有陸路可以直達。海蝕洞是如何形成的呢？香港的東南沿岸，特別是西貢一帶，主要是吹東或東南的向岸風（onshore wind）。同時，海岸岩石的堅硬程度有別，在弱線（line of weakness）出現的位置，抗蝕力更低。海浪和向岸風長年累月地侵蝕海岸，弱線逐漸變得明顯──處於潮汐漲退位置的弱線由最初的淺縫隙演變成大空隙，形成海蝕洞。

從山腰往下看呂字疊石。

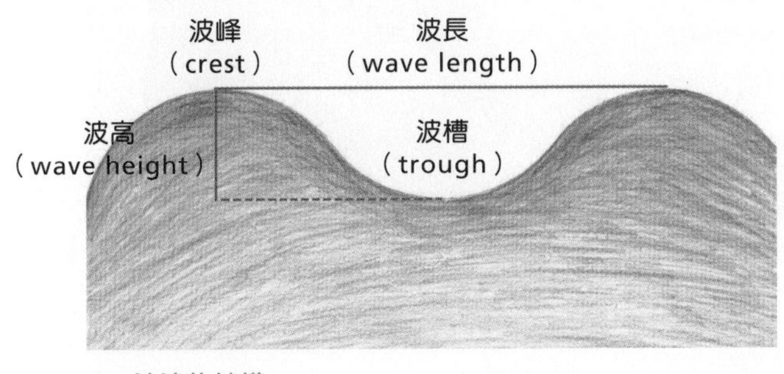

波浪的結構

呂字疊石

海蝕洞只是海浪侵蝕的其中一種地形。當岬角（headland）一面的海蝕洞漸漸加深，直至穿越另一面，或海蝕洞從岬角兩面同時發展並相通時，該橋狀海岸地貌叫海蝕拱（sea arch）。

隨著海浪繼續侵蝕，海蝕拱上方岩石崩塌並掉下海中，向海一面的岬角成了一孤立小島，稱為海蝕柱（stack）；繼續與陸地相連的岬角則叫削斷岬角（truncated headland）。

上述的海岸侵蝕性地形與海浪能量固然有關（見〈汀角—船灣〉一文）；但海岸岩石的抗蝕力、節理（joint）、斷層（fault）、裂縫（crack）等岩石特徵亦有影響。抗蝕力低，或滿佈節理等弱線的岩石較容易被海浪侵蝕，促成各種侵蝕性海岸地形。

東灣藏龍

塔門有三大著名景點，除了呂字疊石和塔門洞外，便是龍頸筋。龍頸筋是屹立於東灣海崖旁的巨型岩石，其外形有如帶有鱗片的龍頸，高十多米，氣勢逼人，加上背後的驚濤拍岸、浪花四濺，場面更為壯觀。但由於前往龍頸筋的小路入口藏於叢林之中，頗為隱蔽，加上某些路段較為崎嶇，最好相約有經驗的人士結伴同行，小童或欠缺經驗者也不宜獨自前往。

龍頸筋

與草地擁抱

塔門這小島的名字可謂因地貌而起，其英文名字亦取其特徵而叫作 Grass Island。遊覽塔門，其中一個令遊人眼前一亮的景致，便是處處可見青綠的草坪，襯托著水天一色的大鵬灣，確是賞心悅目。筆者多次踏足塔門，都見到一家大小在草坪上放風箏、溜狗和賞牛，亦有為了觀星看日出而露營的年輕人，很是寫意。雖然塔門不是郊野公園，但緊記生火的地點必須在有混凝土的地面，並盡量遠離草坪。

左方為直昇機坪。

海浪新體驗

島上有清晰的路標指示各個景觀的位置，其中被稱為「小石灘」的海灣名叫弓背灣。順梯級往下走，會看到遍地都是不同大小、不同形狀的石塊，把整個海灣鋪得密密麻麻。這樣的石灘在香港並不常見。石塊不斷被海浪和浪濤中的沙石拍擊磨擦，經年的洗禮令它們的稜角變得圓滑，變化出各種形狀。

往草坪及疊石必經的塔門警崗

弓背灣

漁鄉情懷

沿著淺棕色的石板路走，不同形態的山勢地貌和自然景觀一一展現在大家眼前──被薄霧籠罩的大鵬半島與塔門遙遙相對；山形尖削奇特的香港三尖之一蚺蛇尖（Sharp Peak）；還有牛隻在草坡上踱步吃草。

依山勢而鋪設的石板路

對岸的大鵬半島依稀可見。

坐在長椅上欣賞蚺蛇尖詭奇的山形及前方的高流灣，景色怡人。

穿過墳地不久，便看見一排排米色外牆、設計平實的平房。那是建於六十年代的塔門漁民新村。當時政府為改善漁民的生活環境，為艇戶興建樓房，讓他們定居於沿岸地區，同時又可繼續捕魚為生。雖然現在的居民以長者為主，但他們仍然會在屋前空地曬晾海產，製成鹹魚和蝦乾等自用。

再走數十分鐘，便返回和塔門碼頭相連的海旁大街。村民於週末和假期都會沿大街擺設攤檔，售賣各式海味，猶如迷你的海味街。有時間的話，大家不妨於碼頭前駐足細看，可能會發現小白鷺或燕鷗（*Sterna*, Tern）的蹤影。後者除了繁殖季節外，其餘時間都主要在海上生活，所以若要觀賞燕鷗，確是可遇不可求。牠們喜歡站在魚排上，亦不時在海上盤旋，以便獵取海中的食物。

塔門島面積雖小，閒逛一下也能深深感受到這裡樸實自然的氣氛，習慣假日往商場裡鑽的你，可會考慮到塔門走走？

塔門漁民新村

塔門海旁大街是小島唯一的街道。

碼頭沿岸對出的魚排

能辨出這些是什麼海味嗎？

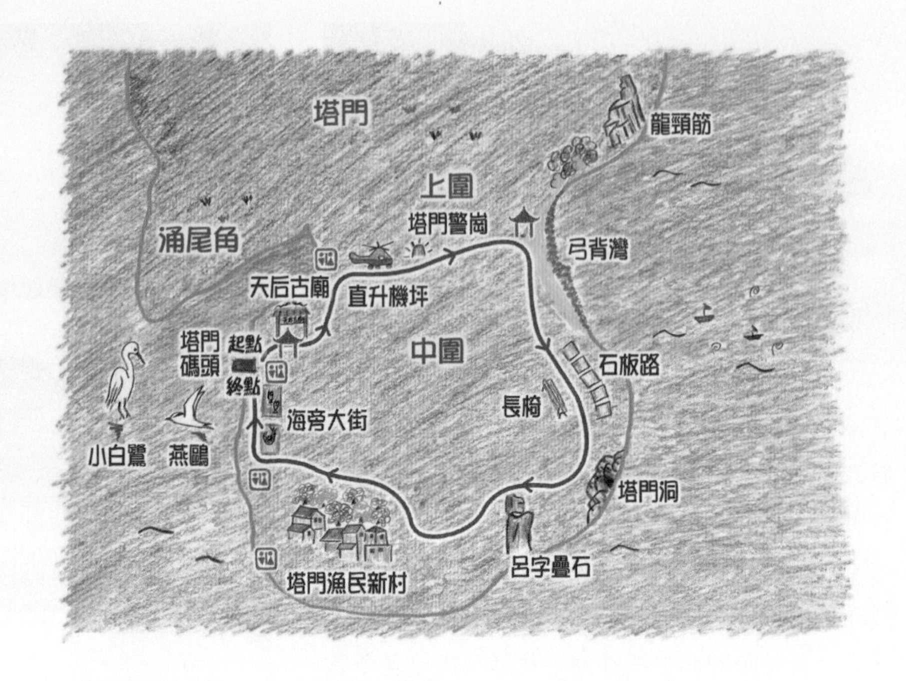

旅程資料

位置	行程需時	行程距離
新界東北	2 小時	1.5 公里

主題　小島風情

路線　黃石碼頭 ▸ 塔門碼頭 ▸ 天后廟 ▸ 觀海亭 ▸ 呂字疊石 ▸ 漁民新村 ▸ 塔門碼頭

前往方法　於西貢黃石碼頭或馬料水乘渡輪前往塔門。

注意事項　渡輪班次較疏，出發前請查詢船期。

生態價值指數	文化價值指數	難度	風景吸引度
★★	 ★★★	★	 ★★★★

塔門碼頭

漁民聚居地通常都建有天后廟，以庇佑出海作業的漁民能平安歸家。

考考你

1. 塔門並非市區，環保署在該處安裝空氣監測站有何用途？
2. 塔門的居民既為漁民，島上的野牛又從何而來？
3. 把塔門列為郊野公園好嗎？有什麼潛在的問題？

延伸思考

環境保護署（環保署）透過全港十三個「一般監測站」和三個「路邊監測站」監測空氣污染水平。監測的空氣污染物包括二氧化硫（sulphur dioxide, SO_2）、一氧化碳（carbon monoxide, CO）、二氧化氮（nitrogen dioxide, NO_2）、臭氧（ozone, O_3）和可吸入懸浮粒子（respirable suspended particulate, RSP）等。絕大部分的監測站都設於新市鎮或商業住宅區內，塔門是唯一設在郊區的監測站。

空氣污染源頭

對比各監測站的紀錄，塔門的空氣污染指數一般較其他的監測站為低嗎？空氣污染的問題在郊外當然不會出現，為什麼當局仍在塔門設立監測站？背後有什麼科學原因？選定數個監測站（包括塔門）的數據作詳細的分析，細看香港的空氣污染指數在不同季節的變化。為什麼有這樣的時間分佈模式？這代表了香港的空氣污染問題源頭在哪幾處？對比時，塔門的數據對你的結論有什麼重要性？環境保護署網頁載有過去多年的空氣污染數據，可作進一步分析；另外，網頁亦載有空氣質素報告，內有較詳盡的技術分析。

中上環
城市漫遊

中環──香港的經濟金融中心，銀行、商業大廈林立，車輛川流不息，人群踏著急速的步伐，穿過繁華的街道。你可曾想像過，如此現代化的中環，也有古舊寧靜的一面？來，找個下午，漫遊中上環的大街小巷，追尋舊日香港剩餘的一絲氣息吧！

水坑口街

自一八四一年英國人在上環水坑口街登陸，並將附近一帶劃為政府用地，中上環一帶便成為殖民地政府（colonial government）最早發展的區域。水

中環街市

坑口街的英文名是 Possession Street，正好反映了這段歷史。你知道 possession 的意思嗎？英國人登陸香港已超過一個半世紀，中上環沿岸的風貌跟當時已經大有不同。不過沿著中區半山行人電梯往上走，遠離繁華的區域，一些舊建築還是默默地見證著城市變遷。

熱鬧的石板街

石板街

以中環街市作起點，沿著街市側的域多利皇后街而上，於皇后大道中左轉，前行不久就見到著名的「石板街」。石板街的正名是砵典乍街，是香港最早期的街道之一。砵典乍（Sir Henry Pottinger）是香港第一位總督。石板街由一塊塊凹凸的石板相間鋪成，這種設計既使雨水從兩旁流走，也方便行人行走。石板街大致上可分為三段：靠近皇后大道中的兩段石板街較熱鬧，眾多遊客和市民在售賣服裝及飾物的攤檔前駐足觀看；餘下的一段遊人較少，令人感受到石板街寧靜古樸的一面。坐在以紅磚砌成的石凳上，靜看路人在石板上來來往往，有種說不出的悠閒。

寧靜的石板街

石板街的休憩設施

▲ 中區警署

中區警署

石板街的盡頭是中區警署。警署俗稱「大館」，首建於一八六四年，其後不斷擴建。中區警署與前中央裁判司署及域多利監獄（Victoria Prison），組成極富維多利亞及愛德華時代建築特色的歷史建築群──維多利亞式的建築物擁有觸目的窗戶、尖尖的屋頂和寬闊的走廊；愛德華式的建築則以瓦片屋頂為主要特色，配以窗戶上的裝飾，極之典雅。在建築物牆上的舊式路牌正是歷史的見證者。走上天橋，可更清楚地欣賞中區警署的建築細節。

▲ 見證中區警署歷史的路牌

▲ 中區行人電梯

▲ 中區警署

中區行人電梯

中區行人電梯全長八百米，連接寧靜的半山區（Mid-Levels）與繁華的中區。這條巨大的運輸帶將新舊中環奇妙地串連在一起。新舊對比甚大，卻和諧地互相融合。在遊覽中區行人電梯時，隨意逛逛電梯附近的大街小巷，準能找到令你驚喜的東西。

各式小攤檔

行人電梯的首段穿越匯聚各國美食的蘇豪區（SoHo）。SoHo 有 South of Hollywood Road（荷里活道以南）之意。這區域的獨特裝潢和悠閒氣氛吸引了大量中外人士到此用餐。距離蘇豪區的不遠處，有全港最古老的市集。市集位於結志街、嘉咸街及卑利街一帶，約建於一八五〇年。長長的斜路上佈滿一個個小攤檔，售賣蔬果、肉類和各式各樣的雜貨，中間更夾雜著舊式大牌檔，與具時尚氣息的蘇豪區形成強烈對比。

市集內的小攤檔

舊式大牌檔

回教清真禮拜堂

▲ 石牆樹

別具特色的石牆樹

沿著行人電梯繼續上山，住宅漸多，周圍的環境越來越寧靜。經過建於一八四九年的回教清真禮拜堂不久，就來到干德道行人電梯終點。在終點迎接我們的是兩棵「石牆樹」──左邊的是細葉榕（榕樹，*Ficus microcarpa*, Chinese Banyan，又稱 Small-fruited Fig），右邊的是黃葛樹（大葉榕，*Ficus virens*, Big-leaved Fig），均是榕屬（Ficus）植物。

這種植物在餘下路段還會陸續出現，例如葉片巨大的印度榕（印度橡樹，*Ficus elastica*, India-rubber Tree）、心形葉片的心葉榕（假菩提樹，*Ficus rumphii*, Mock Bodh Tree），還有樹幹上果實纍纍的青果榕（*Ficus variegata*, Common Red-stem Fig）。部分榕屬品種從枝條長出，當氣根（aerial root）接觸到可依附的表面，便會慢慢變成新的樹幹，支持樹木的橫向發展。

與九龍或新界地區相比，為什麼中上環特別多石牆樹呢？香港地少人多，樓宇都往高空發展，而這問題在香港島又特別嚴重。看看地圖，港島地勢（relief）多山，適合建築的土地少，因此樓宇只好越建越高，以滿足城市發展的需要。細心留意，途經的行人路及馬路有何特別之處呢？中上環的路面一般比較狹窄，行道樹也不多。這也許是因為中上環的街道歷史較長，早期交通流量

細葉榕

黃葛樹

氣根

不大。今天，既因環境限制不能擴闊路面，也要照顧行人的需要，自然難以種植行道樹了。

中上環沿途的綠化地區可以分為三類：

一、屋苑內的植物；

二、小型的公園及休憩處；

三、長在護土牆上的「石牆樹」。

別看輕這些零碎的城市綠蔭。首先，它們為市區的雀鳥和其他動物提供食物及棲息處。例如青果榕結出大量無花果供動物食用；枝葉茂密的

青果榕

又長又斜的街道

私人屋苑內的綠化植物

被「監禁」的樹木

細葉榕為雀鳥提供隱蔽的棲所。綠蔭亦可點綴石屎森林，使人放鬆心情。城市居住環境擠迫，人們未必能擁有足夠的居住空間，住宅附近的綠蔭可作為居住空間的延伸：我們逛逛屋苑附近的公園，就像別人在屋前花園散步一樣。

小公園及休憩處

位於荷李活道的石牆樹

位於羅便臣道的石牆樹

▲▲ 榕樹的氣根
榕樹的氣根從枝幹長出，向地面生長。當氣根接觸到泥土時，便會長大，成為支柱根，協助支撐龐大的樹冠。

中區的歷史建築

中區還有許多歷史建築物見證著時代變遷。它們的自身功能也隨時代而改變。例如荷李活道的警察宿舍，前身是中央書院，現已活化為創意中心；又例如現在的香港醫學博物館，它的前身是病理學院，是香港首間細菌檢驗所，不過現在就成為介紹本地醫學歷史和發展的場館。在參觀舊建築時，要重構昔日的歷史，必須考慮建築物原本的用途，並且細心觀察哪些結構是後來加上的。當然也別忘記了解該區過去整體的狀況。除中西區外，九龍尖沙咀和啟德一帶也有一些舊建築，有興趣的話可以再作深入研究。

舊建築滿載歷史足跡和回憶，可是隨著社會變遷，少不免要面對拆卸、重建或改變用途的命運，能夠留下的已經越來越少了。活化（revitalization）雖然可以保留舊建築，但規劃、諮詢、勘探、審批和改建時間太長。由舊中區警署建築群二〇〇五年空置開始計算，一共花了六年才為建築群訂下活化

中央書院舊址

方案。二〇一六年活化工程期間，建築群中的已婚警察宿舍部分發生了倒塌意外，令活化計劃的竣工日期又再推遲。

香港很多舊建築也是丟空很久才得以重新開放。期間這些舊建築都是閒著、關上，實是浪費這些珍貴的歷史資源。空置日期早已訂下，相關部門理應可提早規劃，以縮短丟空時間，早讓這些滿載集體回憶的舊建築成為既有文化特色又可推動經濟發展的地標。世界各大城市都有不少活化舊建築的成功例子，例如台北西門紅樓、台中宮原眼科，有機會不妨參觀一下，了解其成功之處（見《城市發展的爭議──城市、可持續發展與生活素質》一書）。

其實什麼該推倒？什麼又該保留？留下的又該改建作何用途呢？是不是完全由政府去決定？希望我們在著眼於城市發展之餘，也不忘保留舊建築的歷史價值。因為要達至可持續發展，城市的歷史保育也是同樣重要。

▲ 香港醫學博物館

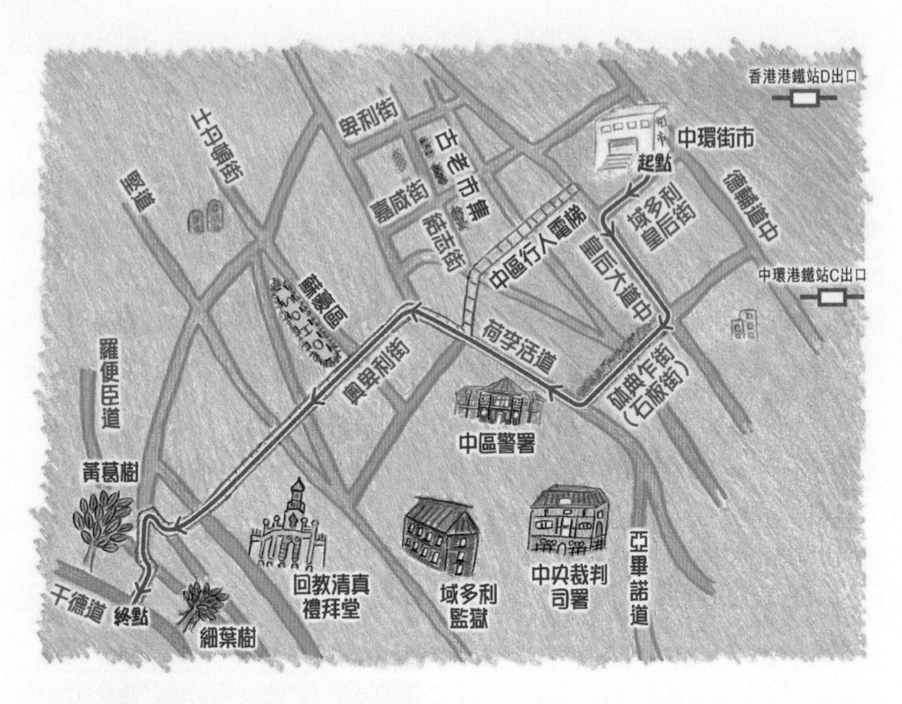

 旅程資料	位置 港島西	行程需時 4 小時	行程距離 1.3 公里
	主題　城市歷史		

路線	中環街市 ▸ 砵典乍街 ▸ 中區警署 ▸ 中區行人電梯 ▸ 干德道
前往方法	於中環港鐵站 C 出口或香港站 D 出口前往中環街市。

生態價值指數	文化價值指數	難度	風景吸引度
★	★★★★	★	

1. 中區警署側的奧卑利街（Old Bailey Street）與域多利監獄有何關係？什麼是 Old Bailey？
2. 不同品種的石牆樹有什麼共同特徵？
3. 香港還有其他功能轉變了的歷史建築，你能舉出兩個例子嗎？

中西區是香港最早被開發的區域。在其百多年的發展中，它一直擔當著政治、法治、經濟和宗教的中心。悠長的歷史令這區有極多的歷史建築和文物，單從法定古蹟看，位處中西區的已達二十多項；多年的經濟發展亦令中西區出現了如蘇豪般的新商業中心。今天，中西區部分舊建築已完成了它們的歷史任務，今後的命運有待社會討論。二〇一〇年，發展局（Development Bureau）提出了「保育中環」的建議，勾勒了中西區七處舊建築群的發展藍圖。

中西區的未來發展藍圖

經濟發展與環境、歷史保育必然有衝突嗎？政府現行的保育措施著眼於個別建築，這做法有什麼壞處？在歷史建築和文物密度這樣高的地方，有什麼方法可以把保育與整體的中環景觀融合？隨著經濟發展，商業大廈的需求不斷增長，如何在中西區開拓更多土地和空間成為保育的首要考慮。文物保育專員辦事處（Commissioner for Heritage's Office）網頁載有文物保育政策的資料，以及部分歷史建築的保育方案；古物古蹟辦事處（Antiquities and Monuments Office）網頁設有文物地理資訊系統，並載有相關通識教育科教材。

本土歷史教育和推廣

中西區文物徑設立多時，每個景點均有傳意牌簡介該處的建築特色或某歷史事件，但這些傳意牌都只限於被動式的展示。你認為政府在本地歷史教育和向遊客推廣本地歷史文物的策略如何？純粹保存歷史文物，或在遺址設立傳意牌是否有效達到設立文物徑的目標及全面發揮其功能？非政府組織，諸如社區團體或社會企業可以如何彌補政府角色的不足，並協助推動本土歷史文化的傳承？

錦田

古蹟處處的村落

▲ 水尾村天后古廟

新界西北的錦田是香港其中一個歷史最悠久的聚居地之一。早於北宋年間（十一世紀），鄧氏一族已於錦田一帶定居。在村落中穿插，拐個彎後，又見到一座歷史悠久的建築，予人「處處是寶」的感覺。在這裡，不少逾百年的古蹟仍然保存良好，讓我們得以了解當時的民間生活。

▲ 樹屋

樹屋

在水尾村天后古廟的不遠處，有一棵生長茂盛的細葉榕。這榕樹樹齡已逾百年，樹冠達四十一米。細看之下，樹幹及氣根間隱藏著以青磚建成的建築物。樑柱、牆壁等結構已經與榕樹融為一體，互相支持。先有樹還是先有屋？據說是先有屋的，房主後來因清政府的遷界令而離開，屋被丟空，細葉榕生長時把屋包圍起來。這樹屋不禁令人驚嘆大自然的奇妙，更聯想到人與自然密不可分的關係。今天我們只懂要求動植物去遷就人工建設，動輒把植物砍去，然後在其他地方種植一株新的，植物就離我們越來越遙遠了。究竟是不是我們的心中已經失去了什麼，認為大自然只為我們帶來危險，不再信任大自然？

▲▲ 牆壁被樹幹及氣根包圍。

▲▲ 植物吸收養分的方法

黏土顆粒上吸附（adsorb）著各種植物所需養分的陽離子（cation），例如鈣（calcium, Ca）、鎂（magnesium, Mg）、鉀（potassium, K）和鈉（sodium, Na）。植物的根部釋出氫（hydrogen, H）陽離子，並與黏土顆粒上的養分陽離子以一對一形式交換，養分被植物吸收，這個過程叫陽離子交換（cation exchange）。陽離子交換令黏土顆粒上的養分陽離子數量下降（泥土變得不肥沃），而氫陽離子的數量則增加（泥土酸鹼度下降）。

▲ 樹屋

▲ 往樹屋。

清樂鄧公祠．廣瑜鄧公祠．長春園

▲ 清樂鄧公祠

清樂鄧公祠（建於十八世紀）與廣瑜鄧公祠（建於一七〇一年）分別供奉了鄧氏祖先。祠堂（ancestral hall）是每條村莊最重要的地方，很多重大事務也在此決定。要了解村莊的規模，到祠堂參觀一下便可知一二。祠堂一般不對外開放，但每當祭祀祖先或重要節日，祠堂內外都會擠滿人。除了村內居民外，不少已遷離的村民，甚至移居海外的族人都會回來聚首一堂，好不熱鬧。

廣瑜鄧公祠　　長春園

廣瑜鄧公祠的門神

長春園建於百多年前，是昔日鄧氏子弟習武之地。正廳中的留耕堂，供奉鄧氏列祖的神位。庭內更放置了三把鐵製關刀，為子弟習武之用。不過，這三把鐵製關刀似乎真的很重，看來要頗花氣力才能拿起呢！

洪聖宮

錦田洪聖宮，又稱「大廟」，建於明朝年間，廟內供奉洪聖（本名洪熙）。相傳洪熙精通天文地理，為船家預測氣象，深受敬仰，因此沿海一帶居民多建廟供奉。洪聖誕辰為農曆二月十三日，但錦田一帶村民多於農曆正月十五元宵佳節一併慶祝，取意喜事成雙。元宵當日，村民會架設竹棚，表演助慶，還有「搶花炮」環節。搶花炮是一個傳統習俗，相傳花炮會帶來好運。花炮會先發射上天，再由參加者互相搶奪，搶得花炮者會把花炮帶回家。不過，由於搶花炮容易釀成衝突和意外，近年以抽籤形式代替搶花炮了。

往力榮堂書室。

力榮堂書室・二帝書院

力榮堂書室

鄧氏族人十分重視教育，於村內修建多間學舍，給子弟接受教育。力榮堂書室建於一八三五年前。建於清朝的二帝書院因其供奉文武二帝（文昌帝君及關聖帝君）而得名。相傳子弟供奉文武二帝，能保佑他們於科舉中考取功名。書院的陳設簡單樸實，置身其中亦能感受到書卷氣息。留

泝流園

二帝書院

意一下兩所書室的建築物料，與我們今天所用的物料有分別嗎？

便母橋

便母橋建於清康熙四十九年（一七一六年），由鄧氏祖先鄧俊元建成。當時鄧俊元與其母親分別居於水頭村及對岸的泰康圍。鄧俊元為方便母親往來，因而修建石橋，取名「便母橋」。這個故事亦賦予這道石橋一點文化上的意義，令它不止是一道普通的石橋。假若我們拆去這道石橋，重建一道新的，原有的意義還在嗎？你可以把這概念應用在舊天星碼頭的例子上嗎？

便母橋

▲ 其中一段曲流

香港的大部分下游河道都已經被渠道化，天然的下游河道少之又少。在欣賞便母橋的同時，也不妨留意這段天然河道。這段彎曲的河道叫曲流（meander），是河道下游的特徵之一。下游地勢平緩，河水不再以直線向下流動，反而彎彎曲曲地流。

流動時，河水在河岸兩側形成不同的河流作用（fluvial process）。從便母橋上可以清楚觀察到這個曲流。河道內側河速較慢，形成堆積作用，叫凸岸（convex bank）；外側流速較快，出現侵蝕作用，形成凹岸（concave bank）。

▲ 周王二公書院

周王二公書院

同樣具有故事性的建築物還有建於一六八四年的周王二公書院。清朝年間，朝廷因為沿海戰事不斷，下達遷界令，沿海居民向內陸遷界五十里。此措施令村民流離失所，也失去工作。後來廣東巡撫王來任與兩廣總督周有德先後上奏要求展界，讓村民重返舊居。村民為感謝二人，遂把書院取名為周王二公書院。上水的巡撫街同為紀念周王二人的功績，那裡曾建有「報德祠」供奉二人，可惜該祠於一九五五年毀於大火。為紀念因遷界而喪生的居民，錦田村民每十年都會舉行一次醮會，此習俗一直流傳至今，對上一次醮會於二〇一五年十一月舉行。

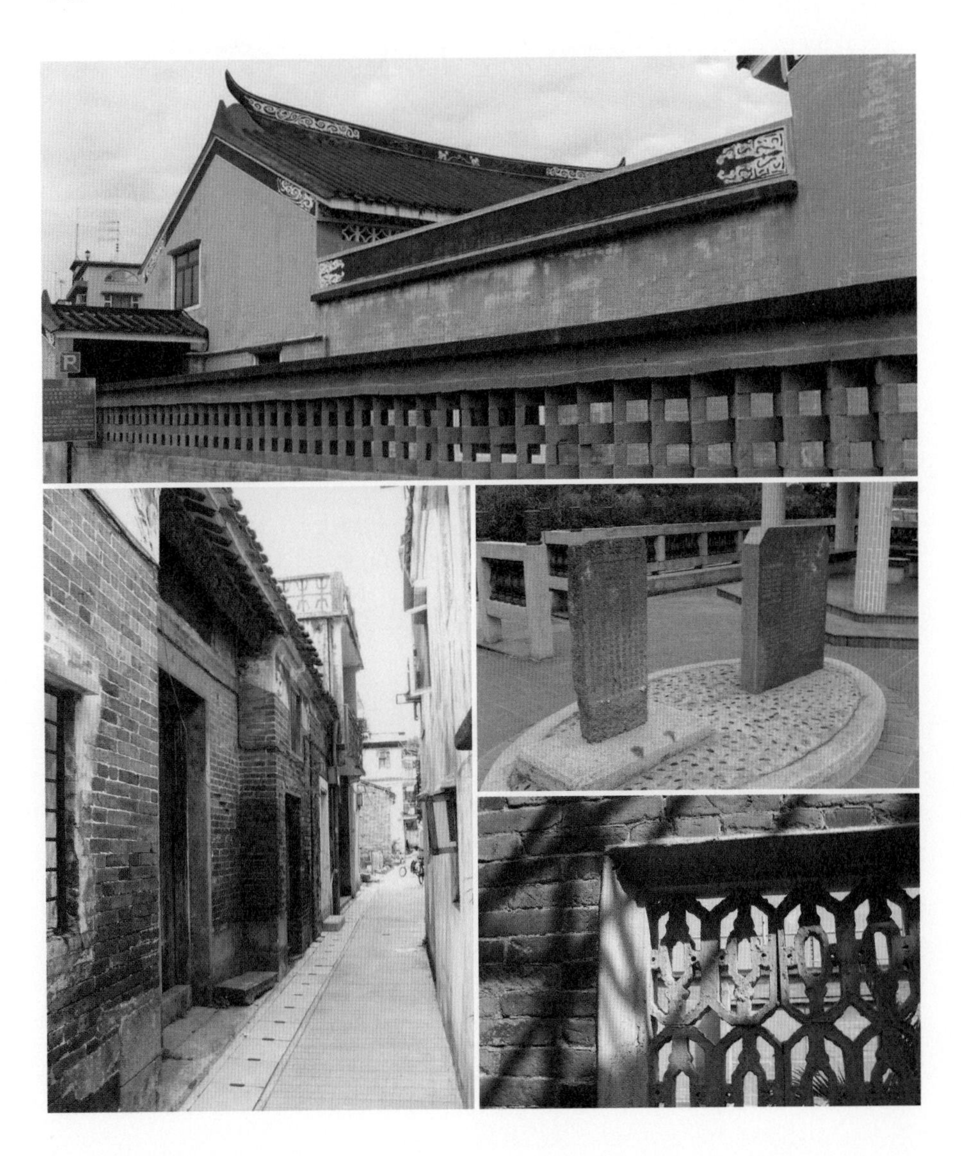

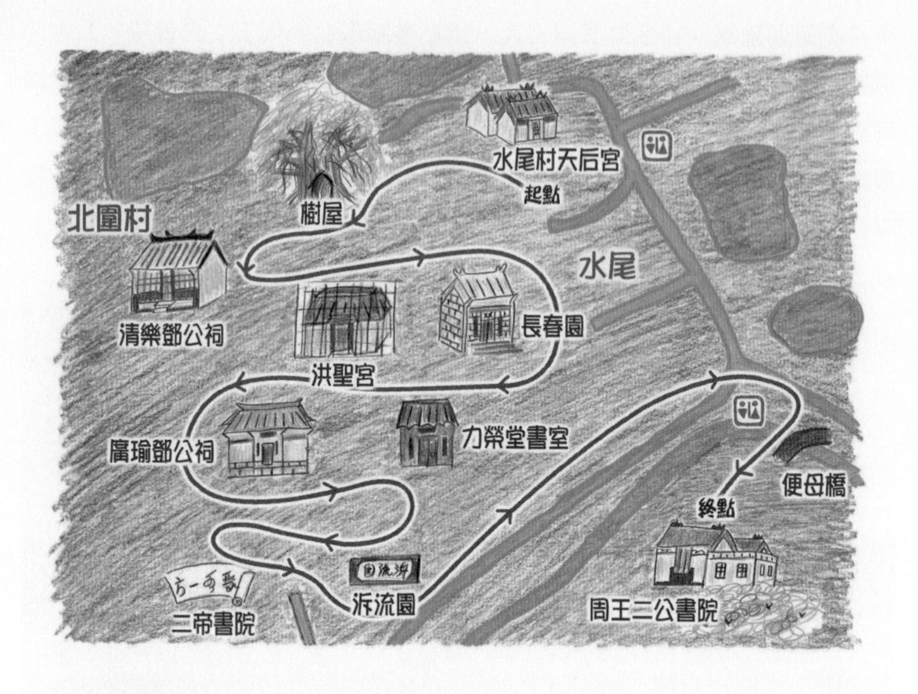

旅程資料

位置	行程需時	行程距離
新界西	1 小時	1 公里

主題　文化古蹟

路線　水尾村天后宮 ▶ 樹屋 ▶ 清樂鄧公祠 ▶ 長春園 ▶ 洪聖宮 ▶ 廣瑜鄧公祠 ▶ 力榮堂書室 ▶ 泝流園 ▶ 二帝書院 ▶ 便母橋 ▶ 周王二公書院

前往方法　於元朗或錦上路港鐵站乘 601 專線小巴前往水尾村天后宮；或於錦上路港鐵站 B 出口步行二十分鐘前往。

注意事項　部分古蹟設有開放時間，出發前宜先行查詢。

生態價值指數	文化價值指數	難度	風景吸引度
★★	★★★★★	★	★★★ 

1. 醮會期間，村民會參與哪些活動？
2. 保護歷史古蹟和傳統活動的意義何在？
3. 具有危險性的傳統活動和風俗應否被取締？

錦田處處是寶，實在是熱愛中國傳統文化和歷史建築者的首選考察地點。從一端走到另一端，很難想像這竟是香港：歷史建築和文物十分密集，轉角又有新發現。現在香港有很多歷史建築活化（revitalize）為其他用途，例如超級市場、博物館、餐廳、酒店等，不是變得過分高雅，就是把原有的內部裝潢徹底改變了，參觀者很難了解建築物的內外原貌。難得錦田那些歷史建築能在開放的同時亦保持原貌，令參觀者了解上百年前原居民的生活。

歷史遺跡保育

錦田有多處珍貴的歷史遺跡，同時亦有村民居住。是什麼原因令錦田的歷史遺跡得以妥善保存起來？相對於香港另一些歷史建築和遺跡，附近沒有居民，反而得不到應有的保護，問題出在哪裡？檢視香港常見的歷史建築保育方案，了解當中成功的因素。居民的支持重要嗎？他們又扮演著什麼角色？有機會的話，試試訪問一下錦田的居民，了解他們對身邊文物的觀點。你認為錦田的歷史建築和文物還可加添什麼元素，令更多人認識和愛護它們？

汀角 ▸▸▸ 船灣

極高生態價值的泥灘

吐露港北部有一大片泥灘，由三門仔開始，一直伸延至大美督。汀角正是位於這片泥灘的中段，是「具特殊科學價值地點」，海星、和尚蟹、鷺鳥、紅樹和招潮蟹等都在這裡生活。

實用的木棉樹

▲▲ 汀角巴士站

汀角巴士站下車後，可以見到數棵木棉樹。木棉樹（紅棉，*Bombax ceiba*, Tree Cotton，又名 Red Kapok Tree）又稱英雄樹，以其筆直高大的外形見稱。在樹林中，它屬於露生層（emergent tree layer，見《綠色香港——生態欣賞與認識》一書）的樹木；對中國人而言，它更具實用價值。木棉樹的花乾製後可成為五花茶的材料之一；棉絮則可作為枕墊的填充料。木棉樹的另一特點，是顯著的生長週期（growth cycle）。木棉樹在開花前，會出現落葉（defoliation）現象，以便把所有養分都用於開花過程上。雖然此舉會令植物無法進行光合作用，但由於時值冬末春初，陽光不多，保留樹葉反而會增加蒸發量，故此在木棉花盛開時，光禿的樹上只有烈焰般的紅花而沒有綠葉，十分搶眼。

乾製後的木棉花

木棉的葉

木棉的樹幹

新鮮的木棉花

木棉樹

雀鳥天堂

向著海岸走，穿過一片片農田。農田上人為騷擾甚少，因此成為不少鳥類棲息的地方。單是一兩小時的考察，已看到十數隻雀鳥。

不過，與塱原比較，汀角四周幾乎沒有同類適合雀鳥生活的沿海平原，反而塱原因鄰近米埔，雀鳥可由米埔遷徙至塱原。故純粹以觀鳥價值而言，汀角就不及塱原了（見〈塱原〉一文）。從這點看，生物多樣性（biodiversity，見〈生物多樣性〉一文）不僅取決於當地環境的適合性，也受四周的生態環境影響。

香港許多具有重要生態價值的地點都是由荒廢農田演變而成（見〈生物多樣性〉一文），媒體經常提及的例子有沙羅洞（見《綠色香港──生態欣賞與認識》一書）、塱原（見〈塱原〉一文）和深涌（見〈榕樹澳─深涌〉一文），它們都與都市發展有著密切的關係。在寸金尺土的香港，土地總是人們虎視眈眈的珍貴資源。在汀角這些農地上，你觀察到一些小型工程正在展開嗎？

農田

▲▲ 馬屎洲

▲▲ 洋洲

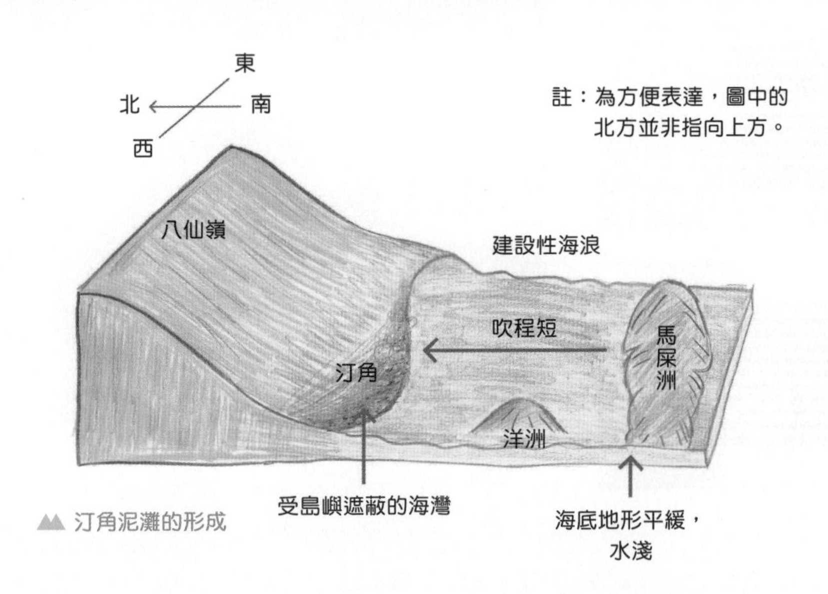

▲▲ 汀角泥灘的形成

泥灘的形成

小路盡頭就是泥灘（mudflat）。這片泥灘是整個吐露港北部沉積性地貌（depositional landform）的其中一部分。站在泥灘上，細心發掘有什麼因素造就這大片沉積性地貌？泥灘外的海面不遠處，有馬屎洲（見《綠色香港──生態欣賞與認識》一書）、鹽田仔和洋洲等島嶼，為汀角提供一個屏蔽（sheltered）的環境，整個吐露港北部地形有如一個窩，當中的水

八仙嶺

流緩慢，吹程（fetch）短，由海浪帶來的沉積（deposition）過程遠比侵蝕（erosion）過程快，這些建設性海浪（constructive wave）促進了泥灘發展；泥灘外的海底地形平緩和水淺（不超過五米），亦有利海中沙泥等搬運物（load）迅速沉積（deposit）。你想到香港還有其他地理環境相似的泥灘嗎？

泥灘

建設性海浪：前進浪緩緩拍打海岸，有利浪中的搬運物堆積。

泥灘外的島嶼

海浪形態

海浪既可造成沉積性地形，亦可造成侵蝕性地形。侵蝕性海浪的特徵是波長（wave length）很短、拍打到岸上的前進浪弱，但退回海洋的回流較強，所以能把岸邊的沙泥、岩石帶走，形成侵蝕作用（見〈塔門〉一文）。

破壞性海浪多出現於面向大海、無屏蔽的海灣（exposed bay）。海灣外的海底地形陡峭，加上沒有其他島嶼阻擋風和浪，令吹程很長，浪所帶來的能量也較高。如果海浪中帶有大量沙石的搬運物，其侵蝕能力將更大。

海浪拍打岸邊的岩石，透過水力作用（hydraulic action）、磨蝕作用（abrasion）和溶蝕作用（solution），把岩石變成碎塊並帶走。香港海岸的侵蝕性地形多在東面，與地質和環境有很大關係（見《綠色香港──生態欣賞與認識》一書）。

海欖雌

海欖雌的呼吸根

海欖雌

欖李

泥灘上，紅樹是佔有優勢的植物群落（vegetation community）。地上有一些從泥土中豎出的植物根部，這些根部是屬於紅樹海欖雌

（海茄冬，*Avicennia marina*, Black Mangrove）的。海欖雌灰白色的根恍似白骨般從土壤中伸出地面，故又名白骨壤。根部不是生長在泥土中嗎？不一定的。在陸生植物方面，有榕屬的氣根；紅樹方面，由於泥土大部分時間都被海水淹蓋，呈厭氧狀態，生長環境更加惡劣。為了吸取足夠的氧氣（oxygen），海欖雌發展出呼吸根（pneumatophore），以便直接從大氣（atmosphere）中吸取氧氣。另一些紅樹如秋茄則發展出升高根（stilt root），以對抗相同的問題（見〈拉姆薩爾濕地〉一文）。

▲▲ 桐花樹

飛白楓海星

走出泥灘，細看這裡有什麼生物。遠處有近五十隻鷺鳥在覓食。在腳下的泥灘中，也匿藏了不少蟹。潮退時，還會見到飛白楓海星（*Archaster typicus*）呢！本港的海星（starfish）多於東面海水含鹽量較高的潮間帶生活和繁殖。海星的進食過程與別不同，牠們會把胃袋從腹部中央的口伸出體外，並分泌出消化液，把食物消化後才吸收。海星的繁殖方法也是挺特別的。雄性和雌性海星分別把卵子和精子排出體外，卵子在海水中受精發育。由於體外受精的失敗風險很高，為保障繁殖，飛白楓海星發展出「假交配」的行為：雄海星緊貼在雌海星背上，由於兩性距離近，卵子受精的機會率也較高。

▲▲ 飛白楓海星

長腕和尚蟹

長腕和尚蟹（*Mictyris longicarpus*）也是汀角常見的動物。別以為蟹只會橫行！長腕和尚蟹因為身體呈球狀，所以沒有以橫行去減少行走阻力的必要。牠們身體細小，走起來挺靈活；牠們也有挖穴的本領，可以避開覓食者。和尚蟹的進食方法特別，牠們先把泥放進口中，把當中的食物過濾後，再把泥以小球的形態排出。留意地面，只要見到這些「擬糞」，就代表著這裡有和尚蟹出沒了！

具特殊科學價值地點

汀角紅樹林有眾多動植物品種，具有重要的科研、生態和教育價值，它早在一九八五年已被列為「具特殊科學價值地點」，然而這並非有效的生態保育措施，其設立原因是限制土地發展而非人類活動，只在規劃署（Planning Department）的圖則上顯示出來。在汀角以至其他具特殊科學價值地點，並不能找到半點實在的生態保育措施。具特殊科學價值地點受到破壞的例子過去亦曾在大蠔和沙羅洞出現（見《綠色香港──生態欣賞與認識》一書），可

海膽

鷺鳥

海葵

見限制發展並不代表絕對的生態保育，而具特殊科學價值地點也不能杜絕故意的破壞。

相比之下，郊野公園（country park）的保育措施則嚴密得多。郊野公園受《郊野公園條例》（Country Park Ordinance）保護，有清晰的條文禁止拋棄垃圾、在非指定地點生火、捕殺或傷害動植物、駕駛車輛等行為。漁農自然護理署（漁護署，Agriculture, Fisheries and Conservation Department）亦會派人在郊野公園巡邏，並作詳細的生態管理措施，諸如生態調查、山火監控、植樹、設立隔火帶和人工鳥屋等。不過，翻開地圖，不難察覺郊野公園中有一些地方因屬私人土地（如村落），並不列入郊野公園範圍內。郊野公園的設立需要很大的郊野空間，劃定不當反而會影響市民生活。如汀角般細小且有民居的地點，把它劃為郊野公園反而變得不切實際。保育上，郊野公園與具特殊科學價值地點之間，的確存有分歧與漏洞。我們是否有需要設立第三類制度，去填補這些灰色地帶呢？

龍尾灘

汀角東面不遠處是龍尾灘。這泥灘本是寂寂無聞，不過自二〇一二年政府計劃把該地發展為泳灘後，社會爭議之聲不斷。環保團體表示，龍尾灘是管海馬（*Hippocampus kuda*, Estuary Seahorse）的棲息地；政府則表示，管海馬屬本港中度常見的品種，不止見於龍尾灘；工程進行前，亦會把物種遷移；政府亦推出「汀角＋」保育計劃，加強保育汀角具特殊科學價值地點和汀角東的生態。

地盤範圍
請勿進入

龍尾灘他日將發展為人工泳灘

龍尾灘

八仙嶺

不過，這些為發展護航的原因，與很多很多其他工程一樣，似乎又再忘記了生態系統與四周環境的關聯──自然生態系統並不是一個孤立系統（isolated system），它的生態多樣性和穩定性也取決於周邊環境。即使把汀角保育得再好，周邊環境充斥著污染物，汀角亦不能獨善其身。更甚的是，泳灘工程亦包括一個有七十多個車位的停車場。今天的汀角已有不少遊人到訪，當中亦有不少破壞生態的活動（例如在泥灘上挖掘）。今天的汀角雖然未受泳灘工程直接影響，但泳灘竣工後，交通設施更加便利，只會吸引更多遊人來到汀角。

經過多年的司法程序，泳灘工程繼續進行。現在只能寄望他日遊人能緊記生態旅遊的原則，不再破壞汀角的生態。

船灣淡水湖水壩

船灣淡水湖

走完汀角泥灘，可順道沿汀角路走到鄰近的船灣淡水湖（Plover Cove Reservoir）參觀。船灣淡水湖的建築工程歷時八年，於一九六八年建成。船灣的西面是八仙嶺，北面為橫嶺山，集合了兩個水系的河水；東面白沙頭洲和鳳凰笏頂則成了天然的水塘邊界，只要略為加工，以水壩封閉原有的海灣，就成為龐大的水塘，極之合乎經濟效益。船灣淡水湖是全港面積最大的水塘，水壩長達二點一公里，它同時亦是全球第一個在海中建成的水塘。當年因工程的緣故，船灣一帶的數條村落都遷移至大埔等地。現在位於鹽田仔的三門仔漁民新村正是當年由白沙頭洲遷走的村落之一（見《綠色香港──生態欣賞與認識》一書）。

旅程資料

位置	行程需時	行程距離
新界東北	1.5 小時	2.3 公里

主題　泥灘生態

路線　汀角 ▶ 船灣 ▶ 大美督

前往方法　於大埔墟乘 75K 巴士前往。

注意事項　出發前請查閱香港天文台大埔滘潮汐監測站的潮汐預報，潮水低於零點五米時是最佳的參觀時間。

生態價值指數	文化價值指數	難度	風景吸引度
			★★★★

1. 留意獨立而生的海欖雌，你認為呼吸根與樹冠的規模有關係嗎？
2. 水塘除了為市民提供食水外，還有什麼功能？
3. 大美督是燒烤熱點，試觀察燒烤對環境的影響。

為應付市區不斷增長的人口和滿足土地需求，除了垂直發展（vertical development）和市區更新（urban renewal）外，城市向四周的鄉郊擴展亦是其中一個方法。當城市向鄉郊發展，城市蠶食（urban encroachment）這過程就會於鄉郊出現。城市蠶食是指市區人口、經濟活動和相關的土地利用（landuse）入侵鄉郊地區。近年沿汀角路至船灣一帶有很多發展和改變，可見市區的發展已經沿汀角路滲入該區。

汀角路的城市蠶食過程

地理學上，什麼是市區（urban area）？什麼是鄉郊地區（rural area）？它們各有什麼特徵？兩者的分界線怎樣釐定？鄉村是如何演變為市區的？當中經歷哪些變化？以汀角路作為研習地點，通過實地考察和比對不同年份的空中／衛星照片和地圖，找出汀角路的城市蠶食是怎樣發生的。有什麼證據？城市蠶食在汀角有一定的分佈和發展模式嗎？是什麼因素推動著這些發展？你認為這些發展有什麼利弊？對當地居民又有什麼影響？你認為將來汀角會變成怎樣的一個地方？

新娘潭

傳說與自然的融合

炎炎夏日，在山上行走總覺得十分酷熱，還是到河邊較為清涼。船灣淡水湖附近的新娘潭（Bride's Pool）是一個既舒適又可學習河道地貌的好地方。

河道上游

沿路往前走。

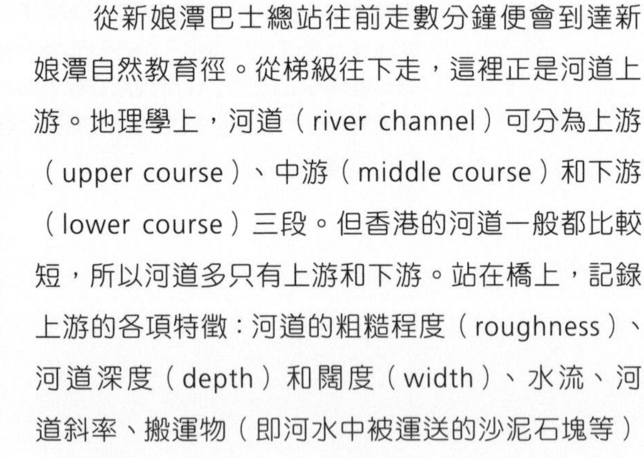

從新娘潭巴士總站往前走數分鐘便會到達新娘潭自然教育徑。從梯級往下走，這裡正是河道上游。地理學上，河道（river channel）可分為上游（upper course）、中游（middle course）和下游（lower course）三段。但香港的河道一般都比較短，所以河道多只有上游和下游。站在橋上，記錄上游的各項特徵：河道的粗糙程度（roughness）、河道深度（depth）和闊度（width）、水流、河道斜率、搬運物（即河水中被運送的沙泥石塊等）和沉積物（sediment）的數量，待會到了下游時可以再作觀察和比較。

新娘潭獅子亭

新娘潭橋

上游河道

新娘潭自然教育徑

壺穴和瀑布

你可有留意河床（river bed）上有一些圓形並凹陷的地方？它們叫壺穴（pothole），是上游的主要地貌（landform）之一。由於河道凹凸不平，河水在某些地方會以螺旋方式轉動。如水中有石塊，石塊也會隨水流打轉，並撞向河床，情況就如打磨一樣，壺穴遂慢慢形成。偶然，你還可以在壺穴中找到打磨出壺穴的石塊呢！

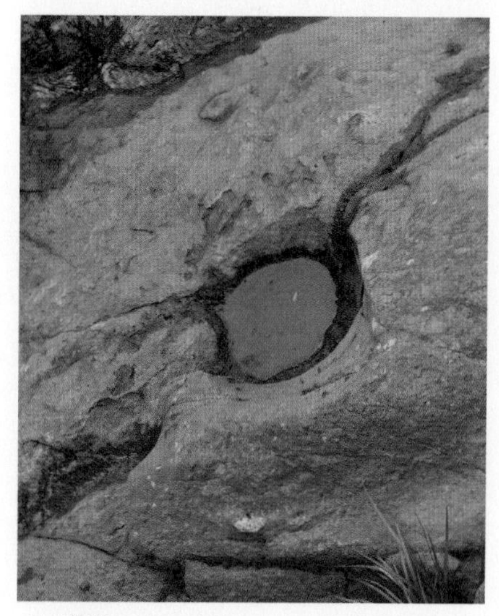

壺穴

新娘潭瀑布頂部

過橋後轉右前行，走時別忘了留意河道位置。邊走邊找，不久便看到了新娘潭瀑布（waterfall）的頂部。新娘潭瀑布的名稱來源有兩個說法，一說是古時有個新娘經過時發生意外，死於潭中，故名之以紀念；二是因為瀑布傾瀉下來，有如雪白的婚紗一樣。從瀑布頂看出去，會見到河谷是呈窄V形。不過，這只是上游的情況；往下游走，河谷會漸漸變寬，至下游時河谷剖面會因侵蝕而成為一個很寬闊的V形。

量度河道斜率

河道斜率（channel gradient）是影響河水流速（velocity）的因素之一。其他因素不變的情況下，河道越斜，流速越快。最極端的，要算是沿垂直面下跌的瀑布。河水不斷流動，要量度水下的河道斜率看似有點難度，但只要一點考察技巧便可輕易解決。

首先，兩人各手持一支測距桿（ranging rod），在河道段落首尾兩端把測距桿垂直插在河床上。下游方向的人利用手水準儀（abney level） 或測斜儀，量度自己一方的測距桿至另一支測距桿的仰角。

手水準儀

假設所測仰角為 12°，利用三角函數正切（tangent，tan）找出斜率：

tan 12° = 0.213 ＝ 21.3/100，經計算後，該段河道的斜率為 1：4.69

不過這方法只適用於部分河道。河水太深、流速太高、河道太斜，或因其他安全因素不宜走到河道的時候，這方法就不管用了。

燒烤的問題

完成山徑，到了燒烤場，見到遊人興高采烈地燒烤，好不熱鬧。只是，燒烤這種康樂活動對環境沒有什麼好處。第一，燃炭（charcoal）會釋出二氧化碳（carbon dioxide），這種溫室氣體（greenhouse gas）加速了全球暖化。第二，炭是由木材加工而成，故此製造過程破壞了森林：別忘記森林是主要的碳匯（carbon sink），它對吸收二氧化碳扮演極重要的角色（見〈溫室效應〉一文）。第三，燒烤活動往往亦與亂拋垃圾、使用即棄（disposable）用品和浪費食物等問題有連帶關係。想享受燒烤的樂趣，同時減低對環境的傷害，可行的方法包括小心控制炭和食物的分量，自備食具盛器，並在燒烤後妥善清理場地。

燒烤爐

▲ 杉

▲ 照鏡潭瀑布

跌水潭

按路牌指示走，會見到另一道瀑布。瀑布下的水潭就是照鏡潭。這水潭在地理學上稱為「跌水潭」（plunge pool）。跌水潭的出現是因為瀑布下的位置長期受河水與搬運物的撞擊，透過水力作用、溶蝕作用和磨蝕作用這三個過程侵蝕（erode），慢慢形成一個凹陷的地方。長期受河水沖刷，河道耗損，是為水力作用；溶蝕作用指河水把河道岩石中的可溶性礦物（soluble mineral）溶解；磨蝕作用是水中搬運物因水流撞向河道而出現的侵蝕過程。

照鏡潭

沿路往照鏡潭。

新娘潭石橋，
建於一九〇六年。

跌水潭

跌水潭的形成

河水從高處流下，產生水力作用（hydraulic action）。長時間的沖刷下，瀑布下的河床被侵蝕為跌水潭。跌水潭的大小主要受水流速度及河床的岩石抗蝕力影響。水流急速、抗蝕力弱的環境會形成較深和大的跌水潭。

河道下游

往涌尾方向走，最後來到一道橋，這兒是河的下游。你可以說出上下游的分別嗎？上下游的石塊大小和粗幼度各有什麼特徵？河道在兩處地方的深度和闊度有何變化？下游河水的流動是否較為湍急？河床上的沉積物在下游是否較多？河道斜率又如何？

轉身望向另一面，有個很大的湖泊。這湖泊是船灣淡水湖（見〈汀角一船灣〉一文）。新娘潭的河水最終流到船灣淡水湖，成為香港淡水（fresh water）資源的一部分。因此，在考察時一定要保持環境清潔，以免污染集水區（catchment）。

下游河道

河水流入船灣淡水湖。

沿路前行，在路口轉右，沿新娘潭路可返回新娘潭巴士總站。香港地勢起伏，本來應該有不少河流，可是由於下游地勢平坦及臨近海邊，故多已被城市所侵佔。不是被排水管道取代，或埋沒於混凝土下，便是像沙田城門河般被拉直。像新娘潭這種天然的河道已經非常罕見，這更顯出了它在學習河道地貌上的價值。

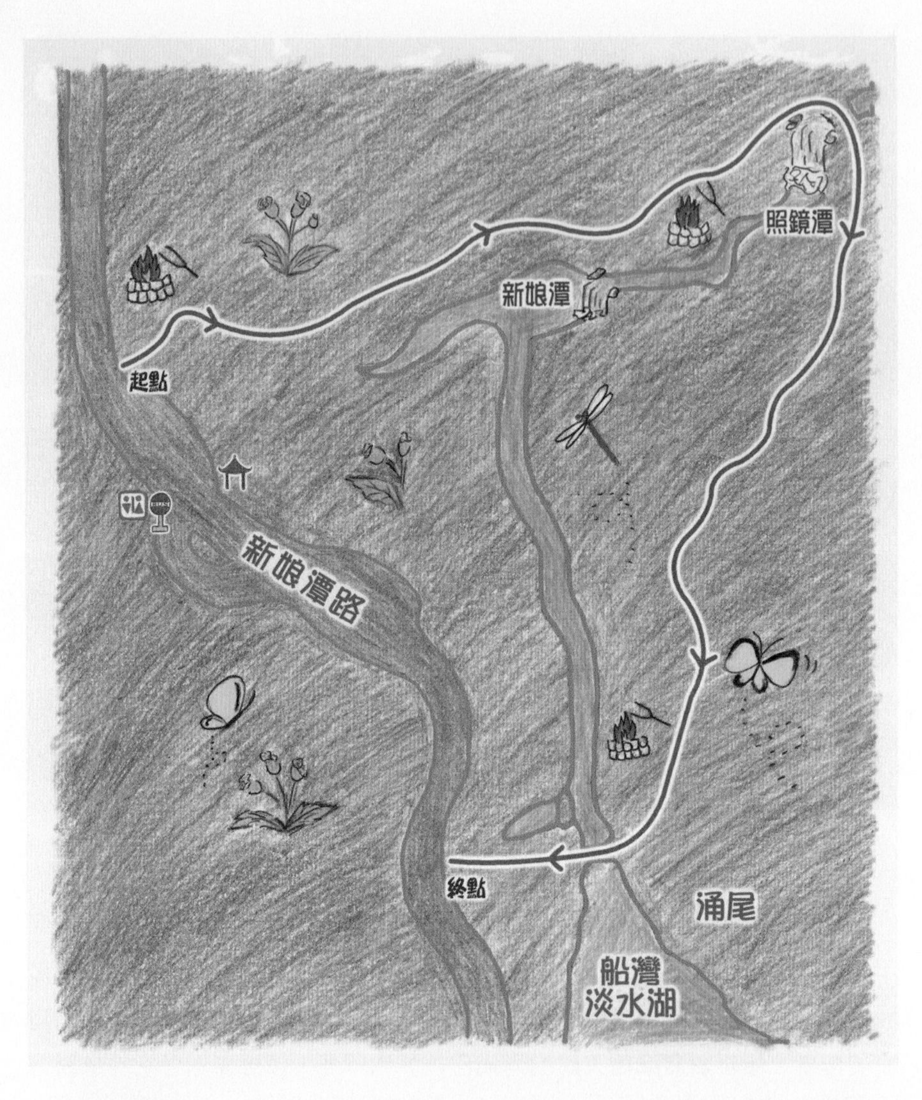

1. 試列表比較上下游的河谷剖面、流速等特徵。
2. 郊野公園除了保育外，還有什麼功能？

旅程資料

位置	行程需時	行程距離
新界東北	1 小時	2.5 公里

主題　河道地貌

路線　新娘潭巴士總站 ▶ 新娘潭自然教育徑 ▶ 涌尾

前往方法　於大埔墟巴士總站乘 275R（只於假日行駛）前往新娘潭巴士總站。

注意事項　河道、瀑布和跌水潭等地均有潛在危險，不應到河道中玩耍和觀察；水位太高時切忌強行過橋，應原路折返。

生態價值指數	文化價值指數	難度	風景吸引度

延伸思考

河流在上下游的地貌各有不同，各有特色。在新娘潭自然教育徑往下游走，可近距離觀察河道，輕鬆比對不同河段的特徵。由起點的壺穴、瀑布，到終點的沉積性地貌，都反映著河流工作（fluvial work）的改變。河流在不同段落各有特徵，當中有些改變更與一般人的想法有很大分歧。例如河道下游地勢較為平坦，但流速平均較上游為高，為什麼？香港缺乏高山，河流不及發育成熟就到了海岸，所以中游不甚明顯；下游位處平坦地方，在城市化或填海的過程中多已被「渠道化」（channelized），成為明渠（nullah）或被引導至地下排水系統，要找合適的河流作考察並不容易。

河道特徵比較

新娘潭的源頭在哪裡？試到新娘潭的源頭或接近源頭的地方察看，並沿新娘潭自然教育徑往下游方向走。河道的形狀、深度、闊度、流水速度、流水中的搬運物數量和形狀都是一樣嗎？為什麼？這反映了河水能量（fluvial energy）有什麼變化？利用地圖比較興建船灣淡水湖前後的新娘潭河道，當時的河道與今天有什麼分別？這研究議題與大潭水塘的有一些關聯，可作互補。詳見〈柏架山—大潭水塘〉一文。

坪洲 天然的樂土

坪洲是一個如斯簡樸的小島：島上沒有汽車，居民以自行車代步。島上也絕少連鎖店，眾多特色店鋪令遊歷坪洲多了一份新鮮感。

奉禁封船碑

踏下渡輪的跳板，第一眼看到的景象與繁忙急速的中環截然不同。下船後轉往右面，沿坪洲的主要街道露坪街前進。一路上只見居民遊客熙來攘往，好不熱鬧。在露坪街盡頭，

露坪街

天后廟

有一間天后廟。在廟外靠永安街一面、一個不起眼的角落，豎立了一塊石碑，名為「奉禁封船碑」。話說在清朝道光年間，大嶼山一帶海盜為患，新安縣──當時的地方政府──因此常向坪洲漁民徵用漁船，並在船上匿藏官兵，希望能夠誘捕海盜。但徵用漁船卻使漁民無法出海捕魚，生計大受影響。道光十五年（一八三五年），朝廷有見及此，於是下令禁止地方政府徵用船隻，並在坪洲立碑為記。

奉禁封船碑

永安街

悠然在狹窄的永安街上遊歷，別有一番風味。在街道兩旁，除了水果店、士多外，更有久違的冰室。沿街道探索前進，你會感受到每家店鋪都是一個故事：這種個人化與親切感是連鎖店不能提供的。連鎖店強調的是統一及效率；家庭式店鋪給你的卻是老朋友式的親切服務，你可以享受一邊選購貨品，一邊與店主閒聊的樂趣。探索永安街是全方位的：除了專注左右兩旁之餘，也別

永安街

忘舉頭細看！在永安街和永安橫街交界，還有一片非常有中國傳統建築特色的瓦頂，有待你去發掘。

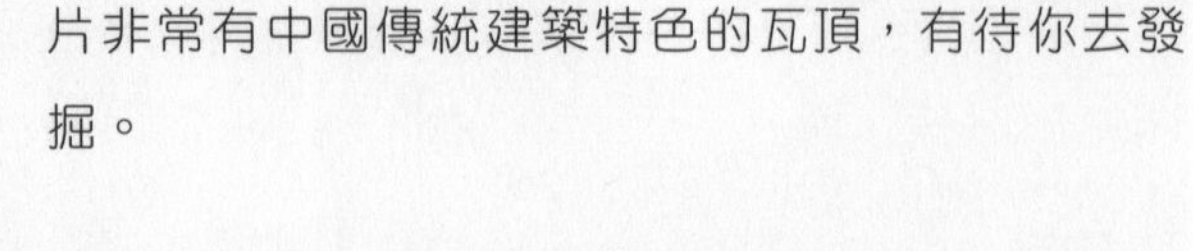

草豆蔻

離開永安街後左轉，沿舊坪洲戲院走，再沿指示牌右轉，前往手指山。沿途見到居民的小農田和東灣舢舨泊岸的景色，甚有純樸的農村味道。走到中途，一群長有鮮白色花朵的草本植物引起了我的注意，那是薑科植物的一員，名叫草豆蔻（*Alpinia hainanensis*, Hainan Galangal）。草豆蔻除了外形美麗外，它的種子還可乾製為中藥。

離開永安街後左轉。

舊坪洲戲院

草豆蔻

沿指示牌右轉。

東灣

農田

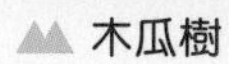

木瓜樹

經過一些分岔路，繼續往山上走，在梯級的一旁，粉紅色的桃金娘（崗棯，*Rhodomyrtus tomentosa*, Rose Myrtle，又名 Downy Rosemyrtle）在陽光中盛放。在路的東面，你可看到數片農田。由於坪洲東南面的土地較為平坦，對農業發展較為有利。正想細看農田上種植的是什麼農作物，可是距離太遠了，還是等待一回兒下山途經時才細看清楚。

山下的農田

▲▲ 桃金娘

手指山

手指山是坪洲的最高點，高九十五米。在山上除了可一覽坪洲外，還可以享受三百六十度全海景觀。往東面看，可看到港島西的景色；稍往南面看，可隱約看到南丫島發電廠的煙囪（見〈南丫島〉一文）；往東北面看，則有愉景灣；往北面看，可看到主題樂園就在兩三公里不遠處。猶記得多年前初到坪洲時，竹篙灣還在忙於清理二噁英（dioxin）和進行大規模的填海工程；如今，這片樂土每晚已為其賓客甚至鄰近的居民提供精彩的煙花（firework）表演。

眺望著這個人工打造的夢幻世界，我不禁想到坪洲居民每一個晚上都可以聽到隆隆作響的煙花表演。若風向合適的話（主要是冬季吹北風的時候），應該還可以嗅到煙花的氣味呢！一個與世無爭的小島一下子也被這片樂土「感染」了。當然，受到感染的不單是坪洲居民，相信島上的動物（特別是雀鳥）也會受到感染。牠們也會像樂園中那些「老鼠」和「小熊」般過著快樂的生活嗎？

主題樂園

愉景灣

第二期填海工程

發放煙花對環境的影響

煙花把人類活動的影響範圍伸延至高空。發放煙花的影響主要可歸納為四方面，當中以後兩者的影響較為長遠。

- 光污染（light pollution）──煙花照亮夜空，造成短暫的光污染。
- 噪音污染（noise pollution）──煙花發放和爆發時會造成噪音。
- 空氣污染（air pollution）──煙花把鉀、鉻、水銀、鎘、鋅等金屬帶到高空。空氣中的可吸入懸浮粒子含量亦因發放煙花而提高。
- 水污染（water pollution）──煙花中的硫化物會造成酸雨，污染水源。

光污染

煙花所帶來的光污染雖然短暫，但不表示坪洲的夜空不受其他光污染源頭影響。隨著經濟發展，照明裝置越來越普遍。這些照明裝置的強光為四周環境帶來影響，幾乎把整個香港的夜空也照亮了。在多雲的日子，雲層把光線反射，光污染更見明顯。

勒克斯（lux）是光度的量度單位。一般辦公室的光度是四百勒克斯左右，但某些商業中心區的霓虹燈光度達數千勒克斯，這些霓虹燈徹夜照亮附近的民居。根據香港大學進行的光害調查，旺角、灣仔等地的夜空比西貢東和南大嶼山光五百倍。

光污染的特徵是多源頭。同一住宅單位往往受多個光源同時影響。要客觀分辨不同光源的影響，並透過法律追究責任，十分困難。日常生活中，光的強度難以準確客觀量度，個別光源亦未必超出上限，但累積起來的影響卻可以十分巨大。政府早在二〇〇八年已提出要管制光污染，可惜事隔多年，環境局只分別在二〇一五年和二〇一六年推出業界指引和自願約章，希望透過業界自律，在指定時間關掉非必要的燈光。

紅膠木

從手指山北面的路下山，沿途都是臺灣相思（*Acacia confusa*, Taiwan Acacia， 又名 Acacia）、鐵芒萁（*Dicranopteris linearis*）等常見植物。路上亦有紅膠木（*Lophostemon confertus*）。紅膠木是郊野公園常見的喬木（tree），

通常長得筆直非常，因此很少機會可近距離看到它的花果。紅膠木的花是白色的，而果的外形小巧，有如小酒杯。一看紅膠木的俗名（common name）Brisbane Box，便可得知其原產地是澳洲。紅膠木生長迅速，被譽為「植林三寶」（forestry triple）之一，可見它在本地植林史上的重要地位。

紅膠木的花

紅膠木的果

紅膠木的葉

有機農場

在下山道路的盡頭右轉，便會經過剛才登上手指山時所見的農田。這片農田原來是個有機農場。有機耕作（organic farming）是指在生產、處理及加工農作物的過程中只使用天然物質或方法的一種農業運作模式。一般人對有機耕作的概念是使用糞肥（manure）作肥料（fertilizer），但

有機農場

聖家路

事實上這方法已經過時了。因為排泄物中常有大腸桿菌（*Escherichia coli*）等細菌，用作肥料是不合衛生的。現今的有機耕作中，常見的肥料有綠肥（green manure，如豆類植物）、石灰（lime）和骨粉（bone ash）等。此外，農夫亦會使用輪植（crop rotation）、休耕（fallowing）或間種（inter-cropping）等方法以保持土壤肥力（fertility）及控制害蟲（pest）。在坪洲這片農田上，還可以見到農夫使用了尼龍網（nylon net）去保護農作物。

現時香港幾乎所有蔬菜均從內地入口，部分農民遂轉型生產有機農作物，希望可以開闢新的本地市場。坪洲居民過去主要以捕魚為生，露坪街的天后廟可作證據。島上亦曾出產石灰。在坪洲北面有一個廢棄的灰渣洞（lime cave），原為天然海蝕洞，後來石灰窯技工把石灰渣（即珊瑚、貝殼等燒後的殘渣）傾倒於海蝕洞中，至今這處則成了一個景點。在連接坪洲的大利島東北角的舊珊瑚礁，相信便是當年石灰的原料來源地之一（見《綠色香港──生態欣賞與認識》（增訂版）一書）。

沿聖家路，經圓通講寺、聖家學校返回永安街。返回市區前可在永安街先購買小食，或沿海旁向北走參觀灰渣洞。可是船的班次不太頻密，別太忘形啊！

有機農場

旅程資料	位置	行程需時	行程距離
	大嶼山東南	2 小時	2.6 公里
	主題	傳統文化及環境發展	

路線　露坪街 ▶ 永安街 ▶ 手指山 ▶ 聖家路 ▶ 永安街 ▶ 露坪街

前往方法　於中環六號碼頭乘渡輪前往。

生態價值指數	文化價值指數	難度	風景吸引度
★★★	★★★	★	

考考你

1. 為什麼發放煙花有機會形成酸雨？
2. 二噁英是如何形成的？它為什麼這樣可怕？
3. 植林三寶除了紅膠木外，還有哪兩寶？

延伸思考

坪洲古名「平洲」，其歷史可追溯至唐宋年間。坪洲面積不足一平方公里，地勢起伏不多，全島最高的手指山只有九十五米。今天的坪洲位置遠離煩囂，舊街亦保留著昔日的古老風味，十分適合假日活動，有誰會想到全盛時期的坪洲竟是滿佈灰窰廠、造船廠等各式輕、重工業的地方？

考察路線設計

坪洲有很多獨特的歷史人文遺跡，例如「奉禁封船碑」、當時全東南亞最大的火柴廠遺址、灰窰廠遺址等，它們都標誌著坪洲過去的一段輝煌歷史。試在文獻和紀錄片中搜尋坪洲更多有趣的景點，並把它們串連在一起，成為一條富趣味和教育意義的考察路徑。有關考察路徑的設計可以參考文物徑和自然教育徑的概念。坪洲島上有一環保團體，其資料亦可作參考。

塱原
最後的一片農田

自計劃興建落馬洲支線後，塱原（Long Valley）就成了大眾所熟悉的名字。一些人認為發展是大勢所趨，也有人認為保育永遠是最重要。

綠油油的排洪河道

從上水港鐵站經彩園路走到盡頭，會見到一道橫跨排洪河道的橋。考察時適逢旱季，水位不高。近年建築工程多講求與環境融合，政府建設更需以身作則。只要留意一下河道的

設計，你會發現河道不但可容納雨季時高流量的洪水；在旱季時，中央那條狹窄的旱流水道（dry weather flow channel）亦可防止河水積存而釀成衛生問題。在河床和河道兩旁亦置有草格讓植物生長，一方面促進生態的完整性，另一方面也減低混凝土河道的損耗。這個措施有效嗎？問問這三隻在河道上覓食的水牛（buffalo）和牠們身旁的鷺鳥便可知一二了！

旱流水道

彩園路

旱流水道

點點滴滴

過橋後沿石上河走，對岸是石湖墟污水處理廠和上水屠房，在這裡還可以見到香港的命脈——深港輸水管。香港的食水有超過七成是從內地來的，因為香港每日的淡水消耗量極大，只依靠雨水根本不能滿足需要。你知道香港每天人均食水消耗量嗎？逾三百五十公升。一個多麼不可思議的數字！不過當中只有不到三公升是被我們實際飲用，其餘的都被用作清潔身體和洗滌東西等。當然，還有一部分是白白地流走的！

上水屠房

深港輸水管。落馬洲支線就是在相片右下方位置從地底穿過塱原。

當我們享受著這種「幸福」時，在地球的另一面，有些人卻每天花上數小時去找尋水源（也許找到仍是不清潔的水）。我們必須小心審視在日常用水中，有哪些是必需的，又有哪些只是所謂的「需要」。雖然水是循環不息，浪費了的食水準會重返大氣，開始新的水循環（hydrological cycle），但從收集雨水到排放污水的過程又牽涉到過濾、消毒、傳送和污水處理等多個需要使用能源推動的工序，過程中會消耗不少能源。新加坡為了長遠解決水質問題，多年前已經使用再生水（reclaimed water），你又願意接受嗎？

經渠道化後的石上河，對岸是石湖墟污水處理廠和上水屠房。

路的左面有數條路進入塱原。塱原的面積很大，達三十多公頃，可以設計為不同長短和主題的生態旅遊路線，主要視乎時間和參加者期望而定。一般初到塱原考察，可從較北位置的路口進入，這樣可以對塱原有一個初步的印象，要是喜歡上它的話，日後也可再作深入的考察。

沿途有多條進入塱原的小路。

當前利益和長遠保育

塱原本與其他鄉郊地方一樣寂寂無名。一九九九年十月，落馬洲支線計劃刊憲，鐵路由現有的上水港鐵站開始，向西以高架橋形式穿過塱原和古洞，抵達落馬洲。計劃提出後，社會產生了很大的迴響。環境保護署（環保署，Environmental Protection Department）、政府官員、當時的九

西洋菜

鐵、綠色團體、村民等紛紛表達意見，當中不乏一些挑釁性的言論。總括各方，環保署反對鐵路以架空形式穿過塱原；九鐵表示把鐵路向南或北繞過塱原，在技術上都不可行；綠色團體認為在地面興建鐵路會把珍貴的濕地割裂碎化；有些人則表示為了那些「雀仔」而否決發展是不理死活的做法，並威脅會毒害雀鳥。

在新界地區，基於歷史的緣故，很多土地都是私人擁有。在選擇發展與否時，往往出現了城市人不希望鄉郊地區被破壞的情況，釀成社會矛盾（見《綠色香港──生態欣賞與認識》一書）。從環境倫理學（environmental ethics）的角度思考，新界鄉郊的居民是否有義務去犧牲自身的生活水平以保護那些農田樹林？理據何在？誰有權力決定鄉郊的發展？是城市人、鄉郊居民，還是其他？

尖長的喙部，方便捕捉魚類。

尖而略為向下彎的喙部，方便在濕地中探找食物。

濕地雀鳥常見的喙部形態

最後的一片農地？

進入塱原，眼前盡是農田。雖然叫塱原作濕地無疑是反映了濕地的定義（見〈拉姆薩爾濕地〉一文），但由於濕地定義甚廣，加上在一般大眾心目中，香港只有米埔和濕地公園才是「濕地」，所以從人文功能去分辨，稱塱原為一片「農地」也許更為貼切（這分類法並不否定塱原作為重要濕地的生態功能）。

蕹菜

塱原是一片廣闊的平原（plain），位處於雙魚河和石上河交界，水源充足，加上北面有小山丘包圍著，有效地阻擋冬季時乾燥的北風，防止農作物的水分被過量蒸騰（transpire），因此塱原十分適合耕作。站在塱原上，周圍只有平坦的土地——這景色在香港的確是十分罕見——尤其是當大部分平地都被用作發展時更甚。

芥蘭

根據地理學家惠特萊西（Derwent Whittlesey）於一九三六年提出的農業分類方法，按農地產出的種類和用途、土地使用密度、機械化程度，把全球農業分為十多類，包括遊牧業（nomadic herding）、遷移農業（shifting cultivation）、傳統稻米種植（rice growing）、畜牧業（livestock ranching）、大農場（plantation）、商業性穀物農業（commercial grain farming）、混合農業（mixed farming）、酪農業（dairying）、園藝農業（market gardening/horticulture）等。

塱原所見的農業屬於園藝農業。這種農業的特徵是農地鄰近市區、面積小（塱原的農地通常小於半公頃，一公頃為一百米乘一百米），以蔬菜、水果和鮮花為主要農作物（塱原主要出產當造蔬菜，如芥蘭和蕹菜）。園藝農業會利用機械以提高生產（塱原農民多置有翻土機，田間亦已鋪設電線和水管，一些農田還配有自動灑水器），加上勞工投入高（一片農地由兩至三名農民打理），是集約式農業（intensive farming）的典型例子。

塱原北部的農田，每片農田的面積只有十分一公頃左右。

除了惠特萊西的分類，農業還可以簡單一點的按農業特徵配搭和分類。這些特徵包括：

目的：自給自足（subsistence）/ 商業（commercial）
產品種類：種植（arable）/ 畜牧（pastoral）/ 混合（mixed）
資源投入：集約（intensive）/ 粗放（extensive）
流動性：定居（sedentary）/ 遷移（non-sedentary）

以園藝農業為例，根據上述分類，便是屬於商業、種植、密集和固定式農業。

每種農業出現的位置和特徵與當地氣候和人文環境有直接關係。為什麼塱原一帶主要都是園藝農業？你從農作物的種類中看到什麼端倪嗎？

無論是本地或內地生產的蔬菜，都會在凌晨集中於批發市場（whole-sale market）。菜市場的檔販會到批發市場購貨，並運送至菜市場出售。一些大型的連鎖店，亦會直接從內地大批購入蔬菜，並透過其物流系統直接送到分店

發售。據本地農民表示，他們為了趕及在凌晨三時前把蔬菜親自送到批發市場，每天都於午夜十二時多開始收割。至天亮時，他們才離開批發市場回家稍作休息。至下午時段，又繼續工作。當然，這個只是一般的情況，面對突如其來的天氣轉變，農民或有機會需要長時間在戶外盡快收割，減低損失。

不過，以本地的蔬菜市場來說，本地農民沒有什麼優勢。內地農場每天都有大量蔬菜供港，大規模生產令平均生產成本較低；反之本地農民面對高昂的物價，加上生產量不多，平均成本相對較高。過去本地農民還有合作社（cooperative）幫忙，可惜現在務農人口實在太少，漁農業加起來也不足八千人。過去負責組織農民大批購買農業用品（如種子、肥料）和集體出售農作物（以增加議價能力）的合作社也漸漸消失。在天亮後的批發市場，有時還會見到賣不出的內地蔬菜被棄置一旁。塱原毗連上水市區，農民若把土地售出，將會有可觀的收入。在這種艱難的經營環境下，為什麼農民仍然繼續耕作呢？土地價值與農業的集約程度有什麼關係？

重返塱原事件

經過兩年的爭議和上訴，二〇〇一年，當時九鐵提出的高架橋方案因不能通過《環境影響評估條例》（Environmental Impact Assessment

Ordinance）而被駁回，並改以地底隧道方式穿越塱原，以當年的物價去推算，鐵路的整體建築成本因而增加了二十億元。這個決定反映了環保署對塱原生態價值的肯定。在生態管理上，可承載的動植物數量與土地面積有正面關係。若鐵路把塱原一分為二，物種（尤其是雀鳥）也會因土地片斷化（fragmentation）而無法生存下去。

雖然當年有人提出以人工濕地作補償，但從今天西鐵線高架橋下的人工濕地中，我們看到這些人工濕地需要高技術、高成本投入和長期而嚴密的管理。有些人表示塱原是由人創造的農地組成，生態價值不值一提。不過，塱原鄰近邊界，人為騷擾甚少，加上西面靠近米埔，吸引雀鳥停留覓食。塱原在區位因素（locational factor）上佔盡優勢，在小小的農地上，短短三數小時的考察就看到數十隻雀鳥，這並非其他農地可以取代。不過，鑽挖方案有可能影響塱原的地下水文系統（hydrology），繼而改變濕地對農民及雀鳥的價值。

網脈蜻

大白鷺

在雙魚河中覓食的鷺鳥

排水閘把雨水由河上鄉排入雙魚河。

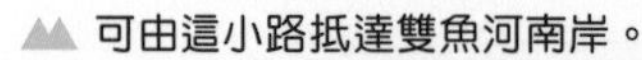

可由這小路抵達雙魚河南岸。

儘管塱原事件已告一段落，城市發展對它的威脅已暫時紓緩，但在不久將來，塱原西面的古洞將發展為一個新市鎮，把米埔與塱原之間的生態走廊（ecological corridor）割斷，雀鳥會不會願意經過新市鎮抵達塱原？那時即使塱原保存得再好，雀鳥滿天的情況將難以重現。

近二十隻鷺鳥在農田上覓食。

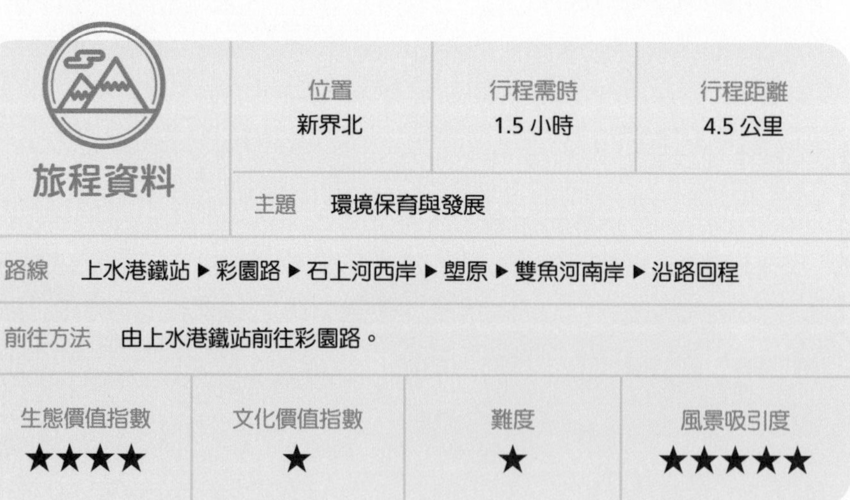

旅程資料	位置	行程需時	行程距離
	新界北	1.5 小時	4.5 公里
	主題　環境保育與發展		

路線　上水港鐵站 ▸ 彩園路 ▸ 石上河西岸 ▸ 塱原 ▸ 雙魚河南岸 ▸ 沿路回程

前往方法　由上水港鐵站前往彩園路。

生態價值指數	文化價值指數	難度	風景吸引度
★★★★	★	★	★★★★★

考考你

1. 在渠道化後的雙魚河和石上河旁，觀察雀鳥的動靜。牠們在河道中找到食物嗎？
2. 田中種植了哪些農作物？我們吃的是植物的哪部分？

延伸思考

塱原的生態價值全賴當地的農業活動，農田和魚塘為鳥類提供棲息地和食物。塱原經歷了一九九九年一役後，雖得以保存下來，但隨著香港農業人口下降和內地低成本生產的競爭下，塱原的農業活動漸漸式微。可以預見，當一天塱原沒有農業活動，城市開始進駐這地後，塱原的生態價值將會大大下降。

塱原農業活動分佈

利用航空／衛星照片作基圖，仔細調查塱原的農業活動特徵。調查時可以農地大小、種植密度、農產品和其價值為主要分類。塱原的農業活動分佈有一定的模式嗎？靠近雙魚河和石上河的農業與塱原中部的有不同之處嗎？道路又有影響嗎？魚塘又集中在哪裡？你的結論對幫助本地農業發展有什麼啟示？比較多張不同年份的空中／衛星照片和地圖，觀察塱原多年來的面積轉變。農業活動的發展趨勢如何？航空照片和地圖在地政總署測繪處有售；衛星照片可透過谷歌地球（Google Earth）免費下載。

塱原保育措施

隨著農業活動式微和城市發展，如何維持塱原的生態價值是未來的一大挑戰。考察塱原後，你認為當地的生態價值是如何建立起來的？有什麼措施可以保育這片土地？保育的同時，也不要忘記農民和地主的支持非常重要，他們對發展有什麼看法？他們面對保育措施時又有什麼訴求？特別留意地權與保育措施成敗的關係。怎樣平衡兩者的利益和理念？研究時也可參考台北淡水關渡自然公園的個案，該地在清朝光緒年間同為農地一片，至一九七〇年代末才發展成紅樹林和成為眾多動物的生境，當中的轉變值得我們深思人類在生態層面的角色。

第二章
中等難度路線

蒲台島

香港南極

蒲台島位於香港最南端，古名「蒲胎山」。「蒲」是浮的意思，整個島像是個浮在水面上的平台，因而得名。島上只有十數戶家庭居住，但島上的嶙峋怪石卻吸引了不少本地與海外遊客慕名而至。每逢假日，蒲台島便熱鬧起來。

島上人家

下船後向左走，沿途有許多鐵皮屋，不過大部分已經空置。聽說蒲台島以前曾有過千名居民，不過由於交通不便，大多數人已遷出市區，留下來的多是老人家，以捕魚及撈海苔為生。他們的生活平淡而悠閒，閒來無事的時候，搬一張臥椅，躺在家門前，面對著浩瀚的大海，假寐一下。

屋旁的晾曬場上，常掛著海帶、漁網等，由此可對島上居民的生活略知一二。居民在屋外擺賣自家曬的海產，例如蒲台島的特產紫菜和蝦乾等，還有帽子等其他雜貨。慕名而來的遊客令蒲台島一片熱鬧，但也對環境帶來破壞，堆滿垃圾的沙灘便是例子之一。

碼頭

天后廟和響螺石

穿過民居，到了鮮艷繽紛的天后廟。這所天后廟建於一八三五年清朝道光年間，至今已有近一百八十多年歷史。百多年前蒲台島居民以捕魚為生，建廟是為了尋求庇護及感謝神恩。百多年來它一直屹立在這片花崗岩上，現在成了遊客必到的地方。

經過天后廟，爬過花崗岩，眼前出現了一個大海螺！忽然之間，人們就像變了小矮人一樣。定睛一看，原來只是一塊大岩石！蒲台島以奇趣岩石聞名是有其原因的。地質（geology）

天后廟

響螺石

上，整個蒲台島都是由花崗岩組成。花崗岩是香港最普遍的岩石，它佔了香港三分之一的面積，主要分佈在九龍半島、青山和大欖涌一帶。花崗岩是火成岩（igneous rock）的一種，原於地底由岩漿（magma）冷卻而成，後因風化作用（weathering）而露出地面。花崗岩的節理可分為三組：垂直（vertical）、水平（horizontal）及傾斜（oblique）。這些節理是天然生成的裂縫，當花崗岩露出地面後，雨水便沿著這些節理侵入岩石中，增加了花崗岩風化的速度（見〈石澳—大浪灣〉一文）。

除地質外，植被（vegetation）分佈亦影響了風化速度。在強風下，蒲台島上的植被比較少，岩石長期直接受到日曬雨淋，溫度變化大，熱脹冷縮令花崗岩崩解，形成各種奇特的岩石。

波羅麻

波羅麻

響螺石附近可以找到一種纖維植物——波羅麻（狹葉龍舌蘭，*Agave angustifolia*, Narrow-leaved Century Plant）。它尖長的葉子長成蓮座般，花高高的從蓮座狀的葉子中間撐出來。以前人們用波羅麻的纖維來製造繩索，不過隨著塑膠普及，它慢慢失去實用性，然而它仍是極佳的觀賞植物。波羅麻一生只開一次花，為了開花結果，它會用盡所有營養。開花時，它的葉子會慢慢枯萎，直到結果之時，它便完成了繁衍的使命！

波羅麻的花

結果後枯死的波羅麻

掉頭向另一方進發，在岩縫中見到毛馬齒莧（*Portulaca pilosa*, Shaggy Purslane）。它的葉子既小又胖，長有白色的絨毛和小紅花。毛馬齒莧能在岩縫惡劣的環境生存，全靠它胖乎乎的葉子儲存水分。基於地區性的地理因素，香港部分地區會出現蒸發量（evaporation）大或降水量少的情況。蒲台島受強風影響，島上也沒有高山引發濕潤空氣上升，所以年雨量（annual rainfall）少於一千五百毫米，島上的火殃簕（*Euphorbia antiquorum*, Fleshy Spurge）、南方鹹蓬（*Suaeda australis*, South Sea-blite， 又名 Southern Seepweed）、木麻黃（牛尾松，*Casuarina equisetifolia*, Horsetail Tree）等都是香港常見的耐旱植物（xerophyte）（見《綠色香港──生態欣賞與認識》一書）。

毛馬齒莧

波羅麻

綠蔭小徑

往石刻的分岔路

蒲台石刻

石刻的刻紋

蒲台島石刻

穿過綠蔭小徑，豁然開朗，環山抱海，形成平靜的港口，偶爾還隱約聽到遊人玩樂的叫聲。沿海邊的路一直走，來到蒲台島石刻（rock carving）。石刻於六十年代被發現，石刻上的刻紋今天只可以隱約辨認。不過它在考古上的價值卻是不容置疑的，雖然確切年代不詳，但極可能是三千多年前的先民所刻，以求捕魚作業平安。這些石刻的文化價值在於它們標誌了香港先民的足跡和生活，也代表了他們對圖騰（totem）的崇拜。

從石刻的久遠年代走出來，經過小沙灘，再向右走，有一個小小的水塘。驟看沒什麼特別，不過仔細一看，裡面原來住了許多蝌蚪（tadpole）！蝌蚪的成長過程在生物學上稱為「變態」（metamorphosis），指的是動物發展至成體，身體結構和形態的快速轉變過程。蝌蚪以腮和皮

見到蝌蚪嗎？

膚呼吸，比較像魚；青蛙則用肺和皮膚呼吸，原來的腮會退化。

佛手岩

論島上奇石，最著名的要算是佛手岩。大自然是如何「雕刻」這隻巨手呢？這花崗岩原有垂直的節理，在熱脹冷縮的時候，岩石順著節理裂開擴闊，成了塊狀崩解（block disintegration）的物理風化現象。

塊狀崩解的過程

岩石日間受陽光直接照射後受熱膨脹；晚上氣溫下降，岩石收縮。岩石長年不停重複熱脹冷縮的過程，裂痕漸漸出現並且擴大，最終形成佛手岩。

佛手岩

花崗岩所塑造的地形

花崗岩在香港分佈廣泛，對香港的地形和地貌發展有關鍵的影響。外在因素方面，香港屬季風氣候（monsoon climate），溫暖而潮濕；內在因素方面，花崗岩多節理（岩石上的破裂面），令岩石暴露於環境的表面面積大增。花崗岩的礦物以石英（quartz）、雲母（mica）和長石（feldspar）為主，後兩者易與水分產生化學反應，變得脆弱。花崗岩在強烈的風化過程下漸漸變成泥土。

這些泥土被雨水沖刷，形成各種侵蝕過程。下雨時，雨滴從高空掉到地面，每點雨滴的破壞力就如小型炸彈一樣——你也有在滂沱大雨中被雨滴打中，感到一絲痛楚的經驗吧？如果地表沒有植被保護，雨滴直接打中泥土，

沖溝，攝於大欖涌。

望夫石是塊突岩

這麼大的能量可以令鬆散的泥土顆粒飛散、分離。這侵蝕過程就是雨滴濺擊侵蝕（rainsplash erosion）。

之後，無數的雨滴沿坡面向低處流，把坡面覆蓋。流動的過程中，雨水把坡面上鬆散的泥土帶往低處。這侵蝕過程叫片蝕（sheet erosion）。

天然坡面並不平均，雨水流動時多集中在小裂縫等低陷處。雨水集中在這些低陷位置，侵蝕能量大增，小裂縫漸漸被雨水擴展、加深，成為細溝（rill）。這些細溝又再容下更多雨水，繼而被沖刷、擴展，成為更大、更深的沖溝（gully）。被沖溝嚴重切割的坡面叫劣地（badland）。

在雨滴濺擊、片蝕、細溝侵蝕（rill erosion）和沖溝侵蝕（gully erosion）的惡性循環下，裸地（bare ground，即沒有植被保護的土地）上厚厚的泥土漸漸被沖刷為薄薄的一層。花崗岩佔香港三分一的面積，其易受風化的特性最終令劣地在花崗岩地區非常普及，在龍鼓灘（見《綠色香港——生態欣賞與認識》一書）、青山和大欖一帶均可找到。劣地遭受嚴重的水土流失後，缺乏泥土養分，植物難以再生，最終形成裸地。

如果地下有尚未被風化的花崗岩，它們或會因表層泥土被侵蝕而露出地面。這些原本在地下的核心石（corestone）露出地面，是為突岩（tor）。突岩十分普遍，在青山、大欖、石澳一帶也有不少。長洲人頭石和花瓶石、沙田望夫石、土瓜灣魚尾石，還有蒲台島上的佛手岩、靈龜上山石、僧人石，都是香港十分著名的突岩。有時，花崗岩坡面上的岩塊和泥土亦會因山泥傾瀉等塊體移動（mass movement）過程移向低處。

總體來說，在風化、侵蝕和塊體移動等剝蝕作用影響下，香港花崗岩地帶的地勢相對平緩，高度亦較低，最高的青山也不過是五百八十三米。其餘的例子有獅子山（四百九十五米）、港島畢拿山（四百三十五米）、南丫島山地塘（三百五十三米）和大欖（三百四十四米）。

仙人掌

蒲台島上亦可找到另一種耐旱植物──仙人掌（cactus）。仙人掌是旱生植物，所以能在島上高溫而砂質（sandy）的土壤上生長。它擁有厚厚的肉質莖（fleshy stem），可以儲存大量水分。為了減少水分從葉上蒸發，它的葉生長成一條條的尖刺。仙人掌的漿果成熟時紫紅色，以食用。你留意到越來越多由仙人掌果實研發出來的食品嗎？

仙人掌的花

仙人掌

南角咀被稱為香港的最南點（事實上大嶼山以南的索罟群島頭顱洲才是）。站在連綿的岩石上，面對著不見邊際的南海（South China Sea）。離開南角咀，過了靈龜上山石和僧人石，可往牛湖頂考察同因風化而成的棺材石和已經荒廢的巫氏古屋，亦可原路折返。

▲▲ 南角咀

▲▲ 靈龜上山石和僧人石

1. 青蛙和蝌蚪有什麼分別呢？
2. 火成岩和沉積岩有什麼不同？
3. 仙人掌還有什麼方法適應乾旱的環境？

旅程資料

位置	行程需時	行程距離
新界南	4 小時	3.8 公里

主題　岩石景觀

路線　碼頭 ▶ 天后宮 ▶ 碼頭 ▶ 石刻 ▶ 佛手岩 ▶ 南角咀 ▶ 靈龜上山石 ▶ 沿路回程

前往方法　在赤柱聖士提反碼頭或香港仔碼頭乘船前往。

生態價值指數	文化價值指數	難度	風景吸引度

延伸思考

花崗岩是香港其中一種最常見的岩石，廣泛分佈於港島北、九龍半島和新界西。花崗岩在自然和經濟上均甚具價值：它是常見的建築材料，常用於斜坡的美化工程、路邊花槽、路面鋪蓋物等；在藝術上，花崗岩亦可作為雕刻原料；建築工程上，因應花崗岩中的質量和顏色（受礦物比例影響），花崗岩有大量的別名。

花崗岩的特徵

港島北岸和九龍半島的花崗岩是怎樣形成的？這些分佈於維多利亞港兩岸的花崗岩有關連嗎？在本港各地抽樣考察一些花崗岩區域，例如蒲台島、大頭洲、長洲、獅子山、龍鼓灘等地，這些地點的地貌有共同特徵嗎？這反映了哪些花崗岩的特性？花崗岩被廣泛應用於建築工程，原因為何？與花崗岩的特性有關係嗎？土木工程拓展署出版的《香港地質考察指引》和「香港地質（網上互動版）」可提供大量詳細的地質研究資料。

柏架山 ▸▸▸ 大潭水塘

港島的花園

從港島北走到港島南，走訪逾百年歷史的「紅屋」、眺望九龍東的魔鬼山、發掘斜坡綠化的好處、欣賞大潭水塘的美景，全程均在混凝土路上走，輕鬆易行。

紅屋

從鰂魚涌市政大廈側的柏架山道走約十五分鐘，便抵達首個地標——紅屋。紅屋原名「林邊樓」（Woodside），原為太古糖廠的職員宿舍。因它以紅磚和花崗岩為主要建築材料，故被稱為紅屋。這座極具殖民地風格的建築已有百年歷史，經活化後成為一個以自然護理為主題的教育中心，不但肩負起自然教育的任務，同時保留了原有的建築風格。

香港過往多以重建（redevelopment）的方法達致市區更新的目的，但這方法往往把具有集體回憶（collective memory）的建築物也一併拆除。對於歷史較短的建築物，當局通常都不會多加留意；只有在社會出現強烈反對聲音時，那些建築物才有機會被保存下來。其實這種做法很不成熟，政府可透過經濟手段誘使發展商主動保育這些建築物，令香港獨有的文化得以保存。

紅屋

參考其他國際城市，她們在發展時，都把歷史建築納入考慮之中：悉尼把岩石區（The Rocks）的舊倉庫改為店鋪；上海有計劃地把外灘沿岸的歷史建築保存下來。隨著社會進步，居民對社區的文化承傳也有所要求，活化舊建築遂成為新趨勢。除活化外，香港市區重建局（Urban Renewal Authority）的市區重建策略還包括重建、復修（rehabilitation）與保育（preservation）。

這四種策略在香港能否真正推行呢？將它們混合應用又可行嗎？

斜坡綠化

越走越高，在山坡的一邊，有一面翠綠的斜坡。本地的斜坡鞏固工程多以噴漿（shotcrete）方式進行，好處是成效快、價錢低，但噴漿工程把植物和泥土以混凝土覆蓋，令動植物無法在斜坡上生長；視覺上，噴漿工程亦令斜坡與鄰近的綠色環境顯得格格不入，形成視覺污染（visual pollution）。

綠化斜坡

眼前這面斜坡正好示範了斜坡綠化（slope-greening）的好處。對比一下起步時所見的噴漿

三裂葉蟛蜞菊

噴漿斜坡

斜坡，被綠化的斜坡以三裂葉蟛蜞菊（*Wedelia trilobata*）覆蓋不是更能融入自然環境嗎？斜坡上的植物不僅能吸引你駐足欣賞，亦吸引了不少昆蟲來棲息、採蜜；在斜坡鞏固層面上，植物的根部把斜坡上的泥土抓緊，可以防止山泥傾瀉（landslide）等塊體移動過程出現。

損毀的噴漿斜坡

斜坡綠化把生活環境與大自然融和。即使是因發展需要進行鞏固的斜坡，斜坡綠化亦令生態和感觀影響減至最小。斜坡綠化的概念還可伸延至傳統的噴漿斜坡上。透過種植攀緣植物，讓植物攀爬到噴漿斜坡上，覆蓋原有的混凝土，對生態和視覺也有不少裨益。

塊體移動分類

山泥傾瀉只是塊體移動的一種。塊體移動可以按含水量和速度分為舉升（heave）、流動（flow）、滑動（slide）、墜落（fall）四大類。當中可再細分為：

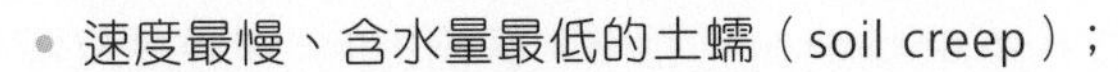

- 速度最慢、含水量最低的土蠕（soil creep）；
- 速度較快、含水量最高的泥流（mudflow）；
- 速度更快、但含水量稍低的崩塌（slump / rotational slide）和滑動（translational slide），兩者一般合稱為山泥傾瀉；前者發生時，風化碎屑物質沿著弧狀面滑動；後者則沿一傾斜平面向下滑。
- 速度最快、含水量最低的岩崩（rockfall）。

塊體移動種類繁多，還有土流（earth-flow）、融凍泥流（solifluction）、雪崩（avalanche）等，其形式主要視乎氣候、坡度、坡面物質和其透水度而定。香港的花崗岩分佈廣泛，在溫暖潮濕的熱帶氣候下容易被風化，形成很厚的風化層（regolith）。風化層在雨水的潤滑作用下，坡面物質間的摩擦力（friction）減低；同時，雨水加重了斜坡的負擔。坡面物質最終因地心吸力（gravity）向下移動，形成崩塌和滑動這兩種香港最為普遍的塊體移動。

香港在七十年代曾有多宗嚴重的山泥傾瀉，例如半山寶珊道、秀茂坪等，均造成廣泛破壞和重大傷亡。直至一九七七年土力工程處（Geotechnical Engineering Office）成立後，山泥傾瀉的數量和所引致的傷亡數字才大大減少。

▲ 柏架山航路監察雷達

外來與原生植物

眺望九龍東，有一座山，山脊有清晰路徑通往山頂。這座位於油塘的山名為魔鬼山（Devil's Peak），山頂設有魔鬼山棱堡（Devil's Peak Redoubt），是昔日防守鯉魚門海峽的要塞（見〈油塘—馬游塘〉一文）。看看另一面，近山脊的樹木是否特別令人注目？這些樹木長得較為高大。它們都是外來植物（exotic plant），因為它們能在瘦瘠（infertile）泥土上快速成長而被選為植林（afforestation）品種。眼前所見，主要是紅膠木、臺灣相思和濕地松。它們都是本港過去廣泛種植的植物，有植林三寶的美譽。山谷中也有一些原生植物（native plant）。你認為原生植物較外來植物優勝嗎？

魔鬼山

斑絡新婦

進行生態旅遊時要有驚喜的發現，就不能完全依賴導賞員或傳意牌，因為大自然每分鐘都在改變，惟有獨到的觀察力才能助你掀開大自然神秘的一面。行走時不僅要留意地面，更要注意路徑兩旁以至樹梢上的情況。這次筆者就在離地稍高的位置看到了斑絡新婦（大木林蜘蛛，*Nephila maculata*, Large Woodland Spider）正在結網覓食。斑絡新婦是本地林地常見的蜘蛛（spider）品種，以昆蟲（insect）為主要食糧。

斑絡新婦

提到昆蟲，不得不澄清蜘蛛並不是昆蟲。在分類上，蜘蛛與昆蟲均屬節支動物門（Arthropoda）。不過，蜘蛛屬蛛形綱（Arachnida），而昆蟲則是昆蟲綱（Insecta）。在身體結構上，昆蟲的身軀可分為頭（head）、胸（thorax）、腹（abdomen）三部分，而蜘蛛則只有頭胸部（cephalothorax）和腹部兩部分；昆蟲有三對腳，蜘蛛則有四對。最後，昆蟲有觸角

（antenna），而蜘蛛卻沒有。雖然蜘蛛的外形並不討人喜愛，但牠在生態系統（ecosystem）中擔任捕獵者（predator）的角色，防止昆蟲大量繁殖。所以見到蜘蛛時，不要傷害這種維持生態平衡的動物！

▲▲ 蜘蛛身體結構

大潭水塘

經大風坳後往大潭上水塘方向走。大潭水塘共分為大潭上水塘、大潭副水塘、大潭中水塘和大潭篤水塘四部分。大潭水塘是香港第二座水塘，最早的一期於一八八八年竣工；後來因食水需求增加，一九一八年再建成大潭篤水塘，把總儲水量增加至八百三十萬立方米。大潭水塘歷史悠久，為當時港島區的城市發展提供了重要的支援。試想想若沒有穩定和充足的食水供應，我們的生活又會如何？別忘了，水塘不但提供食水，也可專門為農民提供灌

▲▲ 從巴士站走過對面。

溉（irrigation）用水（如鶴藪灌溉水塘）以及作為垂釣等康樂活動的場地。不過，在興建水塘後，河水被儲於水塘之中，河道下游會出現水量下降甚至是斷流的情況。這問題在大型的水利工程中尤其明顯，故很多時水塘把上游大部分河水收集之餘，會讓一小部分的河水依舊流向下游，以維持下游的生境。

水務古蹟

大潭水塘歷史悠久，從大潭郊野公園巴士站走過馬路對面，沿大潭水塘道一直往下走，到達大潭篤水塘壩底。沿途亦可見到一些水務古蹟，包括抽水站和員工宿舍，都在一九〇五至一九〇七年期間建成，至今已逾百年歷史。

▲▲ 大潭篤水塘水壩

▲▲ 大潭泥灘

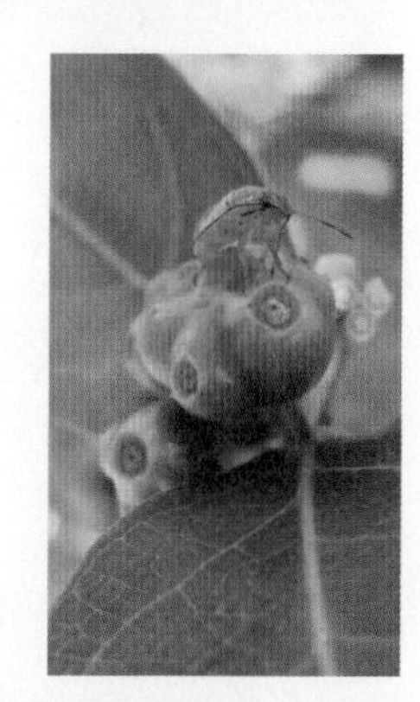

香港島唯一的紅樹林──大潭篤水塘壩底的大潭泥灘，是具特殊科學價值地點。地圖可見，大潭港兩旁受岬角保護，形狀細長，入口狹窄，是個掩蔽海灣（sheltered coast），港內風平浪靜，有助沉積物堆積成泥灘；泥灘後方被山脈包圍，整個環境十分隱蔽，加上人類活動甚少，有利動植物繁衍（見《與孩子一起上的十三堂自然課》一書）。考察過後，可沿水壩旁的梯級返回大潭道乘巴士返回市區。

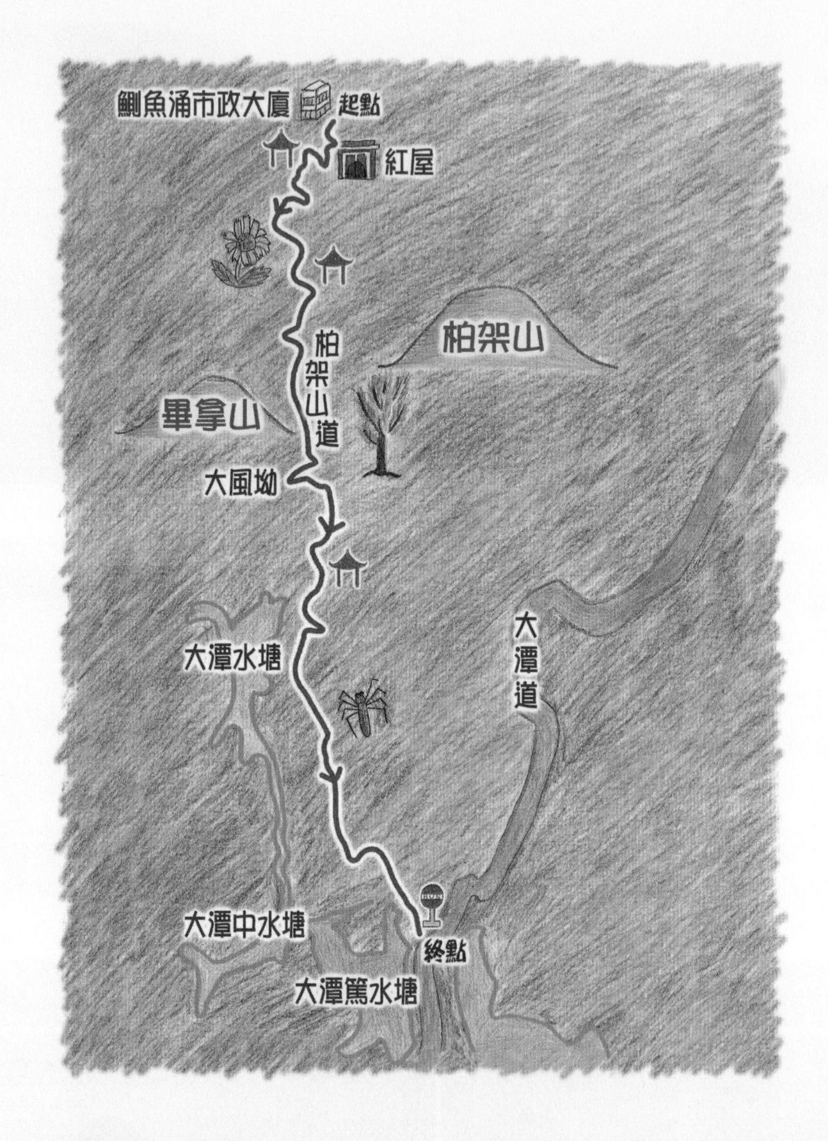

1. 除了紅屋外，香港還有哪些活化古老建築物的例子？
2. 近年本港多以原生植物作為植林品種，為什麼？
3. 為什麼蜘蛛不會被自己的網纏著？

旅程資料

位置	行程需時	行程距離
港島北 / 港島南	3 小時	8 公里

主題　城市發展

路線　鰂魚涌市政大廈 ▶ 柏架山道 ▶ 大風坳 ▶ 大潭上水塘 ▶ 水務文物徑 ▶ 大潭郊野公園巴士站 ▶ 大潭水塘道 ▶ 大潭篤水塘泥灘 ▶ 大潭水塘（北）巴士站

前往方法　於鰂魚涌港鐵站 A 出口沿英皇道前往柏架山道起點。

生態價值指數	文化價值指數	難度	風景吸引度

延伸思考

自一八六三年建成薄扶林水塘，到一九七八年竣工的萬宜水庫，香港至今共有十七個水塘，總容量達五億八千六百萬立方米。不過，龐大的儲水量亦不足夠全港人口使用。現時香港每年有七至八成的食水來自廣東省東江。雖然近年本港的人均耗水量增長已有放緩的趨勢，但隨著香港人口持續上升，總耗水量當有增無減。如何開拓水資源是未來一大課題。

興建水塘對環境的影響

香港的水塘多興建在什麼地方？水塘的選址有什麼考慮？對自然環境而言，興建水塘有什麼影響？試比較不同年份的空中／衛星照片和地圖，了解興建水塘對地理環境的改變。在大潭水塘一帶，你找到這些影響的證據嗎？有什麼措施可以減少這些環境影響？面對日漸增長的人口，你認為有什麼方法可以開拓更多水資源？

南丫島 可再生能源的先驅

香港地少人多，隨著經濟發展，不少離島都相繼被開發。現時大嶼山不但與市區連成一線，連大型主題樂園也座落於此。至於本港第三大島嶼──南丫島，自然也難逃發展的命運。

植物的趨光性

南丫島可分為南北兩部分，由於地質不同，南部較多山峰，北部則較多平地。因此，大部分特色商鋪、食店都開設於南丫島北部的榕樹灣附近，那裡自然成為旅遊熱點。南部的索罟灣商業味道沒那麼濃厚，只要由碼頭往前走幾步，即能感受南丫島的自然氣息。

從渡輪跳上碼頭，深深吸一口氣，你準能感受到濃烈的海洋氣息，這是由海產、乾貨混合而成的漁村氣味。往左轉入南丫島家樂徑，沿水泥路一

直往前走，右邊有兩棵形狀奇特的樹。別誤會！這可不是它們原來的姿態呢！它們原應筆直地往上生長。筆者估計它們曾被颱風吹倒，所以形成傾斜的樹幹。至於為何它們的樹冠會轉往上生長？這是由於植物的芽都有趨光性（phototropism）。讓我們做個實驗，將原本向上生長的蠶豆苗的莖壓低，並固定於泥土表面，然後讓它照常曬太陽。不久，你會發現原本緊貼泥土表面的莖慢慢向上轉九十度，形成L形，繼續往上生長。到底是什麼令蠶豆苗轉彎？原來當植物受到單向的光照，幼苗頂端受刺激而產生生長激素，並滲透至幼苗的背光部分。這使背光部分的生長速度比向光部分快，導致幼苗向有光的一面彎曲。絕大多數的植物都需要陽光作能源（energy），透過光合作用來製造食物供給自己。因此植物無時無刻都在競爭陽光。植物的趨光性確保它們向光源生長，接觸到更多陽光，生產足夠食物以供應自身的成長和繁殖。

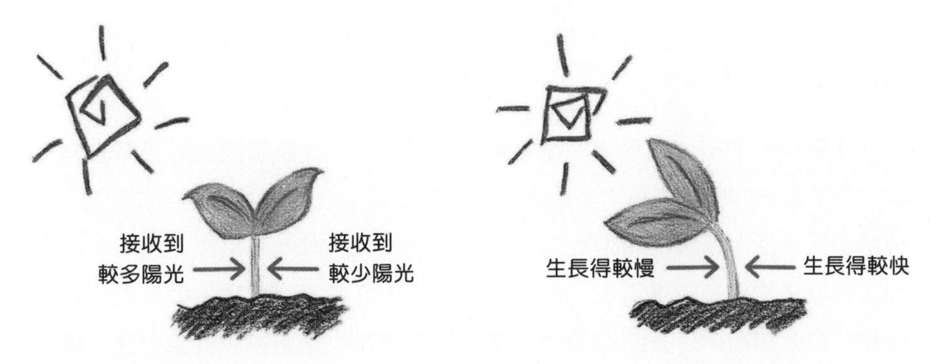

▲▲ 植物的趨光性

茁長素（auxin）是一種控制植物生長的激素，由幼芽的頂端製造，再傳送到植物負責伸長的部位（region of elongation）（即背光部分），以刺激細胞的分裂及成長。幼芽所製造的茁長素數量會受光線影響——光線會阻礙茁長素的製造。由於接近陽光的一邊，幼芽製造較少茁長素，令生長變得較慢；相反，背著陽光的一邊，幼芽製造較多茁長素，令生長變得較快。由於兩邊的生長速度不一，便出現了植物朝向光線生長的現象。

假蘋婆・黃牛木

小徑初段長滿灌木，當中最引人注目的是假蘋婆（*Sterculia lanceolata*, Lance-leaved Sterculia）和黃牛木（*Cratoxylum cochinchinense*, Yellow Cow Wood）。兩種植物都是本港郊區常見樹木。假蘋婆的星形果實由四至五瓣排列而開，成熟時為紅色，露出黑色的種子，顏色對比非常強烈，遠遠亦能望見。假蘋婆的果實是七巧節（又稱七夕，農曆七月七日）眾多祭品之一，因此又稱為七姐果。黃牛木的樹幹為泥黃色，樹皮光滑，有別於一般灰褐色的樹幹，十分容易辨認。每逢四、五月，樹上開滿粉紅色的小花，更加耀眼。

假蘋婆

假蘋婆

黃牛木

索罟灣的魚排

小路兩旁的植物由喬木、灌木叢漸變為芒草。往隨風搖曳的芒草方向遠望，是索罟灣的魚排。這十多個魚排和水上屋組成了「南丫島漁民文化村」，介紹漁民生活。這樣的轉型既可增加南丫島漁民的收入，又能令大眾對本地漁業的歷史文化有更深入的了解，使傳統文化歷史得到宣揚。發展旅遊業的時候，要考慮的不止是旅遊項目可帶來多少收益、創造多少就業機會，項目本身對推廣本土文化的重要性，都該列入考慮，甚至應該是首要考慮的因素之一吧！「南丫島漁民文化村」是個成功達至雙贏局面的例子，值得參考。

路旁的植物漸變為芒草。

▲ 羊角拗

▲ 魚排

有趣的植物

往模達灣方向前行，一路上細心觀察，你會發現香港四大毒草之一——羊角拗（*Strophanthus divaricatus*, Goat Horns）。羊角拗的花朵為漏斗形，花瓣延伸成長線狀，果實形態則似一對對掛在樹上的羊角。別因其花果姿態獨特就隨便觸摸，它可是全株含有劇毒呢！除了毒草以外，在這裡還可以看見洋紫荊的親戚——粉葉羊蹄甲（*Bauhinia glauca*, Climbing Bauhinia）。粉葉羊蹄甲的葉都是呈心形，花朵白色，較為細小。在習性（habit）方面，粉葉羊蹄甲是藤本植物，不像高大的喬木洋紫荊。

路上還會碰上一種有趣的裸子植物（gymnosperm）——買麻藤（*Gnetum spp.*）。

▲ 買麻藤

▲ 粉葉羊蹄甲

▲ 模達灣

▲ 左邊往模達灣，右邊則往模達新村。

▲ 新式的村屋

什麼是裸子植物？顧名思義，這類植物並無子房（ovary）構造，種子（seed）是裸露的，例如松果中帶有翅膀的種子。而橙、西瓜等被子植物（angiosperm）的種子則受到由子房所變成的果實保護。雖然買麻藤屬裸子植物，但它的葉片跟普通被子植物沒兩樣，它的種子甚至跟一串串的葡萄有點相似。因此，買麻藤被視為裸子植物向被子植物進化的過渡類型。

新舊對照的模達村

途中遠遠看見一個沙灘，那就是模達灣了！再往前走一小段路，有一個分岔口。左邊小路下坡往模達灣，右邊則通往模達新村。模達灣風景優美，海灘旁有小餐廳，可在此小休一下。原路回到分岔口，取道通往模達新村的小路，穿越新式村屋，再往前走，沒多久就來到模達舊村。舊村比較古樸，很多舊屋已經荒廢。其中最有特色的要算是一九三二年建成的模達學校。建築物的規模不大，前面有大片似是操場的空地，無論設備以至環境，跟現今的中小學都有很大差別。

模達舊村

模達學校

動物天堂

離開舊村不久，經過一所公廁。公廁外的荒廢農地長滿了芋（*Colocasia esculenta*, Taro）、薑花（*Hedychium coronarium*, Ginger Lily）和蕨類（fern）植物。仔細聆聽，你會聽見不同雀鳥的叫聲，如褐翅鴉鵑（*Centropus sinensis*, Greater Coucal）、白胸苦惡鳥（*Amaurornis phoenicurus*, White-breasted Waterhen）等，而蜻蜓（dragonfly）、豆娘（damselfly）等則在附近飛舞。

香港原本有大量類似的廢棄農地（abandoned farmland），是眾多動物的棲息地。但隨著新界迅

速發展，很多廢棄農地都淪為貨櫃場、廢車場，甚至非法堆泥區。一般人普遍認為廢棄農地的生態價值（ecological value）較低，而且面積細小、分佈零散，土地使用權有時更分屬多戶人家，要管理起來也不容易。身為遊客，面對這片廢棄農地，你有什麼感覺？有什麼改善的建議？

薑花

南丫島地標

繼續往前走，不久便來到石排灣。天氣良好時，從海灘望向對岸，港島南部的景致一覽無遺。沿海灘旁邊的小路走，過了碼頭，在分岔路右轉往東澳。穿過東澳村，一直往山上走，你會留意到路旁都是香港郊野地區常見的植物，如鐵芒萁、油甘子（*Phyllanthus emblica*, Myrobalan）及桃金娘，景觀亦漸見開闊。走到山地塘的觀景亭，既可俯瞰石排灣，又可遠眺赤柱半島。

石排灣

草海桐

沙灘旁的吊裙草　石排灣的洪聖宮　東澳村

轉頭一看，可見南丫島地標——煙囪。南丫島發電廠建於一九八二年，為香港島和南丫島提供電力。多年來發電廠經過數次擴建，以應付龐大的電力需求。不過，即使發電廠面積再大，也不能無限地生產電力，化石燃料總有枯竭的一天。節約用電、提升能源效益（energy efficiency）、開發更多可再生能源，才是解決能源危機（energy crisis）的有效方法（見〈能量之源〉一文）。幸而，香港在可再生能源方面的發展終於在這小島上露出了曙光。二〇〇六年初，這小島上已經有了另一個新的地標──風力發電站。風力發電的好處是不用消耗丁點化石燃料，也不用造成空氣污染。南丫島人口稀少，而且面向南海，風力強勁；加上電力公司在島上已設有發電廠，易於支援，因而用作試點。雖然現時透過風力所產生的電力實在是微不足道，但南丫島風力發電站在本地的能源史上卻踏出了啟始的一步。

不過，風力發電亦引發了一連串生態和環境問題，例如危害雀鳥安全，造成噪音污染（noise pollution）、視覺污染。轉動中的車葉在陽光下會造成閃爍陰影（shadow flicker），對附近的居民構成精神壓力。曾有建議在西貢以南海面興建一個具規模的風力發電場，你認為會給環境帶來什麼問題？可再生能源看似環保，但產生可再生能源的發電機需要自然資源生產，這些資源並非用之不竭。例如太陽能光伏板（photovoltaic panel）以矽作原料，開採提煉的過程破壞環境；製造光伏板時又產生大量污染；光伏板廢棄時，又再成為電子廢物（electronic waste）。另外，可再生能源依賴大自然供給，受地理、氣候等條件限制。風力發電在微弱或過強風力下亦不能使用；太陽能在沙漠地區終年無雲的環境下方可作商業營運。眾多限制下，可再生能源往往只能擔當輔助的角色。

丹麥全國四成電力來自風力發電。但風力發電與其他可再生能源的特徵一樣，都是完全依賴大自然，因此供應不穩。能源聯網就是為了解決這個難題：遇上能源短缺時，丹麥可由其他國家購入電力；遇上產能過剩時，亦可出售多餘的電力。同時，利用智能電網（smart grid），電力公司搜集用戶的用電習慣，再按需求調整電費。用戶因此可以選擇在電費低的時候才把電力儲起（如為電動車充電）或轉化為熱能（如燒熱水）。如此，電力消耗得以平衡，令可再生能源不會出現供電短缺的情況。

玉葉金花

人類不能控制可再生能源的供應，卻可以動動腦筋，利用政策增加供應，降低需求。一些國家設有機制購買用戶所產生的太陽能電力。用戶節省電費之餘，亦鼓勵更多人在家居的屋頂安裝太陽能光伏板，提升太陽能的應用比例。

索罟灣天后廟

丹麥甚至訂下長遠目標，計劃二〇三五年全國所有電力均來自可再生能源。反觀香港的可再生能源的發電量不足百分之一。南丫島風力發電站投產十多年後的今天，香港再沒有大型的可再生能源計劃。相對丹麥，香港的可再生能源發展是否太慢？

經山地塘觀景亭，取道下山的小徑，約半小時就能回到索罟灣。走過天后廟，穿越一連串的商鋪食肆，便可回到索罟灣碼頭。

旅程資料

位置	行程需時	行程距離
港島西南	2 小時	5.7 公里

主題　島嶼發展

路線　索罟灣 ▶ 模達灣 ▶ 石排灣 ▶ 東澳 ▶ 索罟灣

前往方法　於中環港外線碼頭乘船前往。

生態價值指數	文化價值指數	難度	風景吸引度
★★★	★★	★★	★★★★

1. 除了粉葉羊蹄甲外，洋紫荊在香港還有哪些親屬？
2. 裸子植物還有哪些特徵？
3. 香港的電力供應源自哪幾種發電方法？當中包括可再生能源嗎？

南丫島古稱「舶寮洲」或「博寮洲」，乘地理位置鄰近港島之便，吸引了很多熱愛大自然的市區居民到此定居。南丫島從過去的古老漁村，發展到今天成為市區的一部分，也就是經歷了近郊化（suburbanization）過程。南丫島上設有發電廠，自一九八四年開始投產，為整個港島區和南丫島提供電力。其後設立的風力發電站規模雖小，卻標誌著香港可再生能源在商業營運方面的發展。

可再生能源在香港的發展

產電需要燃燒燃料以推動渦輪，傳統的燃料包括煤和石油，較新興和潔淨的有天然氣。在能源危機和全球暖化下，世界各地都致力發展可再生能源。除了化石燃料外，香港的產電燃料還有哪幾種？試看看香港入口的電力來源，它們都是可再生能源嗎？細看各種可再生能源在香港的發展，哪一種較為可行和具經濟效益？風力發電亦有其操作上的缺點，如果要再多建風力發電站，你認為在哪裡興建較為合適？機電工程署（Electrical and Mechanical Services Department）可再生能源網有各種技術資料和本地風資源地圖（wind resource map），可供參考。

馬鞍山
香港的礦業重地

恆安邨巴士站

下樓梯後向左走。

你對馬鞍山的認識有多深？你想到的是新市鎮還是單車？年輕一輩可能不知道馬鞍山曾是香港的礦業重地。讓我們一起尋找歷史的痕跡吧！

園林景色

從恆安邨的公園轉下去，便看到一叢叢白色小花燦爛地開著，它們有紅色和黃色的花蕊，這花叫石斑木（車輪梅，*Rhaphiolepis indica*, Hong Kong Hawthorn）。每逢二至四月，它們一束十多朵長在一起，十分顯眼，滿山的路旁都開滿這些白色小花，像提醒人們春天已經到了，所以它的別名叫「春花」。石斑木的根和葉有藥用價值，可

▲▲ 石斑木的花

▲▲ 魚尾狀的葉

▲▲ 短穗魚尾葵

以治跌打損傷；其果子也是很多野生動物的食糧。在花叢較後的位置，長有一種葉形獨特的樹木，因為樹葉像魚尾一樣向外散開，故名短穗魚尾葵（*Caryota mitis*, Small Fishtail Palm）。春季時，它的花一束一束的垂著；夏季結果時則會由青色漸轉為紫紅色。

萬里「長城」

穿過行人隧道後轉左向上走，在路右方的斜坡上有一列透明的隔音屏障（sound barrier）。這屏障後是 T7 號道路，它為馬鞍山新市鎮（new town）東西兩端提供快捷方便的交通。不過，隔音屏也有其壞處。儘管它有助減低道路對附近居

▲▲ 穿過隧道往左走。

▲▲ 沿山坡向上走。

▲▲ 高速公路被隔音屏障圍著。

▲▲ 穿過公路下向右繼續上山。

路右的山坡

路左的山坡

民的噪音污染，卻造成視覺感觀上的破壞；有時一些冒失的鳥兒還會撞到透明屏障而受傷。為了防止意外發生，香港絕大多數的隔音屏都不是全透明的。

現時一些工程在建設前，設計者都會在視覺感觀方面下些功夫，希望工程在實際功能上達到目的的同時，也減低對環境的影響。你記得二〇〇三年政府把吐露港公路原有的隔音屏障拆去嗎？那是因為公路兩旁很少民居，屏障沒有實際功用，拆除後反而可把自然景觀歸還，減低視覺污染。是不是所有公路都需要隔音屏障呢？

人工與天然的山坡

從馬鞍山路右轉良友路，左右兩邊山坡的外貌截然不同。左邊斜坡上的樹木長得十分茂盛，右邊的樹木卻顯得疏落，相信是由於興建馬鞍山繞道需要進行斜坡工程，原有的樹木被除去後再重新種植。誠然，要開發新的道路便無可避免地要將部分樹林清除，並要確保道路免受山泥傾瀉影響而修築斜坡；但在這些工程動工之前，應先考慮清楚這發展是否必要和有沒有其他可行方案，務求將對自然環境的破壞減到最低。經驗告訴我們，大自然一旦失去了，便難以復返。

脫皮樹

迴旋處有一棵脫皮的樹守在路旁，你不必擔心它是否生病了，這其實是檸檬桉（*Eucalyptus citriodora*, Lemon-scented Gum）的特徵之一。由於它的生長速度快，樹皮因樹幹變得粗了而爆裂及脫落，露出灰白色的樹身。

既然它叫檸檬桉，那會不會長出檸檬來呢？其實它與檸檬樹沒有關係，它的果實更是木質的蒴果，沒有果肉。試試在樹附近仔細嗅一嗅，你會嗅到一陣淡淡的檸檬香味；在地上拾起一塊葉子揉搓，香味更加濃烈，這就是它名字的由來。檸檬桉可用來提煉香油，有驅蟲的效用。

檸檬桉是從澳洲引入的外來品種（exotic species），是尤加利樹（桉樹，*Eucalyptus*）的一種。尤加利樹是樹熊（koala）的唯一食糧，但由於尤加利樹的樹葉有輕微毒性，吃得太多同一種樹葉會引起中毒，故此樹熊會輪流吃不同品種的尤加利葉，以避免體內積存過量同一種毒素。

牛奶樹

在樹蔭下走著，左邊路旁長著很多對葉榕（*Ficus hispida*, Opposite-leaved Fig），它是榕樹中唯一葉片對生（opposite）的品種。對葉榕和其他榕樹一樣都會長出無花果（結構與食用的無

在迴旋處前方的行人路走進去。

檸檬桉

▲▲ 護土牆上掙扎的大樹

花果類似），成熟時會由青綠色轉為黃色。不過因為果實的顏色對雀鳥來說並不吸引，果蝠（fruit bat）便成為對葉榕種子唯一的傳播媒介；加上對葉榕差不多全年結果，它與果蝠便結成了互利共生（mutualism）的關係：果蝠為對葉榕傳播種子，對葉榕為果蝠提供穩定的食糧。另外，當對葉榕的枝條折斷或樹皮破損時，會有白色的乳狀汁液流出，故此對葉榕亦有一個有趣的俗名──牛奶樹。

▲▲ 從前運輸橋的支柱

▲▲ 對葉榕的葉

▲▲ 馬鞍山亭

▲▲ 分岔路

▲▲ 馬鞍山郊野公園

馬鞍山村

馬鞍山的光輝歷史

經過馬鞍山村和郊遊地點後再走約半小時，到了分岔路口再向前走幾步，便看到左邊有一個小路入口，進去靠右一直走約一分鐘便到達馬鞍山礦場的礦洞入口。馬鞍山以前是盛產鐵礦石的礦場，但隨著採礦（mining）工業沒落，礦場早於七十年代中關閉。基於安全理由，所有礦洞現在都給封閉了。在礦洞外還有一些碎石，只要用磁鐵試試，就可以知道碎石是否含有豐富的鐵質了！

雖然採礦業曾為馬鞍山帶來光輝的歷史，但亦為當地的自然環境造成很大的破壞。為了進行大規模的露天採礦（opencast mining），所有地

跨過這小石級沿路一直走，不用下山坡。

入口

▲▲ 礦洞有潛在危險，不要內進。

面的植物都被除去，令生態環境被徹底破壞。採礦亦令周圍的山坡失去支撐，因此，五十年代後期滑坡事故頻頻發生。為安全計，其後的採礦活動轉以地下形式進行，不過仍然有導致地陷（land subsidence）的危機。採礦活動將礦石中的有毒物質（例如重金屬）帶到地面，污染泥土，植物難以健康成長。因此，一般礦場在關閉後，通常都有一段長時間被用作進行生態復修（ecological restoration）工程。要把環境修復原貌，涉及的資金可能比採礦所賺取的更多。

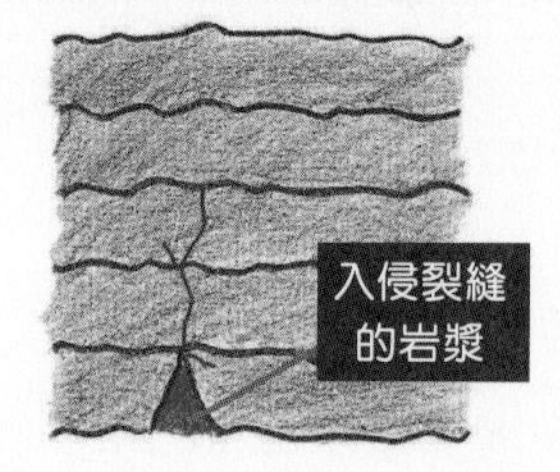

▲▲ 鐵礦的形成

岩漿隨著裂縫侵入岩石，形成各種侵入岩體（intrusive body）。若岩漿侵入了水平岩層，冷卻後便成了岩床（sill）；當岩漿侵入了跨越岩層的裂縫，冷卻後便形成岩脈（dyke）。如岩床或岩脈含豐富的礦物，便稱作礦脈（vein）。

不只馬鞍山，銀礦灣、鉛礦凹等地名耳熟能詳，你也會猜想到這些地方的礦業歷史吧。隨著經濟發展，採礦、農業等初級生產已經無法在香港生存。當一個又一個礦場被廢棄後，剩下的只有昔日的名字可以流傳下來。在強調保育的社會裡，我們又可曾想過把這些歷史流傳下去？

礦場今天雖已荒廢，遺址仍然極有潛力發展為以自然、文化為本的旅遊景點，內容可以包括馬鞍山地質結構、鐵礦的形成、昔日礦工的工作和生活情況、採礦工具和方法的歷代演變等。這些內容對遊客都是新奇的體驗，亦

有助把馬鞍山的礦業歷史傳承下去。這種做法，在歐洲十分普遍；台灣新北市亦把舊金礦復修為黃金博物館，還設有體驗區供遊人一嘗淘金滋味。馬鞍山既然有這天然資源和歷史，何不加以推廣？

白花鬼針草

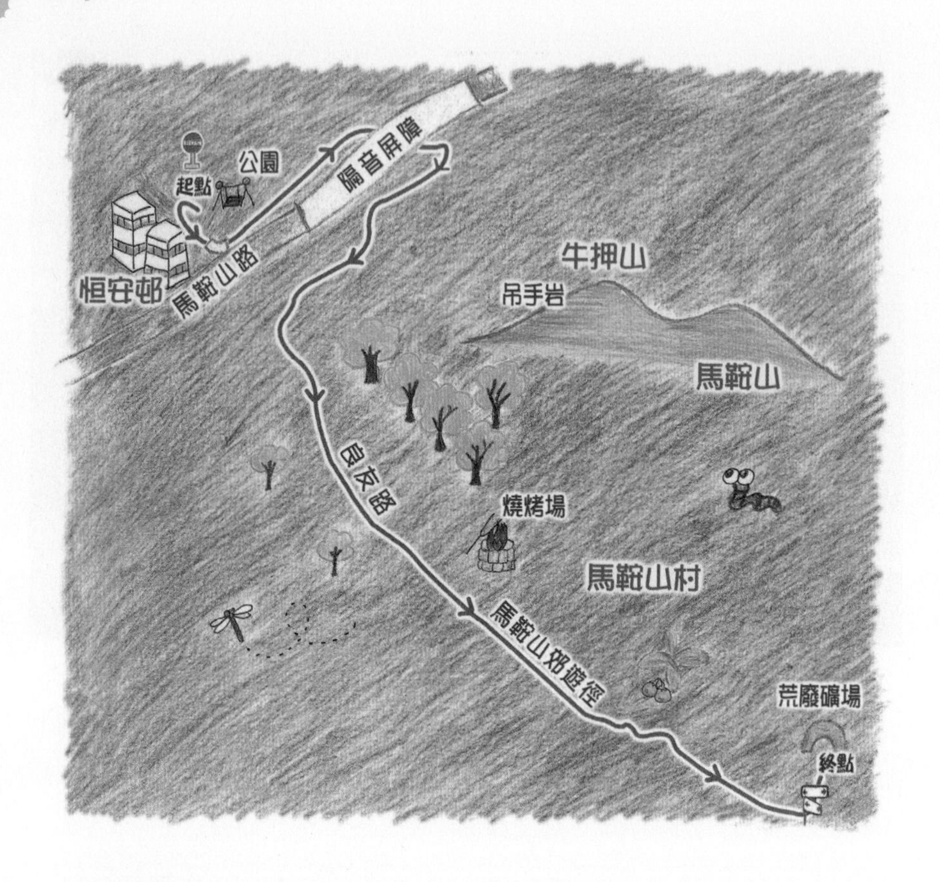

旅程資料

位置	行程需時	行程距離
西貢西	4 小時	8 公里

主題　生態復修

路線　恒安邨 ▶ 馬鞍山村 ▶ 礦洞

前往方法　乘 87K 巴士在恒安邨下車。

生態價值指數	文化價值指數	難度	風景吸引度
★★★	★★★	★★	★★★

1. 除了使用隔音屏障，還有其他減低噪音污染的方法嗎？
2. 你在礦洞附近找到昔日採礦活動的痕跡嗎？
3. 今天的礦場已經荒廢，你建議怎樣活化它呢？

馬鞍山盛產磁鐵礦，該礦場在一九三〇年投產。戰後一家本地公司負責營運礦場，把鐵礦經小火車運到選礦廠，磨成鐵粉，再以水路輸往日本。礦場起初的採礦方法以露天開採為主，直至一九五九年才全面轉到地下坑道進行。地下坑道有三個主要的出入口，通往礦山中複雜無比的坑道。礦場於一九七六年停產。

建立香港礦山公園

沙田區議會在二〇〇九年十一月曾提出在馬鞍山礦場遺址興建香港礦山公園，活化早被廢棄的礦洞。發展礦洞能帶來什麼經濟效益？假設你是公園的設計者，你打算怎樣發展礦洞吸引旅客？在設計時，你遇到什麼困難？細心考察場地和四周環境，除了設計上的困難外，還有什麼工程和環境上的問題需要解決？經過近四十年的廢棄，礦場現時的生態環境怎樣？試訪問附近的居民，他們對發展又有什麼意見？內地早有近三十個礦山公園，最近的在深圳，它們的設計和運作方法可作參考。

林村

新界北的生命搖籃

林村河是香港最具生態價值的河流之一，亦是難得受到較少污染的天然河道，讓我們沿著河道考察它的價值吧！

▲ 吸附在碎石上的麥氏擬腹吸鰍

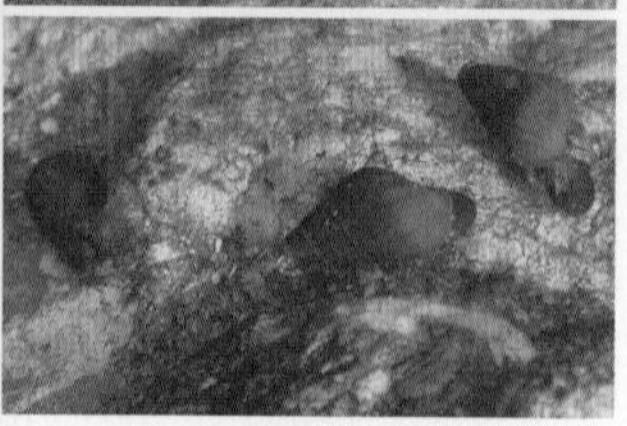

▲ 河中佈滿細小碎石，為小動物提供棲息之所。

▲▲ 寨乪的巴士站

▲▲ 水窩路的小橋

▲▲ 大刀屻

林村河的源頭

由寨乪（音劇）巴士站沿馬路往太和方向走，走到水窩路口會看到下面有一條小橋，小橋下的就是林村河了。林村河是香港極少數現存的大型低地水系（drainage），河水源自北面的大刀屻和南面的大帽山（見〈大帽山〉一文）。在大帽山的一段上游河道，雨水落到山谷後便經山下的梧桐寨（見〈梧桐寨〉一文）流到山腳的林村。林村河是一條孕育無數生命的河流，也為多個珍貴的風水林提供水源，可見它對新界中部生態十分關鍵。在下山的過程中，河流已經過了三個河道段落：上游、中游和下游。上游河道較窄、較迂迴曲折，流速較慢，但會形成急流和瀑布等地貌。剛才下車的地方叫寨乪，

迴正是指曲折的河流。中游河道變得較寬闊，下游位置較接近平地，有大量的沉積物，河道最為寬闊，流速亦較快（見〈新娘潭〉一文）。

要近距離觀察林村河，可過橋轉右入大陽輋路，走兩分鐘，於分岔路轉右，在長春橋前有路通往河岸。

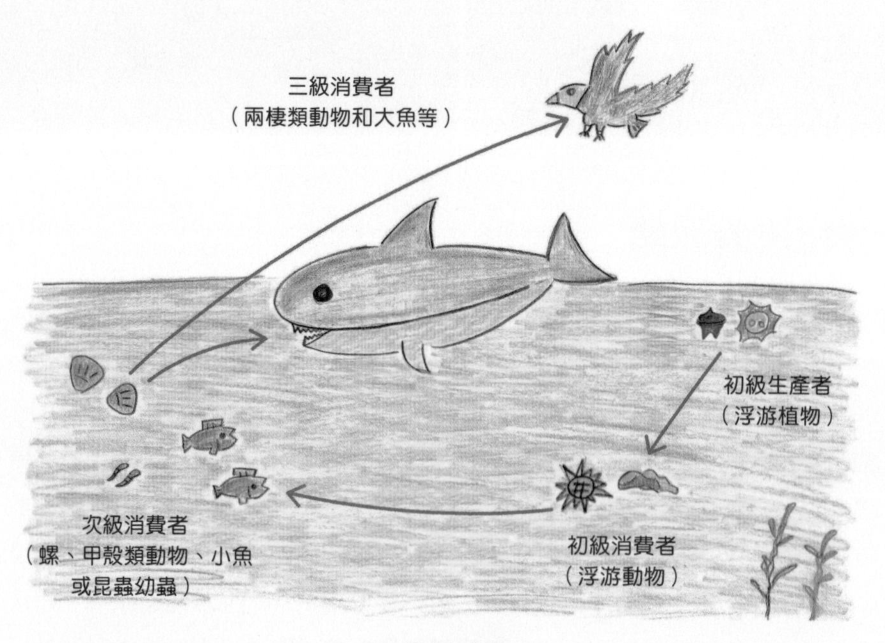

淡水食物網

量度河流流速

流速反映著河流的能量。若其他因素不變，流速越高，水的能量越大。要了解流速有兩個方法——一是利用電子流量計（flow meter）量度，快捷而準確。但流量計不便宜，在市面也不容易找到；其實，利用一個乒乓球和拉尺（measuring tape）即可簡單地計算流速。

先利用拉尺計算河道（channel）段落的距離，再在段落起首位置放下乒乓球（或其他小型浮物），計算乒乓球隨水漂流至段落終點的時間。再利用以下算式便可輕易算出流速：

流速（米／每秒）= 河道段落距離（米）／乒乓球隨水漂流至段落終點的時間（秒）

值得留意是，流速受河道的粗糙（rough）表面所阻，所以在同一河道橫切面（channel cross-section）裡，流速最高的位置是橫切面的中心（即離河岸和河床最遠、阻力最小的地方）。由於乒乓球在水面漂浮，透過其計算出來的流速只是水表流速而已。不過，除非需要作精密的科學研究，否則對於一般考察，甚至用來比較不同河道的特徵，上述方法已具相當高的參考價值。

淡水生態

淡水食物網（food web）中，浮游植物（phytoplankton）是初級生產者（primary producer）。藻（alga）是最常見的浮游植物之一，它們在陽光下透過光合作用，將水中的二氧化碳和水分轉化為營養來成長和繁殖。藻亦成為其他動物的食物，它們會被浮游動物（zooplankton，例如水蚤）攝食。浮游動物再被螺、甲殼類動物、小魚或昆蟲幼蟲等生物捕食。最後，兩棲類動物和大魚是最高級的消費者（consumer，見〈養分循環與能量轉移〉一文）。在這淡水食物網中，所有動植物的生命都依賴著太陽的能量來維持。在河岸觀察，你能看到多少種生物？

▲▲ 豆娘

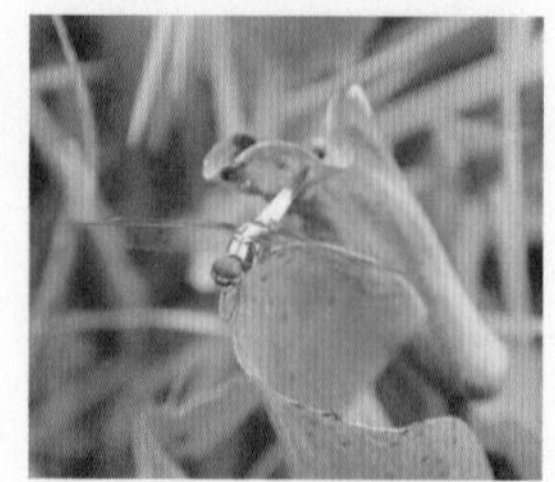

▲▲ 蜻蜓

麻布尾的林村河支流

瓜田和果樹

菜田

在沒有食水供應的年代，林村河養活了大埔居民。到訪林村時，不難看到四周有很多田地和農圃，村民世世代代都以林村河的河水來灌溉（irrigate）農地。不過現在香港從內地大量入口蔬果，林村的農地已經少了很多，部分村民亦已遷往市區居住，從事其他行業（見〈塱原〉一文）。由於農田荒廢，沒有植被，水土流失（soil erosion）加劇，有關部門也需要更嚴密地監察河水水質，以防大量有害物質從荒廢農田進入水系。

丁屋權

沿林錦公路往太和方向走，到塘面村時，發現有很多建築工程正在進行。這是因為村民的子孫眾多，原有的房屋不敷使用？不，事實上現在新界鄉村中，不少已夾雜著許多非原居民的外姓人。提到香港的原居民，自然會涉及「丁屋權」。

新式的洋房

丁屋權是香港殖民地時代訂立的一個政策——新界鄉村的男性原居民均可申請興建一座丁屋（New Territories small house）居住，而無須「補地價」。但有些已不在鄉村居住（甚至是已移民海外）的原居民，轉讓丁屋權予發展商興建丁屋圖利，以致越來越多並非為解決原居民實際住房需要的丁屋出現。

這政策衍生的流弊，除了間接令香港的土地供應緊張之外，也影響鄉村的傳統及生態。新界鄉村的年輕一輩多已遷往市區居住；相反，外人卻遷進鄉村。鄉村的原居民越來越少，傳統文化漸漸淡化，最後失去鄉村的獨有特色，剩下一座座只有空殼的村屋。

枝幹斷下的許願樹

另一方面，鄉村範圍內不斷興建丁屋，原有的天然環境亦因過度發展而遭破壞，漸漸地變為新的石屎森林。相信你和我都不想見到這情況，所以解決濫用丁屋權除了是一個地政問題外，同時亦是一個鄉村文化傳承和自然環境保育的問題。

沿這條路再往林村河進發。

許願樹

穿過塘面村和鍾屋村後便到達放馬莆。林村放馬莆許願樹多年來深受市民歡迎。相傳從前有一個孩子學業成績不濟，父母帶他到此許願，之後他的成績便突飛猛進，民間於是相傳許願樹可令願望成真。許多人在寶牒上寫下願望，並拋到許願樹上。若寶牒能掛在樹上而不掉下來就表示願望將會成真。不幸的是，二〇〇五年的農曆新年，許願樹其中一條主幹終不勝負荷而折斷了。這時人們才驚覺許願樹原來也「自身難保」。後來政府在許願樹旁邊設置了一棵「仿真許願樹」，鼓勵大家將寶牒拋上仿真許願樹上祈福，使「真．許願樹」不再受到傷害。

▲▲ 離公路較遠的一棵許願樹

人工河道

經過許願樹，再回到林村河的時候，赫然發覺該段河流已被渠道化（channelization）。渠道化河道在很多情況下是必要的，因為可以疏導雨季的洪水，保障河岸居民的性命財產。香港有超過六成河道被渠道化，以解決城市的水患問題，河道整治也成為了一門專業的學問（見〈塱原〉一文）。

人人皆知河流對生活和生態的重要，但我們的日常生活又與河流徹底割裂。你有沒有在香港河道裡划船、玩耍的經驗呢？市區裡幾近沒有天然河流──全都經渠道工程成為明渠了。這改變過程不僅是感觀上，還有生態上的。施工期間需要翻動河床的基質，令河床的沙泥翻起，河水變得混濁，生物會因為吸入微粒或污染物而死亡；修築後的河床以混凝土覆蓋，尚存的生物失去安身之所。看看工程完成後的林村河道，已被混凝土覆蓋。河道上天然的大大小小石塊和沉積物都消失了，原來的河道生物多樣性也隨之被瓦解

成階梯狀的河道

——例如慣常躲在石塊下生活的蜻蜓幼蟲，會因為缺乏遮蔽物而被捕食。

首爾清溪川原本只是一條橫跨首爾市區的河道，逾十公里長，二〇〇三年經大規模活化後成為一條潔淨的河道。清溪川吸引之處是容許公眾到河道兩旁休憩，近距離接觸河水，真正把河道「還給市民」。清溪川現在已經成為一個著名旅遊景點，吸引而來的除了首爾市民，還有海外旅客，可見其成功之處。

反觀香港河道一直都是「只可遠觀、不能褻玩」。公眾多只能從河道旁的行人路或橋樑上遠遠觀看，結果河道成為一條只具排洪功能的渠道，而非一條與居民生活連繫的河道。

河道兩旁已被修整

沿橋前右邊的小路繼續走。

在這路口轉右沿瀝青路走回公路。

冬瓜田

排洪措施

穿過農戶後回到公路。走過隧道沿大埔公路大窩段走，林村河就在右側。那兒設置了幾座抽水站，還有一個大型的充氣尼龍壩（fabridam）把從上游來的河水蓄住。可是，這堤壩亦同時把河流的延續性分割了，淡水生物不能在上下游之間往來；上游的沉積物和養分亦因受阻隔而不能供應到下游，影響了下游的生境。這些問題，在大型水利工程中更加明顯。

抵達終點前，進入梅樹坑公園，欣賞一下這個綠化程度甚高的公園景色，一直走到小橋處向左轉便可到達太和港鐵站。

走過馬路，沿小路走便到達隧道。

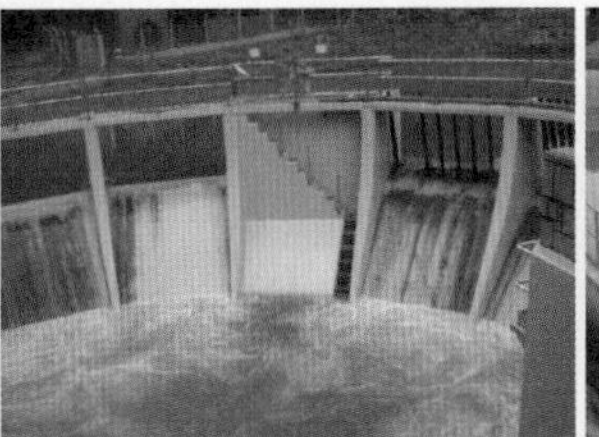

沉澱池

充氣水閘

在梅樹坑公園看林村河。

左轉後走數分鐘便到達太和港鐵站。

旅程資料

位置	行程需時	行程距離
新界中	2 小時	6 公里

主題　河道生態

路線　寨乪 ▶ 許願樹 ▶ 坑下莆 ▶ 太和

前往方法　由太和乘 64K 巴士在寨乪下車。

生態價值指數	文化價值指數	難度	風景吸引度
★★★★	★★	★	★★★

考考你

1. 丁屋權的問題應如何解決？
2. 在修整河道問題上，怎樣才能在保護居民性命財產和生態保育之間取得平衡？

延伸思考

提到林村就必然會想起許願樹。可是自許願樹一枝主樹幹倒塌後，現時還在大量支架支撐下休養生息。無可否認，許願樹曾經帶給林村無數的經濟收入，對本土的旅遊業也有重要的貢獻；它甚至代表著一個香港獨有的傳統文化。但遊人把許願樹「殺」了，這個現代「殺雞取卵」故事提醒我們可持續發展的重要。「可持續發展」這概念雖然已經出現了三十年，但至今仍未獲公眾普遍認知，有人把它聯繫上城市發展；有些則以為它直指環境保育。可是這些全不是可持續發展的真正意義。

林村的可持續發展規劃

可持續發展應包括社會（和文化）、環境和經濟的平衡發展和效益：在保育環境的同時，又要兼顧社會和經濟發展。嘗試把林村作為研習地點，把可持續發展的概念應用到當地。為了許願樹和其他動植物的生長，為了售賣寶牒村民的生計，為了傳承歷史文化，林村的發展如何可以平衡？現時林村增加了很多「許願設施」，就你的觀察，新增的設施可以有效保護林村的樹木嗎？聯合國於一九八七年發表《我們共同的未來》（Our Common Future），及後在里約熱內盧的世界首腦會議草擬了《地球憲章》（Earth Charter），兩者均可作為認識可持續發展的參考讀物。

水口半島
陸上觀豚好地方

起點

水口半島位於大嶼山南部，面積不大，卻有兩個營地和一個未受污染的沙灘，在附近的水域有時還有海豚出沒呢！看海豚，不一定要出海的！

石壁水塘

石壁水塘一九五七年興建，一九六三年竣工，是香港當時最大的水塘。為了滿足食水需求，香港過去興建多個水塘，同時從內地購買東江水。現時穩定的食水供應，全因我們過去不斷付出龐大的代價建造供水設施（見〈塑原〉一文）。

東江（Dongjiang）是珠江（Pearl River）的一條主要支流（tributary），也是香港食水的來源地。雖然我們有東江水可供依靠，但東江的源頭（source）並非處於香港流域（drainage basin），加上氣候轉變、珠江流域發展和水污染，開拓水源成為香港近年積極研究的課題。

除了一貫的東江水和雨水外，海水化淡（desalination）又再被提出。上世紀七十年代，香港也曾有海水化淡廠。受技術所限，當時採用的是蒸餾法，即是把海水加熱，收集蒸汽製造淡水。此舉耗費大量石油，在石油價格上漲時生產成本更見昂貴，廠房營運不足八年已告停產。

隨著科技發展，利用逆滲透技術（reverse osmosis）可從海水中提取淡水，此科技令海水化淡成本大大降低，海水化淡再度被視為開拓水源的可行方案之一。預計在二〇二〇年，將軍澳將有一所中型海水化淡廠落成，為香港提供百分之五至十的食水。

石壁水塘

另一個可行的新水源是再生水。連同處理成本計算，海水化淡每立方米約十二元、東江水九元三角，再生水只是六元。再生水的成本顯然十分吸引。香港現有九間污水處理廠製造小量再生水，主要供廠房作非飲用用途。

現時科技已經可以利用物理（如過濾和逆滲透）和生物（如紫外光消毒）方法把盥洗污水（grey water）轉化為可供飲用的再生水。新加坡早已把部分再生水混入水塘，成為食水。不過按香港的規劃，再生水主要是為淡水沖廁提供替代水源。把再生水作飲用仍然是言之尚早。

石壁水塘設有輸水管道連接港島西，解決地域性的食水供求差異問題。水塘的原址曾經有六條村落，但因工程關係，居民被遷徙到附近地區。興建水塘，除了影響原本的居民外，亦難免會破壞生態環境。例如要把一個樹木茂密的山谷完全淹沒，動植物都不能倖免。動物不似我們人類，知道要大興土木便遷徙到其他地方。在滿足人類需要的同時，生態環境不得不犧牲，這真是不可避免嗎？今天工程界主張的已經不是「他地生態補償」（例如在大澳種植人工紅樹林以補償興建機場的損失，詳見〈羌山—大澳〉一文），如何使工程配合生態環境才是主要的考慮。例如在護土牆上進行綠化，在天台種植植物等補償方案都已經是大勢所趨。

石珍茅

經過起點的指示牌後，會發現路旁都長有茂密的禾草，隨風搖曳。這種禾草名叫石珍茅（*Neyraudia reynaudiana*, Burma-reed），又叫類蘆，是一種常見的植物。你看見它們那長長的「白毛」嗎？那是石珍茅的花。這些花沒有鮮艷的顏色，形態亦不突出，那麼它們怎樣吸引昆蟲來採花蜜和傳播花粉呢？其實禾草只靠風傳播花粉，看著它們迎風搖曳著，正是悄悄地把花粉散播開去呢！

生機處處的泥灘

沿路往南下山，經過一間石屋和村校，到達石壁東灣。東灣是大嶼山最大的泥灘，蠔（oyster）和蜆（clam）等雙殼綱（Bivalvia）動物隨處可見，有緣的話還可看到村民「摸蜆」。說到這裡，你有沒有立即一展身手的衝動呢？村民摸蜆，可能是為生計；我們摸蜆，又為了什麼？

隨風搖曳的石珍茅

路旁的村校

河口位置

連接著沙灘的泥灘

正在摸蜆的村民

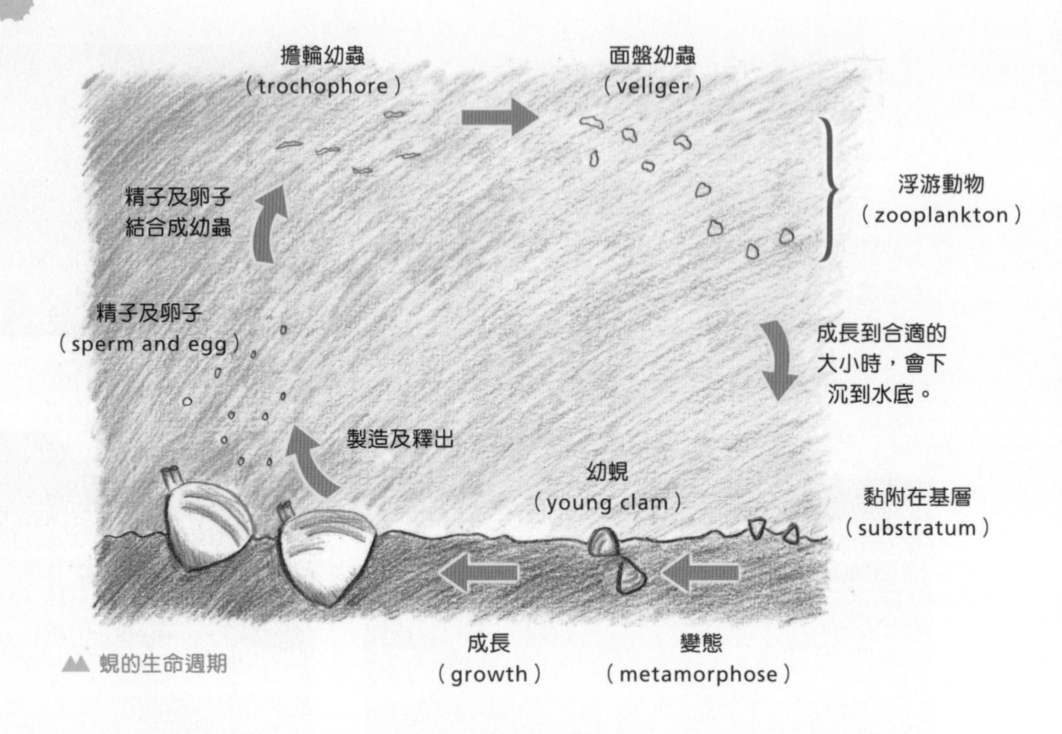

蜆的生命週期

如果每個人都只為一時的興致而摸蜆，相信牠們很快就會在這裡消失了。旅遊時，我們都會無意間做出一些破壞生態環境的事。我們應時刻緊記生態旅遊的守則，不應因一時之快而破壞大自然。走到村民身邊，看看他們摸蜆，閒聊幾句，可以更了解村民的生活呢！

單葉蔓荊

單葉蔓荊

岸邊可以找到單葉蔓荊（*Vitex rotundifolia*）。它開著紫色的小花，花形獨特，其中一片花瓣較大和顏色較深，上面長有白色絨毛。單葉蔓荊的果實是蔓荊子，有治感冒、驅風等藥用價值。單葉蔓荊是生長在沙灘的先鋒植物（pioneer species），它緊貼著地面生長，莖部會長出根以抓緊泥土，吸收更多水分。苦郎樹（假茉莉，*Clerodendrum inerme*, Seashore glorybower）與露兜樹都是常見的海濱植物，它們對於防止海沙流失和沙灘擴散至陸上生境很有效用。沙灘的生長環境不穩定，海濱植物有助抓緊泥土，提供一個較穩定的基質（substrate）予其他植物。

「君子」林

轉入上山的路段，有營舍和石欖洲營地，能滿足喜愛宿營和露營愛好者不同的需要。山腰處有一大片竹林。竹（bamboo）有堅固的莖部，所以中國人把它與梅、蘭、菊合稱「四君子」。竹除意境非凡，有特殊的中國文化意義外，亦有很多功用，例如竹筍可以食用，竹筒可用來煮竹筒飯。還有，竹是中國一種很常用的建築材料，直至今天，竹仍是搭建棚架必備的材料。在其他國家，建築工人又用什麼搭建棚架呢？

▲ 不用右轉，如往右走會到營地。

▲ 遠眺南方的群島

兩面針

喜愛樹蔭的串珠環蝶

陸上觀豚

到達水口半島的南方，南邊是索罟群島，它未受人類破壞，仍然保存完整的海岸線，加上臨近珠江河口，不少魚類在此繁殖，海洋生物的品種以及數量都很豐富。即使這裡是繁忙的港澳航道，也吸引了很多海豚到此覓食飽餐。有望遠鏡的話，

籮箕灣

可以試試留意離岸較遠的海面，像豚類學家一樣，在陸地上觀察海豚的動靜呢！

下山後會經過籮箕灣，這沙灘水清沙幼，並有營地設施和水源供應，是一個理想的露營地點，緊記露營時不要污染這片淨土，要把垃圾清理妥當，讓每個人也能好好享受這優美的環境。最後沿著小河繼續上山，便到達涼亭，再經過一條橋後到達嶼南路，可乘巴士離開。

通往嶼南路的橋

水口

籮箕灣營地

沿河邊的路繼續走。

最後一段林中的路

走上行車路。

旅程資料

位置	行程需時	行程距離
大嶼山南	2 小時	6.5 公里

主題　海岸生態

路線　石壁水塘 ▶ 東灣 ▶ 石欖洲 ▶ 籮箕灣 ▶ 水口

前往方法　於東涌港鐵站轉乘 11 號巴士，在石壁水塘東站下車。

生態價值指數	文化價值指數	難度	風景吸引度
★★★	★	★★	★★★★

考考你

1. 村民怎樣處理摸蜆的收穫？
2. 沿途那所村校和你就讀的學校有什麼分別？
3. 竹還有什麼用途？

延伸思考

水口半島

除東涌灣一帶外，水口泥灘亦是鱟（馬蹄蟹）的主要生長地點。在大自然中，鱟的存活率非常低，由幼小馬蹄蟹發展至性成熟的機率只有萬分一至二。根據香港城市大學生物及化學系的研究，以目視方法在泥灘上巡視，水口灣的中國鱟（*Tachypleus tridentatus*）密度為每小時一點三三隻。這數字看似很小，但在全港十七個研究點來說已居第二。可見鱟在香港已近乎瀕危，需要大家合力保護。

鱟的生境特徵和保育

考察水口和香港不同的泥灘，有系統地記錄鱟的密度。嘗試把數據與泥灘的特徵（平均沉積物深度、近岸海水水溫、海水含鹽量和含氧量）作對比，你認為哪裡最適合鱟生長？鱟在香港的分佈有一定模式嗎？面對嚴重的生境威脅，又沒有法例規管，有什麼方法可以為鱟進行保育？有人提出人工繁殖可以解決問題，你的看法如何？鱟的血有很高的醫療價值，可以提煉試劑，在內地和外國均有不少工業化的鱟飼養場，你認為這是好是壞？對鱟的保育有幫助嗎？

▲▲ 遠眺水口泥灘。

龍虎山

最小的郊野公園

龍虎山郊野公園佔地四十七公頃，是香港面積最小的郊野公園。龍虎山雖於一九九八年才被劃定為郊野公園，但原來政府早在七十年代初期已大量植樹，如馬尾松（*Pinus massoniana*, Chinese Red Pine）、紅膠木等，及後更推行生物多元化計劃，改善環境。

夏力道

最小的郊野公園

從山頂夏力道出發，只要一直往下走，很快便可到達龍虎山郊野公園。按指示牌往松林廢堡的方向，往山下走，沿途大家還可以試試踏石和雙杆運動。在龍虎山郊野公園內，除了可找到燒烤場和一些常見遊樂設施外，較少見的健身卵石徑也可找到，方便晨運人士。此外，公園內還有大型的戰時遺跡。別小看這小小的郊野公園，它可是個生態和歷史價值豐富的地方，絕對是「麻雀雖小，五臟俱全」。

薄扶林水塘

健康評估指示

經克頓道前往龍虎山
郊野公園。

松林廢堡

松林炮台是英軍於一九〇五年建成，用作保護維多利亞港（Victoria Harbor）出入的船隻和港島的安全。後來英軍有感防衛不足，遂加建多座營房及掩蔽體。松林炮台原用於海防，但因地勢較高（海拔三百〇六米），在一九三〇年改建為空防炮台。其後炮台遭受日軍多次空襲以致嚴重破壞，最終於一九四一年十二月十五日被棄守。原來的炮床、掩蔽體和指揮台等，則倖存下來，成為我們今天所見的歷史遺跡。今日，在建築物的牆上我們還可見到大大小小的炮痕，見證著當日的戰況。

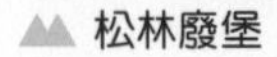
松林廢堡

炮床

保護色

沿途均是平坦易走的水泥路，大家不妨多留意身邊的動植物。那是什麼？原來是一隻蜥蜴！若不是停下來細心觀看，可不能看見這隻隱藏在葉子間的蜥蜴呢！蜥蜴身體的顏色與四周環境十分相似，保護色（cryptic coloration）不單使牠能躲避捕獵者，也使牠較易接近獵物。你想到還有什麼動物會利用保護色去保護自己和協助獵食呢？

▲ 蝸牛

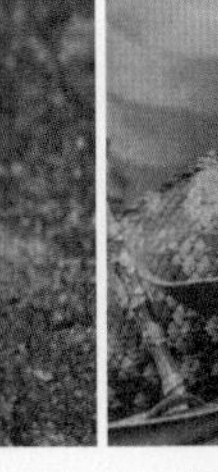

▲ 蜥蜴

維多利亞城

沿克頓道往山下走，走得太快，差點錯過了「維多利亞城界碑」（City Boundary Marker）這一個歷史遺跡。這個遺跡雖然不是香港的法定古蹟，其意義卻十分重要。因為它標誌著香港城市的發展。據文獻所述，香港政府於一九〇三年在港島堅尼地城至跑馬地一帶豎立了六塊界碑，標出「維多利亞城」（City of

Victoria）的範圍，以方便城內城外不同的政府行政事務，諸如徵收不同的差餉等。有報道說在馬己仙峽道曾經存有疑似界碑。不過由於當局仍未能確定其真偽，故是否只有六塊界碑仍有待考究。可惜該疑似界碑於二〇〇七年中被移走，至今下落不明。

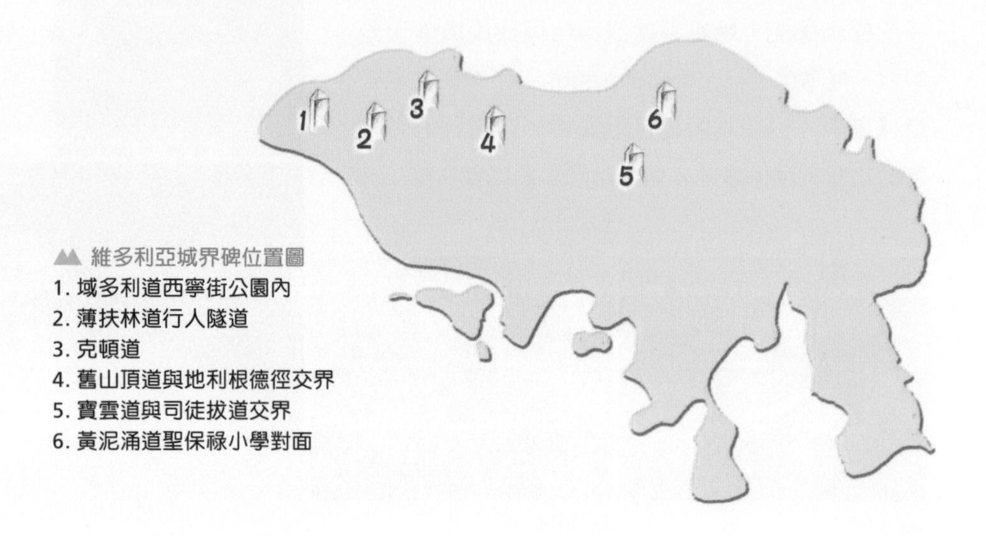

▲▲ 維多利亞城界碑位置圖
1. 域多利道西寧街公園內
2. 薄扶林道行人隧道
3. 克頓道
4. 舊山頂道與地利根德徑交界
5. 寶雲道與司徒拔道交界
6. 黃泥涌道聖保祿小學對面

港島有上環、中環，有想過為什麼沒有下環嗎？原來今天的灣仔就是下環。早期的華人社會稱官方公佈的維多利亞城一帶為「四環九約」（Four Wan and Nine Yeuk）。上環、中環、下環，再加上西環，是謂四環；四環裡，再細分成九個分區，是謂九約。

雖然四環九約之說在今天已不管用：下環早已易名為灣仔；城市發展亦遠超當日維多利亞城的邊界。但它印證了早期城市和華人社區的發展範圍，其歷史價值遠高於實際意義。

界碑　　碑上刻有「City Boundary 1903」字樣

時至今日，城市急速發展，整個港島北岸也開發為市區，「維多利亞城」一名也只出現於一些早期文獻之中。不過，界碑對我們研究百多年前的香港城市發展有重要的定位作用。我們可以透過界碑的位置，確認香港早年城市發展的範圍；同時，我們亦可肯定西環至跑馬地一帶是港島最先發展的地域，是行政與生活的核心。你說界碑這個歷史遺跡重要不重要？

旅程資料

位置	行程需時	行程距離
港島西	2.5 小時	4 公里

主題	歷史遺跡
路線	山頂 ▶ 夏力道 ▶ 龍虎山郊野公園 ▶ 克頓道
前往方法	在中環乘 15 號巴士或 1 號小巴前往山頂。

生態價值指數	文化價值指數	難度	風景吸引度
★★★	★★★★	★★	★★★

1. 龍虎山郊野公園「麻雀雖小，五臟俱全」，你認為還欠缺些什麼嗎？
2. 怎樣可以運用松林廢堡去介紹日軍侵佔香港的歷史？
3. 什麼才算是值得保留的歷史遺跡？

龍虎山郊野公園位處昔日維多利亞城的南面，設有松林炮台。從歷史遺跡可見，這一帶過去是軍事、政治和經濟的重心。今天炮台廢棄了，維多利亞城這名字也幾乎被人完全遺忘，餘下的只有瑟縮一角的界碑。幸而龍虎山的生態價值並沒有被忘記，環保署和香港大學在旭龢道設立了龍虎山環境教育中心，進一步把龍虎山化身為環境教育的課室。

維多利亞城的歷史意義

維多利亞城是香港第一個市區，建立於一八四三年，當時的範圍有多大？經歷了一百七十多年的發展，今天這地區的情況又如何？市區發展是否歷史越悠久就越繁盛？在香港的歷史上有「四環九約」的說法，它又與維多利亞城有什麼關係？看看今天中環的政經地位，你認為與維多利亞城的選址有關嗎？一個區域的經濟活動和動力是如何建立起來的？又是怎樣去維持？

水浪窩 ▸▸▸ 榕樹澳

馬鞍山腳下的生態要點

二〇〇四年十一月，政府推出「新自然保育政策」（New Nature Conservation Policy），馬鞍山附近的榕樹澳成為了十二個「須優先加強保育地點」（Priority Site for Enhanced Conservation）之一。事隔十多年，讓我們考察一下這片土地的近況。

企嶺下海

沙田或馬鞍山均有巴士前往起點水浪窩。在水浪窩下車，往西貢方向走約二百米，再轉入一條拐左的車路往榕樹澳。沿路下去，眼前的企嶺下海越來越近。話說回來，企嶺下海這名稱無論是英文或中文均有特別意思。企嶺下海的英文名稱為 Three Fathoms Cove。Fathom 意指「噚」，是量度水深的單位，一噚相等於六英尺。Three Fathoms Cove 意即水深三噚（約五點五米）的海灣。參考郊遊圖，Three Fathoms Cove 的說法正確嗎？

要解讀中文名字「企嶺下海」，就要先了解什麼是「企嶺」。在企嶺下海西南方的馬鞍山高七百零二米，是香港第四高的山峰。由於馬鞍山山勢險峻陡直，故有企嶺之別稱，而企嶺下海意指「企嶺下的海灣」。除此之外，在企嶺下海一帶還有兩個地方以企嶺命名，分別是企嶺下新圍和企嶺下老圍。

水浪窩巴士站

企嶺下海

小海堤

企嶺下海的南端，建有兩段小海堤，海堤間有一個約三十米寬的排水口。海堤令海灣成為一個平靜的環境，可供船隻停泊和進行水上活動。海灣內不難看到沙泥因水流減慢而堆積成的泥灘。從康樂角度而言，利用海堤把內灣圍起來固然可以提供一個水上活動的地方；但從環境角度，這種水文（hydrology）的改變減弱了內灣水流，從上游及沿岸地區而來的污染物（pollutant）因而不能有效地被海浪稀釋帶走。

小海堤

尋找蝴蝶

沿路我們可以輕易見到不同種類的蝴蝶（見〈蝴蝶〉一文）。有讀者好奇為什麼我們可以常常找尋到不同的動植物，其實並沒有什麼秘密，竅門在於對自然環境與動植物互動關係的了解。

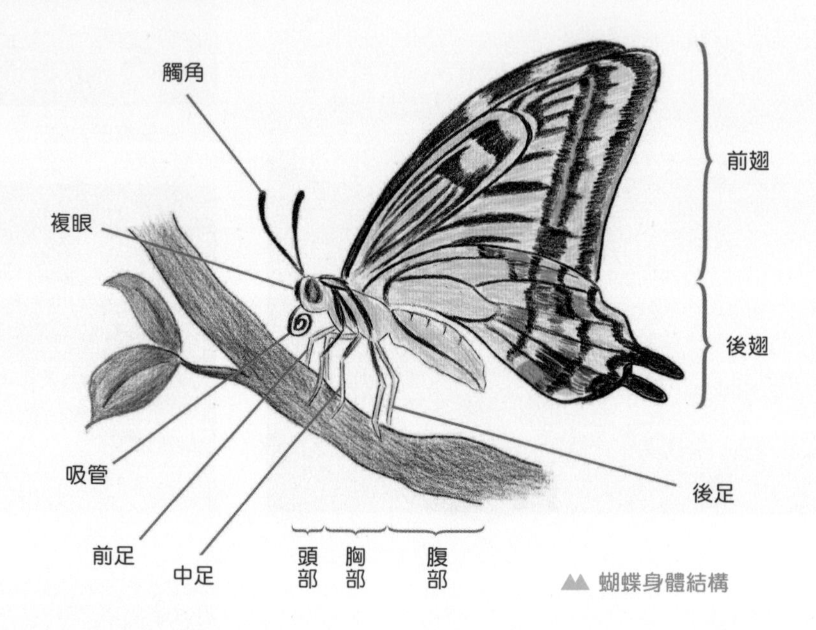

▲▲ 蝴蝶身體結構

大自然中每種動植物都有一定的生活模式，不妨留意一下沿路的植物。它們以藿香薊和馬纓丹這兩種蜜源植物為主。由於蝴蝶愛吸食花蜜，所以牠們會聚集在蜜源植物眾多的地方。其他的動植物也是如此，只要多作觀察，注意動植物分佈與生境的關係，漸漸地你也可以成為一位生態小專家。

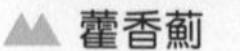

▲▲ 藿香薊　▲▲ 馬纓丹　▲▲ 蜜蜂採蜜

斯皮爾曼等級相關係數

要客觀分析兩個因素之間的關係強弱，可以利用斯皮爾曼等級相關係數（Spearman's rank correlation coefficient）計算。以蝴蝶和蜜源植物為例，假設從五個不同地點取樣（n），點算出同一面積內蝴蝶和蜜源植物的數量，並如下表列出：

取樣點	蝴蝶數量	蜜源植物數量
A	8	13
B	9	10
C	6	11
D	2	6
E	3	5

分別把蝴蝶數量和蜜源植物數量按遞減次序列出其排名。如下表：

	蝴蝶		蜜源植物			
取樣點	數量	排名	數量	排名	d 蝴蝶數量排名－蜜源植物數量排名	d^2
A	8	2	13	1	1	1
B	9	1	10	3	2	4
C	6	3	11	2	1	1
D	2	5	6	4	1	1
E	3	4	5	5	1	1
					Σd^2	8

把兩者排名相減（d），並計算該差之平方（d^2），再算出五個地點的平方的總和（Σd^2）。最後，依下列算式計算係數（r）：

$$r = 1 - \frac{6\Sigma d^2}{n^3 - n}$$

$$斯皮爾曼等級相關係數 = 1 - \frac{6 \times 8}{5^3 - 5} = 0.6$$

係數反映出兩個變數之間的關係：

+1	0	-1
強烈正相關	沒有關聯	強烈負相關

係數越接近 1，兩個變數之間的關係越強；越接近 0，則關係越弱。參看上述例子，蝴蝶和蜜源植物之間的係數為 +0.6，代表蜜源植物和蝴蝶之間為強烈正相關。

不過，斯皮爾曼等級相關係數有兩個缺點：

- 係數只反映變數間存有關係，但其因果關係（causal relationship）需要憑邏輯作進一步分析。究竟是蝴蝶數目增加，引致更多蜜源植物出現，還是蜜源植物吸引更多蝴蝶？
- 係數可以計算任何兩個變數之間的關係──包括沒有任何邏輯關係的變數。即使把蝴蝶數量與取樣點泥土深度這兩個毫無邏輯關係的變數作分析，依然可以得出結果。

事實上，只要先了解變數之間的科學關係，再運用邏輯判斷，就可彌補上述不足。斯皮爾曼等級相關係數容易操作，不失為一個探索大自然各種東西之間的關係的一個客觀方法。

魚排

魚排位處平靜的海灣中。榕樹澳紅樹林在照片的右下方。

魚排

企嶺下海有六十多個魚排（mariculture raft）。魚排是飼養海魚的一種方式，方法是利用物料（多為塑膠筒、木材及竹枝）於水中建立一個可浮的支架，再在支架內以網製成多個飼養池。因為飼養池以網製成，海魚可以在天然的海水中成長，又不至逃離或被捕食者吃掉。

這種飼養方法的好處是減低生產成本。因海魚都在飼養池中，漁民不會因海魚逃離或被捕食而造成損失；而水中的微生物及其他食物亦可流入飼養池中，成為海魚的糧食。不過，海水污染、紅潮（red tide）、填海工程和海底工程等情況都會使魚排中的魚大規模死亡。提到紅潮，原來它只是「藻華」（algal bloom）這種自然現象的其中之一。由於海水中的藻大量繁殖，藻的色素影響了海水顏色。除了紅潮外，藻華也會以綠或褐等顏色呈現。

▲ 粉紅色的紅潮

藻是海洋中的初級生產者，如陸上的植物一樣，它們在日間吸入二氧化碳，透過光合作用製造食物給自己；夜間藻則吸入氧氣。這時，水中的含氧量下降，海洋生物或會死亡；部分藻類黏附在魚腮，妨礙魚的呼吸；某些藻含有毒素，海洋生物吞食後會積累毒素死亡。藻死去後被分解時，微生物也會耗用水中的氧氣，使情況變得更壞。

隨著科技發展，一些海魚已經可以在室內養殖。在人工營造的環境中，鹽度(salinity)、溶解氧(dissolved oxygen)、酸鹼值(pH value)、水流速度、飼料營養等投入(input)都變得可控制。在缺乏自然威脅下，海魚的養殖過程更具效率，產出的質素亦較穩定。留意一下香港常見的海魚，有哪些是可以在室內養殖的？

榕樹澳

香港眾多地名中，「澳」是一個常用的字，意指海灣。香港的海岸線長而曲折，形成很多海灣，所以不少地方也叫「澳」，例子有大澳、陰澳(現稱欣澳)、將軍澳，還有榕樹澳。榕樹澳是政府劃定的十二個「須優先加強保育地點」之一，是一個充滿自然氣息的地方。不過，剛抵榕樹澳時，四周密密的村屋可能會令你產生疑問。幸而只要多走幾步，穿過村屋，就可見到一大片紅樹林（見〈榕樹澳—深涌〉一文）。

新建的住宅與舊建築形成強烈對比。

榕樹澳之所以成為具有生態價值的地點，主要原因是它過去的農業活動製造了大量淡水沼澤，加上位處臨海地區，無論是鹹淡水的動植物均可在此生存。根據漁護署的報告，榕樹澳孕育了一些稀有動植物，包括螺旋鱗荸薺（*Eleocharis spirali*, Spiral-scaled Spikesedge）、侏儒鍔弄蝶、褐翅鴉鵑等。

▲ 木欖

▲ 圖中的海岸在分區計劃大綱圖中是海岸保護區的一部分。

不過，新自然保育政策自二〇〇四年十一月推出後，榕樹澳到了今天還未有任何保育措施，有關政策的進展和成果令人失望。考察當日就發現一些廢料被堆放在荒地上。十多年過去，榕樹澳的保育工作沒有丁點成效，政府還竟然繼續等待「有心人」提出保育計劃，這還算得上是「須優先」加強保育的地點嗎？政府擁有榕樹澳近半的土地，既然甚具生態價值，政府又何不主動推行保育？政策剛推出時，公眾還期望可為香港的自然保育政策加注新動力；今天，祈求在毫無保育措施下，當地的自然環境能保持現況也只是奢求。

村落至海岸之間的大片土地被規劃為綠化地帶。

榕樹澳的其中一片荒地

榕樹澳紅樹林

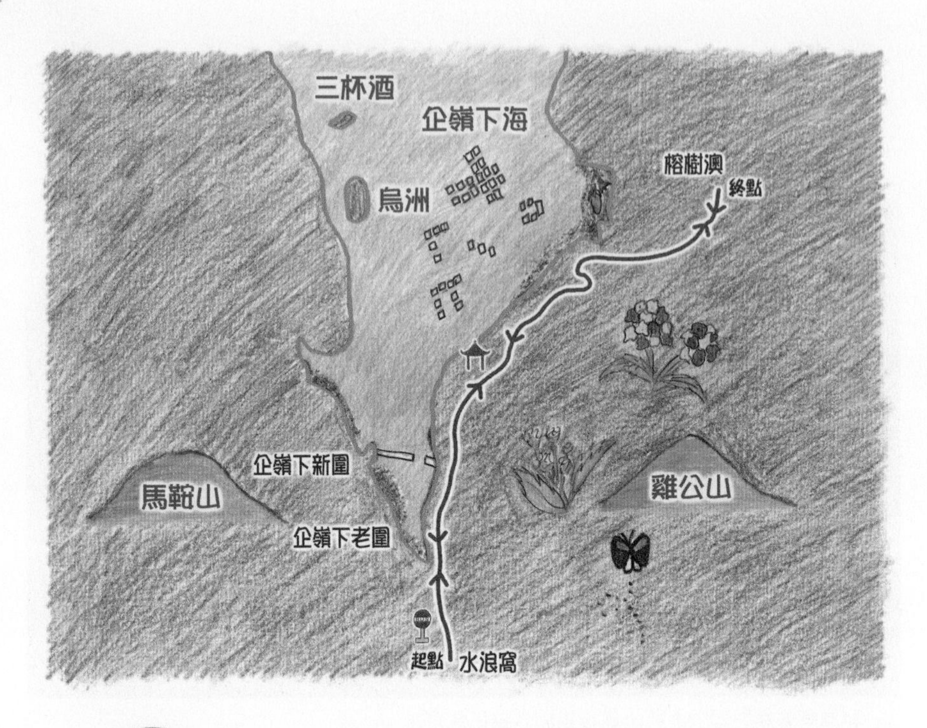

旅程資料

位置	行程需時	行程距離
西貢西北	2.5 小時	8.5 公里

主題　環境保育與發展

路線　水浪窩 ▶ 榕樹澳 ▶ 沿路回程

前往方法　乘 99、99R 或 299X 號巴士，在水浪窩站下車。

注意事項　車路是單線雙程行車，行走時要加倍小心。

生態價值指數	文化價值指數	難度	風景吸引度
★★★★	★	★★	★★★

1. 沿路所見的植物是人工種植的嗎？
2. 蜜源植物除了可吸引蝴蝶外，還可吸引什麼昆蟲？
3. 紅樹林在什麼地方生長？

榕樹澳在二〇〇四年年底被列為其中一個優先保育地點，可惜當年的保育政策雷聲大雨點小，事隔多年，很多保育地點仍然未有任何明確的發展方向，官方和民間皆未有重視。多年間，政府曾接獲一宗發展榕樹澳的申請，可是由於發展計劃未有周詳考慮環境、原居民等方面的利益，申請最終未獲支持。事實上過去十多年，十二個地點中，政府只接獲寥寥可數的申請，當中大部分都因為倡議者欠缺經驗，或計劃不周等種種原因而遭否決。至今，只有塱原、鳳園、米埔和后海灣濕地成功由非政府組織（non-governmental organization）進行保育計劃。看來政府希望私營機構參與保育的如意算盤還是不容易打響。

自然保育的出路

經過多年推行，「新自然保育政策」已經不再新鮮，公眾對這保育政策的成效亦有了評價。當年的「新自然保育政策」曾給予公眾很大的期望，當時制訂這政策的目標是什麼？今天再看，有多少目標已經達到？迫在眉睫的保育問題，是否有效得以處理？你認為政府在推行保育政策時，需要考慮什麼因素？當中涉及什麼持份者？他們當中存有利益衝突嗎？漁護署網頁載有立法會環境事務委員會的公開文件，可提供一些關於「新自然保育政策」的消息。不少鄉郊土地在規劃發展的階段已遭受不同形式的破壞，「新自然保育政策」又可以防止這些問題出現嗎？

榕樹澳 ▸▸▸深涌

規管漏洞的受害者

深涌原是一個充滿珍貴動植物的地方，但十多年的發展令它今天只剩下一片人工草地，生態價值已大不如前。若已經到了榕樹澳，何不多走一段路，探訪它那位飽經風霜的兄弟？

網脈蜻．呂宋灰蜻

▲▲ 網脈蜻

前往榕樹澳的方法及沿路的生態考察點可參考〈水浪窩—榕樹澳〉一文。穿過榕樹澳村後，轉入小路，感覺與前段大不相同：沒有汽車，兩旁只有青蔥的植物。這些植物生長在一片片由荒廢農地所形成的淡水濕地（freshwater wetland）上。記得〈水浪窩—榕樹澳〉一文談過環境與動植物的關係嗎？你又期待在這兒找到什麼昆蟲？在這裡，有呈鮮紅色的網脈蜻（*Neurothemis fulvia*, Russet Percher）。趁牠停留時，細心留意翅端位置，你會發現牠的翅端是透明的，只見到如葉脈般的網脈。看看另一邊，又見到鮮藍色的呂宋灰蜻（*Orthetrum luzonicum*, Marsh Skimmer）。說到蜻蜓，有沒有想過牠們以什麼為食糧？

呂宋灰蜻

榕樹澳前往深涌的小徑

答案就在這隻呂宋灰蜻找到。這天也挺幸運，可以親眼看到呂宋灰蜻捕食的情況。呂宋灰蜻正在與一隻蟬（Cicada）搏鬥，有時還一邊搏鬥一邊飛行。要見到這麼難得的情景，除了運氣，還要配合敏銳的觀察力。蜻蜓還有一個習性，就是飛走以後，多會返回原地。只要好好利用牠的習性，你也可以近距離細看蜻蜓。

紅樹林

來到臨海地方，剛好遇上退潮，可以清楚看見海邊的紅樹林。這兒的紅樹林較少受人為騷擾，生長情況頗佳。事實上，這片紅樹林，再加上附近的林地（woodland）和淡水濕地，將榕樹澳孕育成一個珍貴的生態寶庫，同時也使它得以列入漁護署的「須優先加強保育地點」名單中。就觀察所得，這裡的紅樹林主要有木欖和桐花樹。你懂得怎樣分辨它們嗎？

榕樹澳紅樹林

木欖

▲▲ 海邊的紅樹林和濕地

水上活動

企嶺下海除了是一個海魚養殖場外，近年也成了水上活動的好地方。企嶺下海是一個海灣，三面環山，加上面對船灣，風浪不大，適合進行「香蕉船」、「花式滑水」等刺激玩意。不過，玩樂背後，這些水上活動也有機會對海洋生態造成影響。船隻高速地行駛會嚇走魚類；船隻所使用的燃油和機油亦可能引起海水和空氣污染；噪音亦會打擾在岸上築巢生活的雀鳥。不過，

在平衡康樂活動與環境保護時，只要前者能做好防禦措施及避免接近高生態價值地區，水上活動還是可以配合環境去發展的。透過規劃戶外康樂活動，參加者甚至可以從中認識大自然，有助自然保育的發展。

花式滑水

大自然中的受害者

經過一個碼頭便來到深涌。深涌並未劃入郊野公園，原因是規劃郊野公園時，深涌已有居民聚居和進行農業活動。不過這種安排卻埋下了日後問題的伏線。隨著城市發展，深涌農民都放棄農耕工作，農地荒廢後成了淡水濕地。當時望向山邊的地方盡是大片綠油油的濕地，當中也培育了無數動植物，包括香港獨有的香港鬥魚（*Macropodus hongkongensis*, Hong Kong Paradise fish）和二〇〇二年首次發現的芒鰕虎魚（*Mangarinus waterousi*）。深涌平緩臨海的區位優勢（locational advantage）吸引了發展商垂青，他們買下深涌的土地，希望發展為高爾夫球場。一九九八年，深涌被租借予團體進行耕作活動，原有的農地和魚塘被平整。一九九九年，該處植上今天所見的大片草皮，整個地方失去了自然氣息，而物種數量（生物多樣性）也大為減少。

香港鬥魚
（*Macropodus hongkongensis*,
Hong Kong Paradise fish）

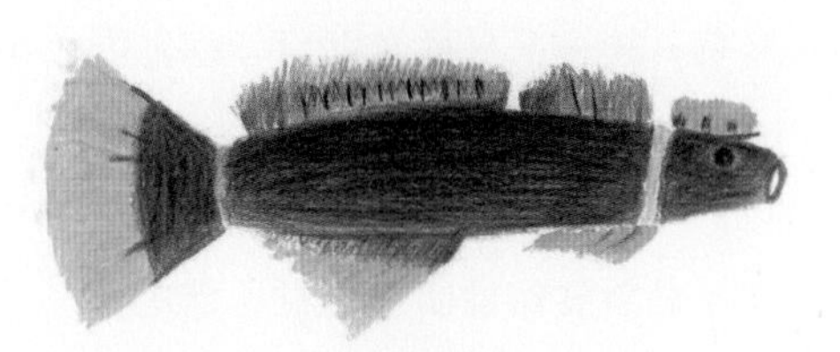

芒鰕虎魚
（*Mangarinus waterousi*）

香港鬥魚和芒鰕虎魚

沿小路前進，路的一邊是天然植被，另一邊是草地。做個簡單觀察，試比較兩邊動物數量。你也許會留意到蝴蝶、蜻蜓和其他動物多在原生植物那邊出現。根據這方法，想必知道哪一種生境較適合動物生存吧！

▲▲ 天然植被和草地的對比

計算植物數量

要計算植物數量，只要一個樣方（quadrat）就行了。樣方的製作方法非常簡單，先找四條長度一樣的條子，例如是塑膠條或木條，然後把條子連接起來，成一正方框架即可。樣方的大小視乎研究而定，一般都是十厘米乘十厘米，或一米乘一米。

假設要數算研究地點（例如是一片草地）內某植物品種的數量，只要把樣方放置在選好的位置上，並點算樣方內該物種的數量，再把該數量跟樣方大小與研究地點面積按比例推算便可。

如研究規模許可，應把同樣的取樣程序在同一地點但不同位置上進行，例如是草地上的不同位置，以求增加取樣數量，令推算的結果更加準確。

為什麼法例會容許一片土地由生機處處發展到今天這景況？其實深涌正是監管不足下的受害者。無論是數十年前的農村耕作，抑或是九十年代末的植草，它們均被視為耕作活動，並沒有違反城市規劃委員會（Town Planning Board）為該片土地定下的農業用途；《城市規劃條例》（Town Planning Ordinance）也容許農地上作有限度填土。有人在深涌植草的事經環保人士及傳媒大力報道後，發展才停頓下來。二〇〇四年十一月，政府落實了「新自然保育政策」，深涌被列為其中一個「須優先加強保育地點」。不過到了今天，深涌仍然是那片毫無生機的草地。究竟我們還可以單靠法例和政策去保護環境嗎？要記著，我們要保護的不只是一個地方，而是當地那些天天受著威脅的自然生命啊！

深涌的草地

原生植物與草地的對比

草地旁剩下的兩棵鬯蕨

建築物所在土地及其兩旁被規劃作鄉村式發展土地，前方的池塘及草地則被劃作農業用途。

昔日的菜棚

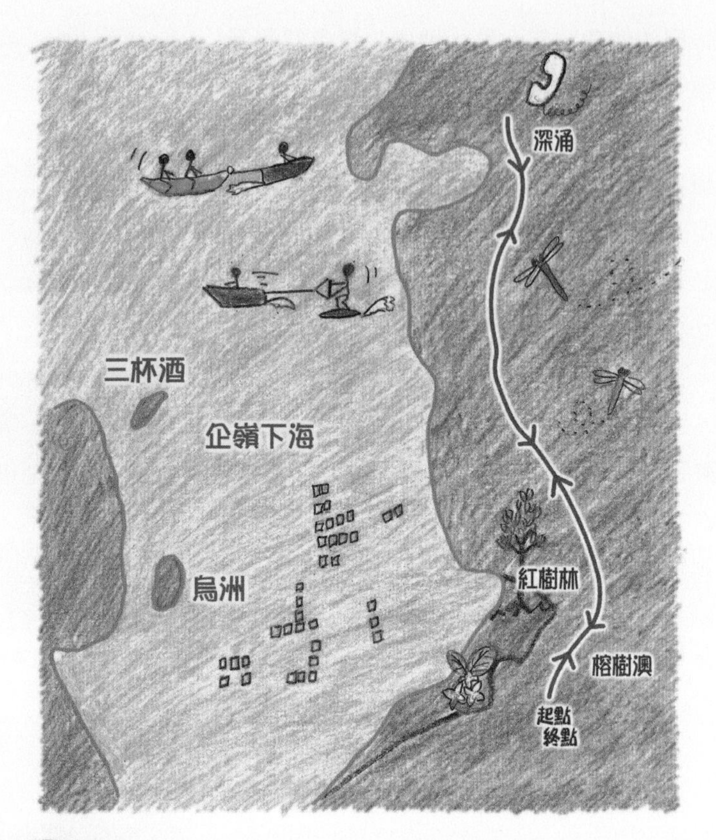

旅程資料

位置	行程需時	行程距離
西貢西北	2 小時	6.5 公里

主題　環境保育

路線　榕樹澳 ▶ 深涌 ▶ 沿路回程

前往方法　乘 99、99R 或 299X 號巴士，在水浪窩站下車，再步行往榕樹澳；或於馬料水碼頭乘船直接前往深涌。

生態價值指數	文化價值指數	難度	風景吸引度
★★★	★★	★	★★

考考你

1. 當蜻蜓停留時，牠們在做什麼？
2. 為什麼大部分動物都不愛在草地上生活？
3. 除立法外，還有什麼方法可監察鄉郊土地的發展？邀請民間團體協助又可行嗎？

延伸思考

到訪深涌，細心觀察草地上的設施。植草是為了什麼？這反映了《城市規劃條例》有什麼不足？規劃署城市規劃委員會設有「法定規劃綜合網站」，可查看法定圖則，了解香港的土地規劃。不過一面控訴發展破壞自然環境的同時，你知道村民的苦況嗎？透過發展土地，村民才可得到行車道等市區居民認為理所當然的基本設施。在平衡村民利益和環境保育時，發展高爾夫球場是最好的選擇嗎？

高爾夫球場的分佈和生態影響

香港近年興起高爾夫球運動，康樂文化事務署在屯門亦設有高爾夫球練習場，向公眾推廣這項運動。試利用地理資訊系統（geographic information system, GIS）或地圖，把香港的公共和商業高爾夫球場的位置標出來。你留意到它們的位置有一定的分佈模式嗎？高爾夫球場多數在哪裡出現？它們的平均面積有多大？附近的人文、自然環境又怎樣？試了解高爾夫球場的興建和運作情況，興建高爾夫球場牽涉到什麼工程？草被是怎樣種植的？護理草被的過程對生態系統會構成影響嗎？

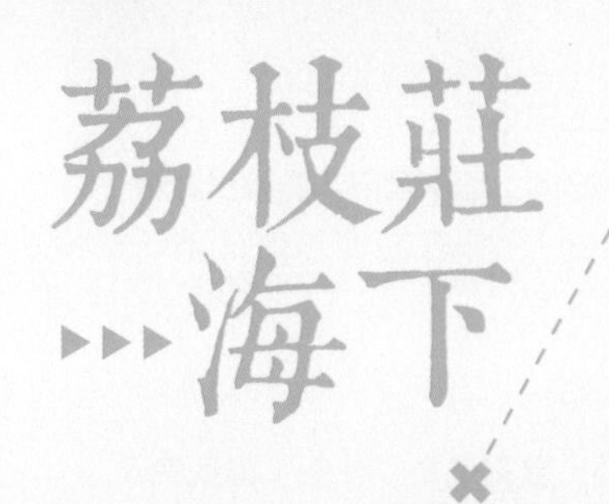

荔枝莊▸▸▸海下

典型的客家村莊

從馬料水碼頭乘船出發，沿吐露港和赤門海峽往東北走，左面是大埔和馬屎洲，右面是馬鞍山。再走遠一點，望向左方就看到船灣淡水湖了。

不一樣的沉積岩

赤門海峽是一條重要航道，由馬料水前往外島時大多數會經過。為防止不法活動，警方在赤門海峽設了水上檢查站。不過，這次我們的船並不會走到這麼遠，只會沿西貢半島的西面航行。

離開荔枝莊碼頭，一路上見到不少紅樹和類紅樹，包括了海漆、秋茄、老鼠簕（*Acanthus ilicifolius,* Spiny Bears Breech）、海杧果等。在碼

頭一帶，可以輕易找到紅色的石頭。對地質稍有認識的讀者，也許已經可以說出這些是沉積岩（sedimentary rock）。

荔枝莊是地理考察熱點，原因是它擁有年代久遠的沉積岩，那兒曾發現有蕨類印痕（imprint）的化石。除此之外，同樣是地理考察熱點的馬屎洲和東平洲也一樣有沉積岩（見《綠色香港——生態欣賞與認識》（增訂版）一書）。表面上，三個地點的岩石只是顏色有別，不過從地質學（geology）上分析，三者的形成時期並不一樣。根據在沉積岩中發現的化石（fossil）分析，我們大約知道馬屎洲上的岩石在二疊紀（Permian）形成，有二億八千萬年的歷史；荔枝莊的岩石則在侏羅紀（Jurassic，即一億七千萬年前）形成；東平洲的粉砂岩（siltstone）則在五千五百萬年前的第三紀（Tertiary）形成，算是三者中最年輕的。

老鼠簕

海杧果

秋茄

河水中的搬運物在河口向外擴散、沉積，形成泥灘和紅樹林。

<table>
<tr><th>元（Eon）</th><th>代（Era）</th><th>紀（Period）</th><th>開始年份
（百萬年前）</th></tr>
<tr><td rowspan="12">顯生宙
（Phanerozoic）</td><td rowspan="2">新生代
（Cenozoic）</td><td>第四紀（Quaternary）</td><td>1.8</td></tr>
<tr><td>第三紀（Tertiary）</td><td>65.5</td></tr>
<tr><td rowspan="3">中生代
（Mesozoic）</td><td>白堊紀（Cretaceous）</td><td>142</td></tr>
<tr><td>侏羅紀（Jurassic）</td><td>205</td></tr>
<tr><td>三疊紀（Triassic）</td><td>250</td></tr>
<tr><td rowspan="7">古生代
（Paleozoic）</td><td>二疊紀（Permian）</td><td>292</td></tr>
<tr><td>石炭紀（Carboniferous）</td><td>354</td></tr>
<tr><td>泥盆紀（Devonian）</td><td>417</td></tr>
<tr><td>志留紀（Silurian）</td><td>440</td></tr>
<tr><td>奧陶紀（Ordovician）</td><td>495</td></tr>
<tr><td>寒武紀（Cambrian）</td><td>545</td></tr>
<tr><td colspan="3">元古宙（Proterozoic）</td><td>2500</td></tr>
<tr><td colspan="3">太古宙（Archean）</td><td>3800</td></tr>
<tr><td colspan="3">冥古宙（Hadean）</td><td>4600</td></tr>
</table>

地質時代表

沉積岩

海岸上的植物

典型客家村

荔枝莊是一條典型客家村落，房子依山而建，背靠風水林（*fungshui* woods），面向沿海的農田（見《綠色香港——生態欣賞與認識》（增訂版））。河道旁就有一片約一公頃的荒廢農田。農田上已經沒有農作物，只剩下約二十頭牛在這裡休息。相信牠們當中較年長的也曾在這農田上工作過吧！走上斜坡，有數幢房屋座落在約二十米高的山腳位置，這些村屋就是從前農民居住的地方。農民們每天清早走到河道旁的農田上幹活，有時還需要把農作物以水路運送到大埔墟出售。我們走上這段長長的斜坡也有點吃力，但農民每天也這樣的來回農田和居所，為什麼他們不把房屋建在農田旁呢？

村落背後的風水林

荔枝莊位處海邊，受潮汐漲退影響，農田旁的河道亦有機會出現氾濫，若把居所建在農田附近，雖方便耕作，但亦容易受到潮水和洪水威脅；把居所建在較高位置，空氣流通，景觀也較好。單是建造居所的位置，亦可反映昔日農民配合大自然的傳統智慧。從這方面看，風水也可以視為中國人在環境科學領域的結晶。

▲▲ 荒廢的農田　　▲▲ 回望海灣

V 形缺口堰

沿路上山，經過南山洞後，在左面的河道見到一個特別的 V 形裝置，在裝置的右後方還可以見到一把刻度尺。原來這個裝置叫「V 形缺口堰」（V-notch weir），是量度水文數據的一種工具。它的運作原理是透過河道的橫切面面積（cross-sectional area）和河水深度，計算河道的流量（discharge）。香港其他接近水務設施的河道都有機會找到這類裝置。

原有的大門被封。

估計金屬蓋下是昔日的井。

V 形缺口堰

定時觀測法．定點觀測法

進入白沙澳村，過了房子後也有一大片土地。記得深涌也有類似的景象嗎（見〈榕樹澳－深涌〉一文）？幸而，這片土地沒有被平整供康樂設施之用。生態旅遊時，我們可以用兩個方法進行考察，分別是「定時觀測法」和「定點觀測法」。在定時觀測上，我們關注的是在同一時期，某物種的空間分佈（spatial distribution），例如我們可以考究一下二〇〇七年海下灣紅樹分佈與海水質素的關係。至於定點觀測，要考慮的是同一地點的時間轉變（temporal change）。例如比較一下三十年代荔枝莊的植物群落與今天的分別。

地圖和航空照片／衛星圖片的優劣

地圖（map）、航空照片（aerial photograph）和衛星圖片（satellite photograph）都是重要的考察資源，讓我們了解過去的環境。地圖容易取得，只需簡單的學習即可使用。地圖把立體的現實世界簡化為二維平面，資料經篩選後再用符號表達，清晰易明。

如果希望了解真實景況，例如農田的耕作情況、魚排數量或土地利用，便需用上航空照片和衛星圖片。它們提供真實而立體的視角，更重要是它們鉅細無遺的把所有現實細節拍下來，為研究提供線索。航空照片和衛星圖片的後期製作工序較少，其更新速度因而較傳統地圖為快。大型災難後，甚至可以即時拍攝航空照片和衛星圖片，協助救援人員規劃救災。不過，航空照片和衛星圖片缺乏標註，不像地圖般容易詮釋，須要花時間學習箇中技巧。

利用「定時觀測法」與「定點觀測法」有助我們發掘更多資訊。生態旅遊時，不要只顧觀察眼前所見，更要考慮過去的情況和未來的發展。若能把兩種方法綜合使用，更可以建構出一個立體框架，對地方發展有更清楚的了解。下次不妨試試這兩個觀測方法，設定考察專題，說不定會有重大發現呢！

離開白沙澳，可左轉沿海下路到海下考察（見《綠色香港──生態欣賞與認識》（增訂版）。

海下灣

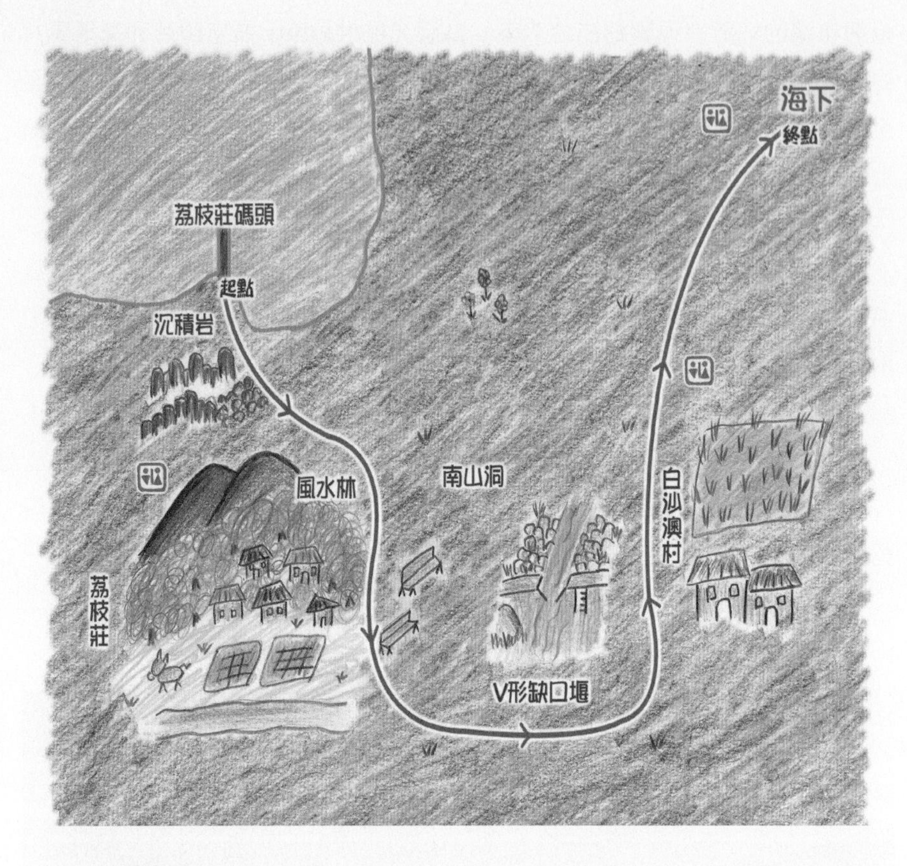

旅程資料

位置	行程需時	行程距離
西貢西北	2 小時	4.8 公里

主題　環境觀測

路線　荔枝莊 ▶ 南山洞 ▶ 白沙澳 ▶ 海下

前往方法　前往荔枝莊，可於馬料水碼頭乘船，或於深涌經蛇石坳步行前往。

生態價值指數	文化價值指數	難度	風景吸引度
★★★★	★★	★	★★★

1. 荔枝莊的類紅樹有哪幾個品種？
2. 中國人還有什麼傳統智慧以求與大自然和平共處？
3. 白沙澳有什麼優勢吸引居民入住？

香港聯合國教科文組織世界地質公園（Hong Kong UNESCO Global Geopark）於二〇〇九年十一月成立，分為兩個園區（新界東北沉積岩園區、西貢火山岩園區）、八個景區，面積近五十平方公里。遊人可循水陸兩路考察和欣賞各種岩石及其相關景觀。其遊客中心設於西貢蕉坑，一些景區亦設有地質教育中心，供遊人參觀。

香港聯合國教科文組織世界地質公園

香港聯合國教科文組織世界地質公園的成立目的是什麼？荔枝莊可以找到哪些岩石？它們反映了哪一段的香港地質史？香港最古老的岩石有四億年歷史，最年輕的也有五千五百萬年，荔枝莊的岩石算是年輕嗎？環顧荔枝莊的設施，並仔細觀察當地的岩石分佈，荔枝莊適合進一步發展以配合地質教育的推廣嗎？香港聯合國教科文組織世界地質公園的網頁載有荔枝莊的地質資料，可供參考。

第三章

長途路線

梧桐寨

飛流直下的世外桃源

梧桐寨位於大帽山郊野公園，擁有全港最長的瀑布，主瀑長三十六米。這瀑布也因為位於林村鄉而稱為林村瀑布。梧桐寨交通方便，加上擁有明顯的瀑布特徵，是考察瀑布生態的最佳地點。

梧桐寨村

從車上也能清楚看到梧桐寨村口豎立了一個大大的路牌，一踏上前往村子的蜿蜒小徑，城市的煩囂便被拋諸腦後了。長長的小徑兩旁種植了一些果樹，還有一片片打理得井然有序的菜田。沿著小徑走十多分鐘，便到達梧桐寨村。

梧桐寨村是林村鄉其中一條村落。林村鄉歷史悠久，始於宋代，距今已有七百多年歷史。提起林村，最為人熟悉的要算是許願樹了。以前大家都爭相把寶牒拋到樹上，不過，自二〇〇五年許願樹倒塌事件後，社會大眾終於醒覺許願樹已瀕臨垂死邊緣。由於樹上累積了多年的寶牒，而且下雨後紙製的寶牒吸收了不少雨水，增加了許願樹的負擔；連繫著寶牒的橙在樹上腐爛後又惹來不少昆蟲；同時，也有不少信眾在樹底拜祭，偶然發生小火波及許願樹（見〈林村〉一文）。單是一個簡單的拋寶牒、祭樹木過程，就引發了嚴重的破壞。保存文化傳統固然重要，但若只顧文化而忽略了樹木保育，最後只會落得悲劇結局。文化傳承和保育環境如何取得平衡，值得大家仔細思量。

蜿蜒的小徑

通往瀑布的路

蕉

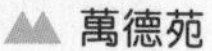

萬德苑

萬德苑

穿過村間小徑，離開梧桐寨村，向山上進發。沿途風光明媚，可見到竹、桃、樟、杉等，山路的左邊還可見到水清見底的山川小澗。不久便來到萬德苑，這座道觀於一九七二年建立。道教追求人和自然環境和諧共存的關係，偌大的一座道觀建在山林之中，不但沒有破壞大自然的寧靜和諧，反而與山林相映成趣，融為一體。據說此道觀初建的時候，所需材料都是靠人力搬運上山，這種反璞歸真的態度在現今社會已極為罕見。

中國以農立國，大自然影響著收成與生計，所以自古以來中國人都追求天人合一，希望與大自然融和共處。中國文化中有不少環境保育的概念，例如孟子就有「斧斤以時入山林，林木不可勝用也」之說。這概念在今天闡釋，就是可持續發展。你可以把其他中國的文化思想與今天的保育概念連在一起嗎？

井底瀑

離開萬德苑不遠，隱約聽到隆隆聲響。再走約半個小時，便到了第一個瀑布──井底瀑。沿著梯級往下走，一股清涼的感覺撲面而來。往上看，瀑布被黑壓壓的岩石包圍著，光線從上面照下來，就如井口一般。即使烈日當空，

▲▲ 樹上的巢蕨

▲▲ 井底瀑

「井底」仍是陰暗潮濕。井底瀑是三段瀑布中最短的一段，但其跌水潭卻是三者中最大的。由於環境潮濕，井底瀑潮濕的岩石上長滿了苔蘚（moss）和蕨類，就連樹上都寄生了喜愛高濕度環境的巢蕨（*Neottopteris nidus*, Bird-nest Fern）。至於河道旁，還有機會找到香港瘰螈（*Paramesotriton hongkongensis*, Hong Kong Newt）這種以香港命名的兩棲類動物呢！

▲▲ 香港瘰螈

瀑布的形成

瀑布在地質學上稱為跌水。控制瀑布規模的因素以高度落差和流水量最有決定性。瀑布的形成主要有兩種，一是由於軟硬不一的岩石層（見《綠色香港——生態欣賞與認識》（增訂版）一書）；二是由於地殼運動造成斷層橫跨河道，使河床兩端出現高度落差。後者正是梧桐寨的瀑布的形式過程。要在現場找出瀑布形成原因的蛛絲馬跡，必須細心考察岩石有否出現斷層，以及瀑頂和瀑底的岩石種類等。不過研究瀑布的形成還要綜合許多其他的地質因素，需要大膽假設、小心求證。有時候基於現場環境的局限，還需要在考察後依靠地質報告等資料作判斷呢！土木工程拓展署（Civil Engineering and Development Department）有大量地質調查報告可作參考。

河道剖面面積

除斜率、流速以外，河道剖面面積（channel cross-sectional area）亦是一個河道特徵的重要指標。

要量度剖面面積不太難，但要花點時間。選好量度位置後，先把拉尺橫跨河道，並加以固定，形成一條樣線（transect）。利用直尺（ruler）沿樣線量度河道不同位置的深度。量度位置的間隔距離宜相等，以求達致有系統的取樣。間隔距離多寡，取決於時間和精確度：量度間隔越是密集，精確度越高，但所花的時間亦越長。以一般探究活動來說，每五十厘米作一次取樣量度已足夠。

搜集數據後，把數據繪製在方格紙（graph paper）上，形成一剖面圖，再計算剖面圖的面積，便可得出該河道的剖面面積。

河道剖面的面積與河水的流量、能量和河道效率有很大關連。流量是指河水於每一秒時間內通過的某一剖面的水量，單位通常是立方米／秒（m^3/s），以算式表達為：

流量 = 河道剖面面積 x 流速

只要知道河道剖面面積和流速，便可算出該河道位置的流量。流量與河水能量有直接關係：流量越高，河水能量越高，可以把河道中體積更大的沙石沉積物帶走。極端如洪水時，流量甚至大得可以把橋墩、建築物等破壞。

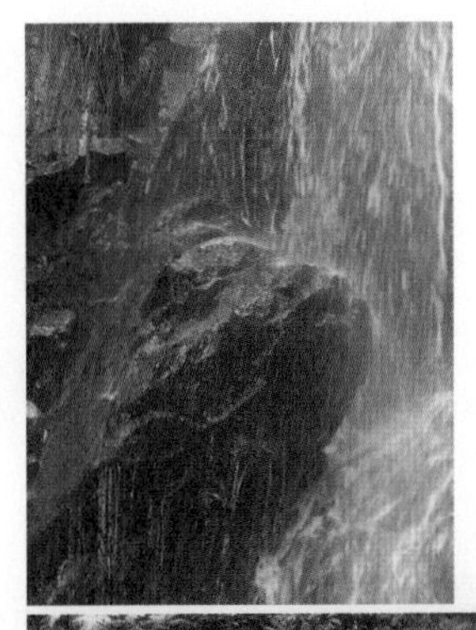

蜻蜓與豆娘

中瀑（馬尾瀑）與井底瀑相距極近，只需數分鐘路程，不過兩者給人的感覺是截然不同的。中瀑潭水清澈，除了魚兒和蝴蝶，還有總是被人們錯認的兩兄弟──蜻蜓和豆娘。

苔

中瀑

呂宋灰蜻

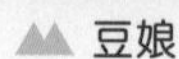

豆娘

這是什麼？

蜻蜓與豆娘均屬於蜻蜓目（Odonata），牠們喜歡在有溪流的地方生活，兩者都有許多品種，顏色繽紛，令人眼花撩亂。不過細心一看，要分辨牠們也不是難事。蜻蜓體形較強壯，豆娘較為細小；蜻蜓的眼睛連在一起，豆娘的則有些距離，像啞鈴一樣；休息的時候，蜻蜓雙翅張開，豆娘通常都閉合雙翅。蜻蜓和豆娘的拍翼和飛行方式各有不同，生活方式亦相當有趣，這些不同之處留待大家親自觀察和發掘吧！

牠呢？

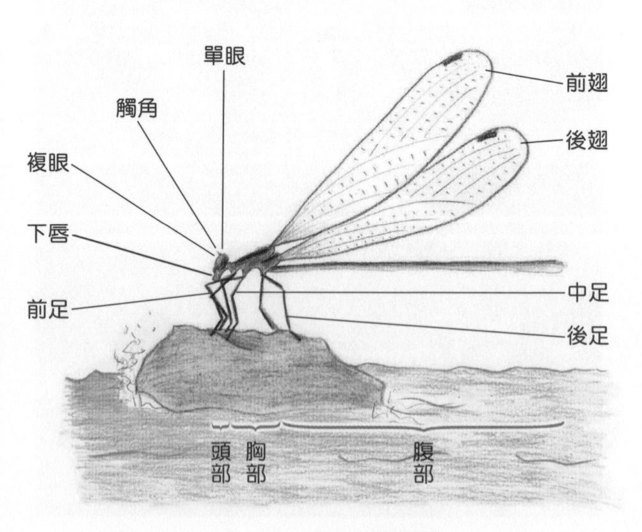

豆娘身體結構

主瀑·散髮瀑

主瀑高三十六米，是香港最長的瀑布。抬頭仰望，不禁令人低吟李白的《望廬山瀑布》：「飛流直下三千尺，疑是銀河落九天。」瀑布附近的生態環境與河道下游有所不同：瀑布以至河道上游河水湍急，水中含氧量較高，魚類的腮部（gill）較為細小；上游河床崎嶇不平、水體較小，魚類體積一般也較細小，以便在狹小空間中游走和匿藏於石塊之間。生態與環境之間的關係微妙多變，一般的分類只能粗略地作出區別。從河道生態的例子來看，即使是同一條河道，上下游生態也大有不同；類似的近地差異也見於海岸生態系統與海邊的岩池（rockpool）生態系統（見《綠色香港──生態欣賞與認識》（增訂版）一書）。

跌水潭

散髮瀑

主瀑的瀑頂

主瀑

旅程資料

位置	行程需時	行程距離
新界中	4 小時	4.5 公里

主題　瀑布

路線　梧桐寨村 ▶ 萬德苑 ▶ 井底瀑 ▶ 中瀑 ▶ 主瀑 ▶ 散髮瀑 ▶ 沿路回程

前往方法　於大埔或太和港鐵站乘搭 25K 小巴前往，於梧桐寨村口下車；或於大埔乘搭 64K 巴士前往。

注意事項　考察時必須注意安全；雨後數天不宜前往。

生態價值指數	文化價值指數	難度	風景吸引度
★★★★	★★	★★★	★★★★★

1. 除了郊野的樹林外，市區樹林也需要保護。現時香港的樹木主要受到什麼威脅？
2. 蜻蜓和豆娘還有什麼分別？
3. 為何蜻蜓與豆娘總愛在溪澗出現？

梧桐寨擁有全港最長的瀑布，其水源自大帽山東北面山麓，河水沿林村河流入林村谷，途經大埔，流入吐露港。梧桐寨一帶市區發展不多，仍然以農業為主要經濟活動，所以吸引了不少陸鳥在該處棲息。香港觀鳥會在二〇一〇年底公佈了一個為期兩年的陸鳥物種調查，指出梧桐寨的陸鳥品種多達一百二十七種，是六個調查地點（包括米埔）中陸鳥品種多樣性最高的地方，佔全港鳥類品種數量四分一。

梧桐寨的陸鳥物種多樣性

考察梧桐寨一帶的生態環境，有什麼原因令梧桐寨成為香港的雀鳥天堂？試從地勢、水源、食物來源和生境多樣性（habitat diversity）方面分析。除此以外，還有什麼其他原因？從地圖上宏觀地了解梧桐寨的位置，梧桐寨周邊環境與該處的物種多樣性有關連嗎？這對城市規劃有什麼啟示？香港觀鳥會的調查數據可作參考。

香港瀑布的分佈和形成

香港的瀑布多分佈在哪些地方？它們的位置又多在河道的哪一段？瀑布四周的地勢有什麼共同之處？為什麼？綜合地質圖的資料，你發現地質與瀑布有什麼關聯嗎？在分析時，不忘考慮岩石的抗蝕力對瀑布的影響。不同岩層排列的方法會影響瀑布的形成嗎？此探究可與新娘潭自然教育徑的題目綜合。地質圖在地政總署測繪處有售。

釣魚翁

香港三尖之一

▲ 釣魚翁郊遊徑起點

「香港三尖」是指西貢的釣魚翁、蚺蛇尖和新界西北的青山。釣魚翁位於清水灣半島，是三尖之中最接近市區的一個。

越野單車徑

五塊田是釣魚翁郊遊徑的起點，這裡亦是越野單車徑（mountain biking trail）的起點。香港共有十條越野單車徑，分別位於清水灣、西貢西、

越野單車徑標誌

郊遊徑與越野單車徑交界

石澳、大欖及南大嶼郊野公園內，市民須向漁護署申請許可證才可在指定路段進行越野單車運動。因應這種運動的限制，單車徑多設在沿海地區或地勢上落差異不太大的地方。單車徑的設立正好鼓勵市民多作郊野運動，但也衍生了使用衝突。為此，單車徑多不會設在熱門郊遊地點；五塊田這裡部分路段甚至與遠足徑分隔，並且不適用於公眾假期。

近郊化

沿石階緩緩往上爬數十分鐘，你會發現自己身處城市與郊區的接壤地帶。左方為檳榔灣、龍蝦灣和牛尾洲，右方則為將軍澳新市鎮。看著簇新的高樓，必能深深感受到城市的急速發展。縱使圍繞釣魚翁郊遊徑的地方已被劃為清水灣郊野公園，受《郊野公園條例》保護，但看到城郊之間只在咫尺，難免有點唏噓。這樣

牛尾洲

的情況正正是因為香港地理上的局限，土地供應不足，城市發展時別無他選，只好把近郊（suburb）地區也發展起來。這種近郊化過程使城市和郊區之間的分隔變得模糊。城市發展的同時，也衍生了廢物。二〇一〇年底政府建議徵用清水灣郊野公園的五公頃土地，用來擴建將軍澳堆填區。有幸有不幸，最後郊野公園雖得以保存，但廢物問題仍然沒法解決。

小山頭的後方便是將軍澳新市鎮

半邊樹

這棵「半邊樹」樹形奇特，是不是一些欠缺公德心的人把一邊的枝葉削去呢？其實誰也不是「幕後黑手」，這種樹木也不是什麼新品種。在這裡，樹木經年受來自東南方的強風直接吹打破壞，成了「半邊樹」。

植被、地貌（geomorphology）及環境息息相關。釣魚翁郊遊徑位於將軍澳東南方，沿路可看到大大小小的海灣。香港東面海域與太平洋（Pacific Ocean）相連，沿途沒有海島阻隔，風經過海面時所受到的磨擦較陸地少，風速也較快。臨海山坡長年累月面迎海風，植物幼苗容易折斷；強風增加蒸發率（evaporation rate），植被生長環境更形惡劣，故此較為稀疏。這一帶海岸所受的吹程（即海浪抵岸前所經過的無障礙距離）也很長，逾七百公里，故海浪的侵蝕力強勁，屬破壞性海浪（destructive wave），所以海岸線（shoreline）曲折多彎；沿岸岩石在侵蝕下掉入海中，形成一系列的懸崖峭壁。看看地圖，你在香港東面容易找到泥灘嗎？

相思灣

量度樹木高度

要量化樹木的成長情況，分析環境對植物生長的影響，可以用樹高和胸徑作指標。

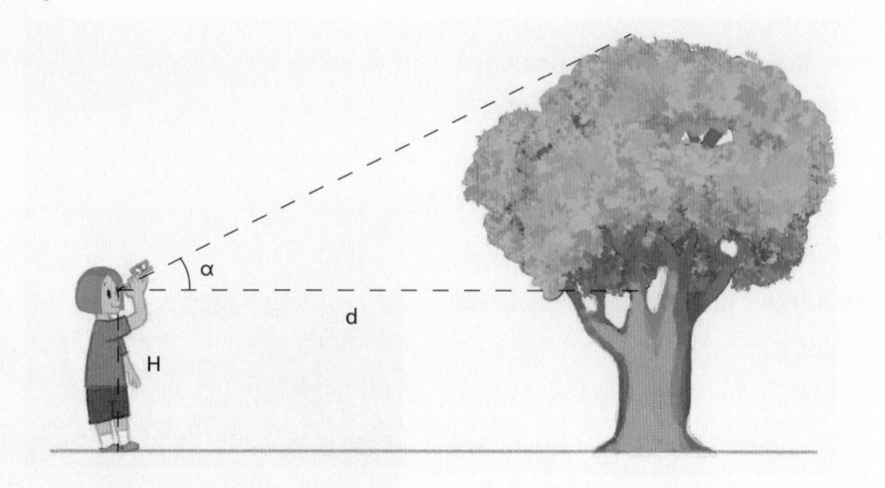

計算樹高只需要一個手水準儀（或測斜儀）和一把拉尺便可。首先，在樹木的不遠處找一個安全而又跟樹處於同一地面水平的觀測點。用拉尺找出觀測點跟樹的距離（d），以及觀察者眼睛至地面的高度（H）。之後，再利用手水準儀計算從觀測點至樹頂的仰角（α）。準備好數據後，利用這算式計算，便可得知樹高：

$$樹高 = H + (d \times \tan \alpha)$$

以上的方法簡單易用。但留意由於三角函數正切特質的關係，如果觀測距離跟樹木太近，即仰角越高，所得之結果便有較大誤差。故此，最理想的觀測距離是與樹高呈 1:1 之比例：假如樹約高十米，觀測距離應與此相約。這樣仰角便會接近四十五度，所得之結果亦會較為準確。

胸徑

胸徑（diameter at breath height, DBH）亦是一個用作量化樹木成長情況的常用指標。顧名思義，胸徑是指在胸部高度所量度的樹幹直徑。

每個人的身高都不同，所以精確量度時胸徑是指樹幹離地面一點三米高的地方。利用拉尺在此高度量度樹幹的圓周，再利用以下算式，便可得知胸徑：

胸徑 ＝ 圓周／ π

遇上樹木胸徑位置出現分枝，應改為量度分枝下的主幹直徑；如胸徑位置長有沿主幹而生的板根（buttress root），則應量度板根以上的主幹直徑。

樹高與胸徑反映植物的生長情況。當然，要比較兩片叢林時，不必把叢林所有植物也量度一次。只要配合適當的取樣方法，便可以得出具代表性的數據作比較（見〈大棠〉一文）。

擦身而過釣魚翁

沿途不時出現分岔路，它們都是多年來登釣魚翁的行山人士走出來的山路，並非正式由漁護署劃定的遠足路徑。要走釣魚翁郊遊徑，大致上循著靠右的路徑，在廟仔墩及釣魚翁山腰往南走便可，不用登上釣魚翁。釣魚翁獨一無二的尖削

▲▲ 繞過釣魚翁之後的路口交界

▲▲ 清水灣

山形令人從遠處也能輕易辨認出來，故行山人士將它與西貢的蚺蛇尖，以及新界西北的青山合稱為「香港三尖」。

海邊的堆填區

繞過釣魚翁，到達路口交界，左轉可返回近大坳門的清水灣道；繼續前走便開始後半段的釣魚翁郊遊徑。在樹蔭下走一陣子，景觀變得開揚。左方的清水灣你一定認識。這種綠色的視覺享受，確能令人將煩惱暫時放下。不過，或許會有一陣陣撲鼻的異味傳來，衝擊嗅覺神經。異味從何而來？只需往右瞧便找到答案——新界東南堆填區（South East New Territories（SENT）Landfill），一個與郊野公園為鄰的堆填區。雖然堆填區啟用前會先在地面鋪上導管和防滲透墊層，但部分廢物（如食物殘渣）分解所產生的污水仍有機會透過雨水沖刷而進入水文系統，造成污染。

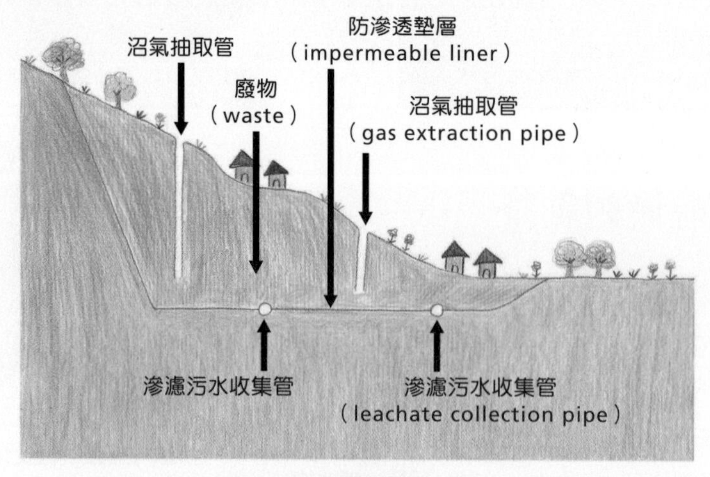

▲▲ 堆填區剖面

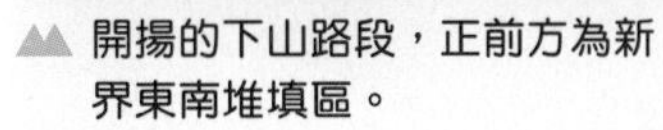

開揚的下山路段，正前方為新界東南堆填區。

這草坪的前身是將軍澳堆填區，復修後建了一模型飛機跑道（右方）供市民康樂之用。

多年來政府和不少組織均積極推動廢物回收，鼓勵市民將廢物分類，並於各屋苑和公眾場所設置回收箱，不但能善用地球資源，減少天然資源的消耗，亦能稍稍紓緩堆填區即將溢滿的問題。香港現時共有三個堆填區，分別位於將軍澳大赤沙、屯門稔灣和打鼓嶺，容量合共一百三十九億立方米。

香港每人每天平均棄置零點八八公斤的家居廢物（domestic waste），相對二〇〇〇年高峰期的一點一三公斤而言，這數字是頗低的。儘管如此，本港現時僅以堆填形式處理廢物，這方法實際上是把廢物從家中移到別處傾倒吧！嚴格來說它只是治標的方法。雖然人均家居廢物量有所下降，但因人口上升和工商業廢物的增加，本港的都市固體廢物（municipal solid waste）總量依然有輕微增長。按此趨勢，現時三個堆填區將於二〇一九年前全部爆滿。要治本，就必須從減廢和回收兩方面同時著手。長遠而言，市民也需要接受垃圾焚化方案。雖然這不是最完善的方法，不過垃圾每天都會產生，可供堆填的地點則十分有限。若不實施垃圾焚化，廢物又棄置在哪裡？

大廟與石刻

經過山腳的蝦山篤，朝大廟進發。先上一百二十米，之後便開始下山。從山上俯瞰四周，可看到海灣形如布袋的布袋澳、哥爾夫球場，以及對岸的東龍洲（見《綠色香港──生態欣賞與認識》（增訂版）一書）。沿石階走至山腳是大廟坳，亦是釣魚翁郊遊徑的終點，往右拐可到海邊參觀大廟和南宋石刻。

由此路往大廟及石刻

布袋澳

蝦山篤是越野單車徑的終點，右邊的石階為郊遊徑路段。

大廟始建於南宋年代，約公元一二六六年，是香港最古老的天后廟之一，曾於一九六二年重修。每年農曆三月廿三日天后誕，善信分水陸兩路前往大廟參拜，祈求庇佑；鄰近的石刻是香港最早的紀年石刻，記載南宋時鹽官一二七四年到南、北佛堂門（即現今的東龍洲和地堂咀）遊歷一事。

大廟外的小碼頭，每逢天后誕都有船隻接載善信前來參拜。

石刻近觀

大廟

大廟宋代石刻

旅程資料

位置	行程需時	行程距離
西貢南	3 小時	6.6 公里

主題　城市發展與自然保育

路線　五塊田 ▶ 上洋山 ▶ 下洋山 ▶ 廟仔墩 ▶ 蝦山篤 ▶ 田下山 ▶ 大廟坳

前往方法　於鑽石山港鐵站乘 91 號巴士，或寶林港鐵站乘 16 號專線小巴，至清水灣道五塊田站下車。回程時於布袋澳乘專線小巴離開。

生態價值指數	文化價值指數	難度	風景吸引度
★★	★★★	★★★	★★★★

1. 你認為《郊野公園條例》是否足以保護郊野公園？
2. 除廢物回收外，還有什麼方法可減少廢物量？

按形成的位置分類，火成岩可再細分為火山岩（volcanic rock，在地面形成）和深成岩（plutonic rock，在地殼深處形成）。由於形成位置所受的壓力和結晶（crystallization）時間差異，火成岩和深成岩的抗蝕力（resistance）和結構各有不同。經過不同程度的風化後，塑造出香港今天多變的地勢。

地形和地質的關係

火山岩和深成岩各有什麼特徵？為什麼？香港的火山岩（如凝灰岩）主要分佈在哪裡？深成岩（如花崗岩）又在哪裡可以找到？對比香港的地形圖和地質圖，你發現地質與地形有直接關係嗎？香港的高山、懸崖和低地分佈在哪些地方？該地有什麼岩石？是什麼因素令釣魚翁山成為香港「三尖」之一？其餘「二尖」──蚺蛇尖和青山，那裡的地質又一樣嗎？土木工程拓展署出版的《香港地質──四億年的旅程》和其網上版有基礎地質知識可供參考。

廢物處理策略

為解決現存三個策略性堆填區將近飽和的困局，政府在二〇一〇年下旬建議將新界東南堆填區（即將軍澳堆填區）擴展至清水灣郊野公園範圍內。此建議即時引起社會廣泛回響，同時也引發了一連串就其他廢物處理方法的討論。處理垃圾和各類污染的方案基本上可分為「管前」（front of pipe）和「管末」（end of pipe），意思分別為源頭減廢和待污染物排放到環境後進行末端處理。廢物源頭分類和堆填分別就是源頭減廢和末端處理方案的例子。人人都知道源頭減廢對環境最好，但為什麼這類方案通常不是最普及的？試從處理成本、環境、生活素質等角度，分析運用堆填方法處理固體廢物的優劣。高溫焚化、化廢為能、廢物回收等方案能否紓緩問題？香港人口不斷上升，規劃處預計二〇二四年將達七百七十六萬，政府應如何制訂策略以應付持續上升的固體廢物？

石澳 ▸▸▸ 大浪灣

在龍脊上跑

▲ 入口

港島南區的石澳和毗鄰的大浪灣除了是燒烤熱點外，背後的翠綠山巒中有一條頗適合一家大小的行山徑。

石澳土地灣

石澳道的土地灣是港島徑第八段的起點。路徑初段沿山腰而走，可一覽南區海灣景致，沿岸及

半山位置有不少樓房，屬高尚住宅區（high class residential area），另有不少遊艇停泊於大潭灣內，充滿歐陸風情，在那兒你會找到不少紅樹和泥灘生物。

大潭灣

花崗岩

岩石遍山

沿路見到不少岩石散落在山坡上。它們的出現代表這一帶受著嚴重的風化作用影響。這些岩石原本都被泥土所覆蓋，當中抗蝕力弱的岩石由外至內逐漸風化，後來覆蓋這些岩石的泥土流失，那些未被風化的岩石──核心石──漸漸露出地面，叫做突岩，而整個風化過程就稱為球狀風化（spheroidal weathering）。

石英結晶

風化可按其過程分為物理風化（physical weathering）、化學風化（chemical weathering）和生物風化（biological weathering）。物理風化主要透過太陽能量（solar energy）進行，岩石長期經歷重複的冷縮熱脹過程變得脆弱；化學風化透過水與礦物產生化學作用，令岩石崩解；生物風化是指岩石受到動植物的生長和生活過程所破壞，例如植物在岩縫中生長或動物挖穴（burrowing）都可以把岩石風化。

海岸形態

多走一會便到達涼亭。從右方路徑上山，翻過小山坡，大大小小的海灣展現眼前。欣賞海景之餘，亦可以在這裡看到兩種海岸形態：岬角和連島沙洲（tombolo）。

正前方有數列外形狹長的樓房和一座向海伸延的小山，後者是與石澳道連接的石澳山仔（Shek O Headland），這種海岸地貌稱為岬角；後方長有樹木的小山則是大頭洲，是一個獨立小島。因為地理位置、水流及風向影響，海水中的搬運物被海浪帶至海岸堆積，長年累月後，沙嘴

（sand spit）漸漸形成。由於大頭洲西面與石澳山仔的距離不足十米，沙嘴最後伸長至與對岸連接起來，形成連島沙洲。

大自然的雙生兒

石澳位於香港東南方，對外的海面與南海相連，沒有其他島嶼阻擋，長年受到強勁的東風盛行風（prevailing wind）和海浪直接影響。石澳山仔的英文名稱是 Shek O Headland，是名副其實的岬角。它將兩灣分隔，北方為石澳後灘，南方為石澳正灘。

岬角的出現，是因為該處長期受到海浪正面沖擊，岬角的岩石抗蝕力較其兩旁的岩石強，加上大頭洲位處石澳山仔之東，受海浪影響的程度較低；相反石澳正灘和後灘的岩石抗蝕力較弱，對外海面亦沒有島嶼減弱海浪的能量，因此逐漸被侵蝕，形成現在的海灣（bay）。

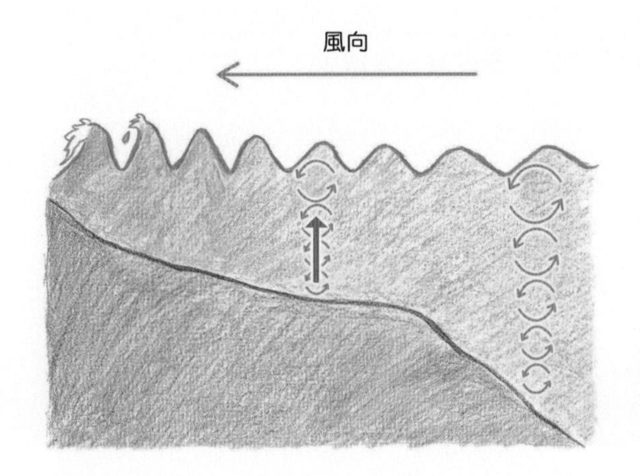

▲▲ 浪的形成

水深的地方，海床與海面的距離遠，故波浪的擺動軌道不受影響。

水淺的地方，海床與海面的距離較近，波浪的擺動軌道因而提升。

強風時，被海床抬升的水分子受到影響，不能再支撐波浪，波浪便會崩潰，形成碎浪（breaker，又名白頭浪）。

在龍脊上跑

登上打爛埕頂山（Shek O Peak），這裡有一觀景台，可遠眺赤柱和大潭一帶的景色，如赤柱正灘、大潭港、孖崗山、石碑山、大潭篤水塘等，連柏架山上白色球形的航路監察雷達也可清楚見到（見〈柏架山—大潭水塘〉一文）。由此開始至雲枕山一段路，便是「龍脊」。這名稱的由來，相信與起伏但落差又不大的山脊路徑有關。

量度坡度

坡度（gradient）的量度方法與河道的相似。不過沒有河水，量度坡度的方法簡單得多。如果坡段短、坡面坡度一致，又沒有植物等東西遮蔽，那只須直接把手水準儀或測斜儀放到坡面上量度其角度即可。

如果要量度更長的坡段，可參考量度河道斜率的方法，利用測距桿和手水準儀，量度從低點至高點的仰角，並利用三角函數正切找出斜率（見〈新娘潭〉一文）。有需要時亦可以把數據繪製在方格紙上，畫成一剖面圖，以清楚表達不同坡段的坡度。

龍脊過後開始下山，一路上只要按著港島徑的路標前行便可。下坡數十分鐘便會接上小徑，往右轉便開始在茂密的綠蔭下繞歌連臣山走，在林裡不斷的拐彎，最後與石屎路連接。轉右前行，走至石屎路的盡頭便是馬塘坳，這裡有片草地和休憩涼亭。這裡亦是漁護署劃定的郊遊地點，供遊人小休、野餐、遛狗，是一家大小親近大自然的好地方。

▲▲ 馬塘坳

▲▲ 往大浪灣。

輕鬆賞大浪

馬塘坳本身亦是砵典乍山郊遊徑的起點，至柴灣的歌連臣道，全程一點九公里。往大浪灣的話，便要沿郊遊徑前行多大半小時，直至遇分岔路右轉，不久便會看見大浪灣和龍脊全景。下山的石階輕鬆易走，風浪大的日子還可一睹滑浪愛好者的英姿，以及海浪拍打礁石上濺起的浪花。到了山腳左轉，可一窺大浪灣石刻。據說此石刻由一位警員於一九七〇年發現，其刻鑿年份已無從稽考，它的紋飾以幾何圖形繪出人物或鳥獸圖案；一九七八年十月十三日根據《古物及古蹟條例》（Antiquities and Monuments Ordinance）列為古蹟。先民以捕魚為生，為保佑出海作業平安，便於海邊刻石祈求神靈庇佑。類似的石刻亦可在長洲、滘西洲及龍蝦灣找到。穿過大浪村左轉，便可以乘巴士或小巴返回筲箕灣。

龍脊

大浪灣石刻

往大浪灣石刻。

大浪灣

1. 除了大頭洲外，香港還有什麼地方可以找到連島沙洲？
2. 為什麼高尚住宅會建在交通不大方便的大潭和石澳一帶？

旅程資料

位置	行程需時	行程距離
港島東南	3 小時	8.7 公里

主題　海岸地貌

路線　石澳道土地灣 ▶ 打爛埕頂山 ▶ 龍脊 ▶ 馬塘坳 ▶ 砵典乍山郊遊徑 ▶ 大浪灣

前往方法　在筲箕灣港鐵站乘 9 號巴士，於石澳道土地灣站下車。

生態價值指數	文化價值指數	難度	風景吸引度
★★	★★	★★	

延伸思考

大浪灣位處香港島東南面，面迎來自太平洋的強風，因此成了滑翔傘運動的最佳場地。伴隨著強風而來的是大浪，大浪灣是少數以海浪見稱的泳灘。前往大浪灣的泳客絡繹不絕，就是為了那些撲面而來的海浪，這裡也成為了滑浪的最佳場地。

泳灘分佈

香港三面環海，成就了不少天然海灘。試利用地理資訊系統或地圖，把全港的海灘位置標示出來。香港海灘的空間分佈有一定的模式嗎？海灘多集中在哪些地理位置？為什麼？它們的位置與風向有沒有什麼直接關係？部分香港泳灘經常受水質問題影響而關閉，為什麼？它們的位置有什麼共通點嗎？污染物的源頭又在哪裡？康樂及文化事務署和環境保護署的網頁分別載有泳灘的位置和水質樣本的化驗資料，可供初步分析。

鳳凰山

觀看日出的熱點

伯公坳前往鳳凰山的路

鳳凰山是香港第二高的山峰，是觀賞日出的首選地點。雖然登山路途艱辛，但日出時太陽漸漸把身體照暖的感覺不禁令人感嘆大自然的力量。

桃金娘

由東涌乘搭巴士，在鳳凰山山腰的伯公坳下車，走到馬路對面便開始上山的征途。登山的途中有不少野花陪伴，讓我們一同慢慢欣賞吧！夏季時

留意路邊，會發現一個個桃紅色的小球掛在灌木的枝頭上，樣子十分可愛。你可能誤以為它們是某種植物的果實，其實它們是桃金娘的花蕾，盛開的時候，花蕊長長的散出來，像燦爛的煙火一樣。

蛇泡簕

桃金娘

玉葉金花

玉葉金花

山坡上有一朵朵大白花，趨前細看，白色花瓣中間好像還有些小黃花。究竟白色的是花還是葉？原來那白色的並不是花瓣，而是由花萼變異而成的「花葉」，黃色的才是真正的花瓣！正因為這特別的配襯，這花叫玉葉金花（*Mussaenda pubescens,* Splash-of-white）。花葉的現象其實很常見，只是多沒有玉葉金花那麼引人注目吧！玉葉金花在郊野地區頗為常見，若有興趣一睹它的芳容，於春末夏初遠足時就要多留神了。

遠眺東涌和機場

南邊的海一望無際

遠眺鳳凰山

機場和東涌的光害

日出之際

機場的聯想

機場就在右方，飛機不斷起飛與降落。香港有四成土地被劃為郊野公園，在世界各大城市中稱得上是很高的比率。可是，即使被綠色的環境包圍著，很多香港人還是覺得要到外地旅遊才能身心放鬆，人們未能善用這些天然資源，實在可惜。究竟是我們忽略了這些大自然環境，還是因為香港生活節奏太緊張，讓人無法放鬆下來？

滿天被映成一片橙紅色。

水口半島

夕陽的餘暉

日出東方

在鳳凰山度宿一宵，為的當然是日出美景。大家都知道太陽從東方升起，由西方落下。但假若備有指南針，便會發現日出的位置與指南針所指的東方有一些偏差。究竟是指南針錯了，還是太陽走偏了？

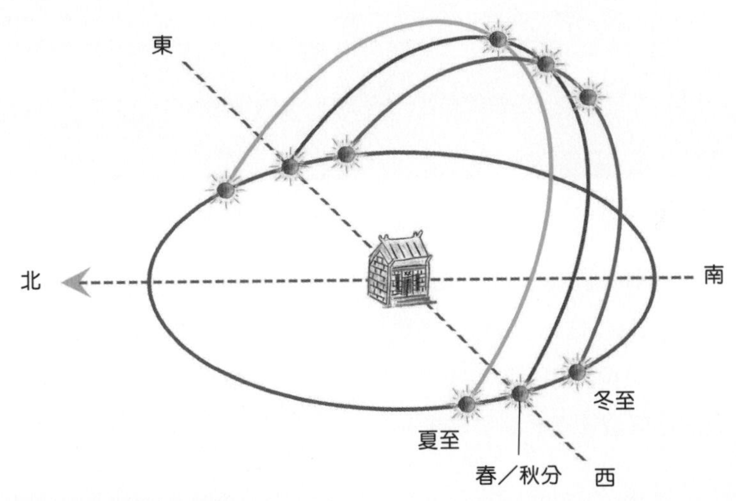

▲▲ 太陽目視路徑和季節的關係

就香港而言，夏至（六月）時太陽從東面偏北方升起；冬至（十二月）時則從東面偏南方升起。一年之中只有春分（三月）和秋分（九月）兩個節氣時，太陽才從正東面升起。所以，縱使房屋位置不變，冬夏的日照角度還是有所不同的。
為方便表達，圖中的北方並非指向上方。

這現象其實與地球的自轉軸傾斜有關。香港位於北半球近北回歸線（Tropic of Cancer）。六月時，北半球傾斜靠近太陽，故此日出的位置是東面偏北；相反，十二月時則是南半球傾斜靠近太陽，日出的位置便變為東面偏南。概括地說，春分（vernal equinox）時太陽在正東方升起，之後日出的位置便漸漸向北偏移；夏至（summer solstice）的時候到達最偏北的位置，之後便轉向

▲ 鳳凰山頂的避風亭

▲ 早上繼續往另一邊的昂坪回程。

南方移動；秋分（autumnal equinox）時太陽回到正東方升起，隨後再繼續往南偏；冬至（winter solstice）時到達最偏南的位置，然後再慢慢轉回北面，循環不息，亦帶給我們一年四個不同的季節。只要多加留意，即使在家也可察覺到日出日落位置有季節性轉變。

▲ 石壁水塘

當頭日和「立竿無影」

隨著太陽的位置移動，夏至當天，太陽光的入射角（angle of incidence）與北回歸線呈九十度，此時的太陽位置是為當頭日（overhead sun）。秋分的當頭日在赤道（equator）；冬至那天，當頭日移至南回歸線。之後，當頭日又再北移，在春分和夏至時分別抵達赤道和北回歸線，完成一個為時一年的週期。

香港位處北回歸線以南一百三十公里，在當頭日從赤道北移的路途上，香港當頭日在夏至前約兩星期已經出現。當頭日在夏至抵達北回歸線後，又開始南移。故夏至後約兩星期，當頭日又會再經過香港。在當頭日當天的中午時分，太陽剛好在天頂（zenith，即觀測者正上方的天空）垂直照射地面。所有與地面垂直的東西，例如欄柵、燈柱、建築物等的影子便會在那一刻消失，出現「立竿無影」的有趣現象。十數分鐘後，由於太陽照斜角度傾斜，影子又再重新出現。

▲▲ 遠觀昂坪

▲▲ 梔子花

枝頭上的「雪花」

另一種在路途上會遇到的野花叫梔子（*Gardenia jasminoides*, Cape Jasmine），又稱水橫枝。熟悉中草藥的話，必定聽過這名字。它的花形獨特，六塊白色的長形花瓣向旁邊伸出，形狀像雪花一樣；果實成熟後就是中藥常用的梔子，它同時亦可以用來製造染料呢！

▲▲ 鋪地蜈蚣

沿這路繼續走

茶園

心經簡林

清晨時分在山上走別具一番風味，整座山都被一層薄霧籠罩著，景色顯得特別秀麗。到達昂坪時，首先映入眼簾的就是心經簡林（Wisdom Path）。它於二〇〇五年建成，三十八根仿竹簡的木柱上刻有饒宗頤教授的《心經》墨寶，故名之。穿過一片小樹林和茶園後，便到達天壇大佛。肚子餓了可以在旁邊的市集吃早餐，再乘巴士到東涌或梅窩離開。

霧中的心經簡林別具風味

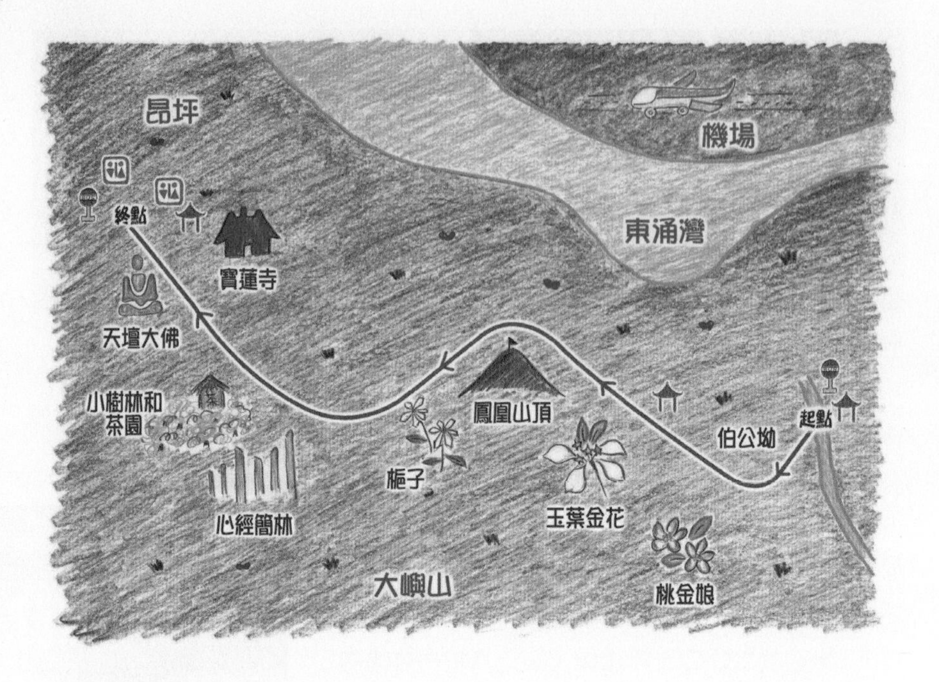

旅程資料

位置	行程需時	行程距離
大嶼山西	6 小時	4 公里

主題	天文現象
路線	伯公坳 ▶ 鳳凰山 ▶ 昂坪
前往方法	在東涌港鐵站乘 3、3M、11 或 23 號巴士在伯公坳下車。
注意事項	晚上山上的氣溫會較地面低，在夏天遊覽時亦須帶備禦寒衣物。

生態價值指數	文化價值指數	難度	風景吸引度
★★★	★★★	★★★★	 ★★★★★

1. 興建新機場對四周環境有什麼影響？
2. 在鳳凰山上能看見太陽從地平線上升起嗎？為什麼？
3. 昂坪的新設施跟附近的自然環境融合嗎？

空氣是非常差的傳導體（conductor）。即使山頂的地理位置較地面稍稍接近太陽，山頂的氣溫仍然比地面低。太陽無法直接為空氣加熱，空氣／大氣層的能量全靠地面供給，所以離開地面越遠，溫度反而越低，而地球亦因此被稱為次級輻射體（secondary radiator）。空氣的垂直溫度下降率被稱為環境溫度遞減率（見〈大帽山〉一文）。

鳳凰山為本港第二高的山峰，高九百三十四米。由於遠離市區，免受熱島效應影響（見〈熱島效應〉一文），能有效了解氣溫在大氣層的垂直轉變。

環境溫度遞減率

利用溫度計記錄不同高度的氣溫，並把紀錄以圖表展示出來。小心分析圖表，計算實際的環境溫度遞減率。氣溫的轉變是否與理論一樣？有什麼因素會影響實際環境溫度遞減率？記錄氣溫的同時，宜同時記下現場環境的情況，如地勢、地面覆蓋物（樹林、草地等）、日照、風勢等。進行此活動時可利用地圖／全球定位系統確定高度。如不同紀錄之間的時間差距甚大，處理數據時要多加留意。

大棠自然教育徑

生態復修的成果

離市區十多分鐘車程，有一個適合一家大小郊遊的好地方。既可欣賞紅葉，亦可遠眺香港最大片的平原——元朗平原，還可以看到香港植林的成果。這裡就是大棠自然教育徑。

元朗平原

元朗平原（Yuen Long Plain）是本港最大的平原，因地勢平坦的關係，特別適合農業活動。昔日的元朗盛產稻米，亦有種植蔬菜、養殖家

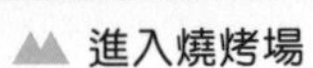
進入燒烤場

大棠自然教育徑起點

禽和淡水魚等。絲苗和烏頭魚更曾是元朗的特產。近數十年間，經濟及運輸發達，香港的糧食主要依靠內地及海外進口，本地漁農業因而逐漸式微；加上戰後人口上升，土地需求增加，農地和魚塘都被發展成新市鎮。

養分循環

沿路有不少被齊口切開的樹幹放在路旁，它們可能因將近枯死或阻礙行人道而被砍伐。但為什麼只把樹幹切成小段，而不把它們運走？這並不是因為工作人員善忘，而是這樣做較合乎經濟及生態效益。把樹幹運走需要投入額外的資金，而這樣亦會把植物中的養分帶走。與其花金錢和時間把樹幹（連同當中的養分）運走，不如把它們擱在一旁，讓它們成為不同動物的食物及居所。

在發育完善的生態系統中，例如熱帶雨林，大部分的養分都被儲存在動植物中，泥土反而不是那麼肥沃，這其實是健康理想的生態系統。泥土的養分可經淋溶作用（leaching）被雨水帶走；枯枝落葉和動物組織等殘落物（litter）的養分亦會經地表徑流（surface runoff，即水在地面向下坡流動的過程）被帶走；只有被動植物吸收了，養分才充分發揮了它的功能。動植物死後，養分又經分解者（decomposer）分解為無機物，再次由植物吸取，循

生長在樹幹上的菌類

環不息，反而不會浪費（見〈養分循環與能量轉移〉一文）。

細菌（bacteria）和真菌（fungus）在樹幹上生長，這些分解者以樹幹作為自己的養分，產生二氧化碳、水及其他無機物。這些物質正好是其他植物生長的必要營養；當樹幹中的養分重返食物鏈（food chain）中，生態系統總體的養分分量也就不會減少，生態系統得以穩定地發展。

人工植林

山上一片綠色樹林，你又會否想到這裡曾經是一個個光禿禿的山頭？香港缺乏土地，需要以「移山填海」的辦法來增加土地。大棠曾經是一個採泥區（borrow area），地面六至八米深的泥土被挖走用作填海（reclamation）的填料（fill）。採泥活動不單徹底破壞生態系統，亦把地表的泥土挖走，植物因而無法再生。如何修復只有瘦薄泥土的山頭是生態學上的難題。幸好在植林員十多年的努力下，一個個寸草不生的山頭，又變回綠油油一片。

劣地

經復修後的山頭

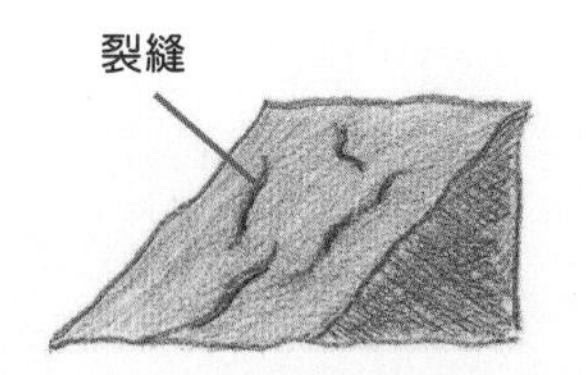

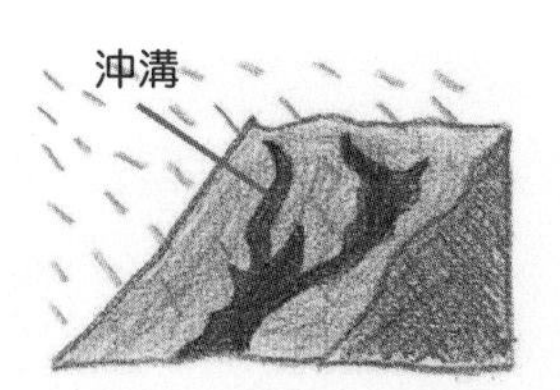

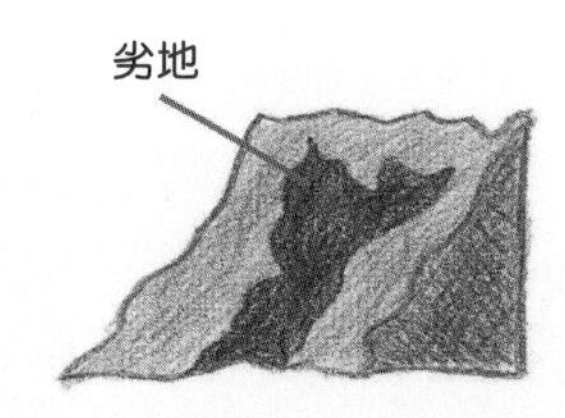

沖溝侵蝕

旱季時，泥土因為乾旱而產生裂縫（crack）。雨季時，雨水順著裂縫往下流，形成細溝（rill），並加速侵蝕裂縫。降雨及風化令裂縫擴大，最後，裂縫連合，形成沖溝（gully），雨水繼續沿著沖溝進行侵蝕，形成劣地。

以大棠採泥區為例，生態復修的第一步是先以填土或挖掘等方法把地形重整，並在岩石上重新覆蓋一層五十厘米厚的泥土，再透過噴草（hydroseeding）技術在泥土上種植百慕達草（*Cynodon dactylon*, Bermuda Grass）等植物，作第一重的保護。

桉樹

約六個月，當草成長後，再以一米的間隔種植已長至約半米高的樹木，例如相思屬（*Acacia*）、桉屬（*Eucalyptus*）和濕地松等。當中尤以相思屬最常使用，因為它有固氮（nitrogen-fixing）作用，有助改善泥土的養分。不過，由於上述品種都是外來植物，所以當生態系統漸漸復修後，會再種植一些本地品種（local species），以增加生態系統對本地動植物的吸引力。

耳果相思的果實

人工植林與原生樹林

在大棠見到的多是人工植林，我們如何分辨人工植林與原生樹林？人工植林的樹種較為單一，

▲▲ 濕地松

▲▲ 濕地松的針狀葉

例如路上見到的耳果相思（*Acacia auriculiformis*, Ear-leaved Acacia，又稱 Ear-pod Wattle）樹群及濕地松樹群。由於植樹時會劃分成不同區域種植，因此樹群在高度、樹幹直徑與樹冠大小上亦會相近。

▲▲ 整齊排列的植林樹

抽樣方法

進行科學研究時，受制於經費、時間和人力，決不能把研究範圍裡所有的研究對象都考究一番。例如要了解大棠人工林的生長情況，把林裡所有的樹木都數算、量度一番實非明智之舉。既然不能全都考究，那便需要進行科學化的抽樣（sampling）。

抽樣先假設研究對象平均分佈於整個母群（parent population），目的是找出具代表性的樣本，繼而推算整個母群的情況。基本的抽樣方法有三：

簡易隨機抽樣（simple random sampling）

利用隨機亂數表（table of random numbers）或網絡上的亂數產生器（random number generator）找出隨機數值，以該數值決定研究範圍中的抽樣點座標，再取樣研究。由於取樣方法乃建基於隨機亂數，未有人為影響，故沒有任何偏誤。同樣方法亦可應用於產生樣線和樣方的隨機位置，方便進行不同類型的研究。

系統抽樣（systematic sampling）

系統抽樣依一固定次序、時序或位置進行取樣。例如沿一條線，每二十米進行一次取樣；或每五年進行一次普查。系統抽樣簡單易用，但由於涉及人為決定，如未有細心規劃，或會掠過具代表性的地點，反而造成誤差。

分層抽樣（stratified sampling）

分層抽樣揉合了上述兩種取樣方法的優點。當研究地點內出現已知的小群組時，便可應用此方法。例如大棠人工林有長在平坦土地的，亦有在坡地的。這兩種生長環境便可視為兩個小群組，先分類，再在每一分層裡利用簡易隨機抽樣或系統抽樣決定取樣點。這樣做既可彌補人為決定取樣點時所產生的偏誤，亦能提供更精確的推算。

植林的法則

植樹過程中，由選擇樹種、地點、植樹方法以至保養都充滿學問。過去的植林樹多以生長較快的外來品種為主，例如臺灣相思和紅膠木等。由於它們未能為本地生物提供食物或棲息之所，生態價值不及本地品種。為解決問題，近年漁護署多以木荷（*Schima superba*, Schima，又稱 Chinese Gugertree）、裂斗錐栗（黧蒴錐，*Castanopsis*

▲▲ 紅膠木的果

大頭茶

裂斗錐栗

裂斗錐栗的果

紅膠木

fissa, Castanopsis）等本地品種作為植林樹。另外，在植林時會同時種植多個品種，增加生物多樣性，減少因某種樹木受蟲害或真菌感染而造成大規模死亡。

植林地點與植樹品種需要互相配合。例如常見的植林樹白千層（*Melaleuca quinquenervia*, Paper-bark Tree，又名 Cajeput-tree）雖然能在自然教育徑上找到，但它們的數量比較少，生長情況亦不理想。這是因為山上的土壤水分（soil moisture）較少，並不適合白千層生長。植林時亦要考慮植林樹的生態及景觀作用，例如山徑及行人道上多使用大頭茶（*Gordonia axillaris*, Hong Kong Gordonia）、石斑木（*Rhaphiolepis indica*）等開花植物，供遊人欣賞；在山上則種植木荷或臺灣相思等水分較高或能抑制野草（weed）生長的植物，因為它們能組成防火帶（fire break），減慢山火蔓延。

白千層

植林與保養工作

植林員除了要把樹苗搬運到山上外，還要以人手把一棵又一棵的樹苗植入泥土。有時，他們還需要把樹苗種植到斜坡上。植林真是一份既辛苦又危險的工作。此外，植樹後更需定時為樹苗施肥及修剪，使它們健康成長。「十年樹木」，眼前一片片翠綠的樹林，是經過多年時間和心血栽培下的成果。我們應愛惜及保護眼前的一草一木，並衷心感激一群幕後功臣──郊野公園的植林員。

石斑木

山火後的大欖郊野公園

油杉

元朗市中心至郊野公園的城市景觀變遷

旅程資料

位置	行程需時	行程距離
新界西	2 小時	3.5 公里

主題　人工植林

路線　大棠山路 ▶ 大棠自然教育徑

前往方法　於元朗紅棉圍乘紅色小巴前往大棠山道路口，再沿大棠山路步行約三十分鐘至大棠自然教育徑入口。

生態價值指數	文化價值指數	難度	風景吸引度
★★★	★	★★★	★★★

1. 遠眺元朗市中心，城市與郊野地區之間的景觀是如何轉變的？
2. 試比較原生樹林與人工植林的形態及生態價值。
3. 我們應如何平衡自然生態環境及新市鎮的發展？

大棠一帶過去為採泥區，為填海和建築工程提供泥土。但這些工程把原有的生態系統完全破壞，只剩下本在地底深處的母岩（parent rock）。下雨時，雨點就像微型的炸彈一樣，從高空擊向地面，形成雨滴濺擊侵蝕，一些土粒被擠壓，一些卻被擊至遠處；當雨水在地面聚集、流向低地時，又形成片蝕（sheetwash）。在雨滴濺擊和表土侵蝕的共同影響下，地面僅餘的泥土亦被蝕掉。

植物在水土資源保育的角色

經過多年的生態修復，大棠已經長滿植物。為什麼水土流失這問題在世界各地都惹人關注？水土流失會引致什麼環境問題？植林對防治水土流失有什麼作用？樹冠和根部如何減少雨滴濺擊和片蝕？在斜坡上植林有效防治水土流失嗎？有什麼利弊？是否所有植物都適合？在大棠一帶考察，植林樹有什麼共同的形態和生理特徵？你在大棠自然教育徑的傳意牌上找到一些提示嗎？

大帽山

氣候與植被的關係

從左面的梯級開始旅程。

大帽山是香港最高的山峰，海拔九百五十七米，比第二高的鳳凰山高二十三米。登上大帽山，除可觀察於海平面見不到的生境變化之外，亦能進一步了解全球增溫的迫切問題。

▲ 城門水塘

▲ 白千層

▲ 往鉛礦坳方向走。

鉛礦坳

從城門水塘（見《綠色香港──生態欣賞與認識》（增訂版）一書）出發，往小巴站左面的路沿城門水塘北岸走，沿路兩旁種植了不少植物，最為遊人熟悉的可算是白千層。城門水塘及郊野公園一帶，交通方便，設施充足，吸引了不少遊人前往郊遊、遠足、露營和垂釣。步行約一小時便到達鉛礦坳（即麥理浩徑第八段起點）。百多年前，

▲ 有系統的植物排列是人工植林的主要特徵。

▲ 楓香

鉛礦坳附近曾出產鉛礦，因而得名。但鉛礦坳一帶的鉛礦，早於英國租借新界前已經停產。另外，大帽山上不難發現一級一級的梯田（terrace）。這些昔日種茶的梯田，雖然已荒廢多年而藏於野草之下，卻能反映先民的活動模式和範圍，從考古角度而言依然極具價值。

植物群落

在剛開始的一段路，兩旁生長的植物多是高大的喬木，如白千層、臺灣相思、楓香（*Liquidambar formosana*, Sweet Gum，又名 Chinese Sweet Gum）等，以及一些較矮小的灌木，如地菍（*Melastoma dodecandrum*, Twelve Stamened Melastoma）、忍冬（金銀花，*Lonicera japonica*, Honeysuckle）、粗葉榕（五指毛桃、牛奶仔，*Ficus hirta*, Hairy Fig，又名 Hairy Mountain Fig）等。但一路往山上走，可以發現喬木的數量越來越少。再往上走，甚至連灌木（shrub）亦見稀疏，

▲ 鉛礦坳：麥理浩徑第八段起點

只剩下草本及藤本植物。從山腳往上望，更能清楚見到山腳由喬木覆蓋，慢慢變成由綠草覆蓋山頂的景象。

山腳、山腰與山頂的環境不同，以致出現不同的植物群落分佈。山腳的溫度（temperature）和濕度（humidity）較高，適合大多數植物生長。當高度每上升一百米，氣溫便會下降攝氏零點六五度，此溫度下降率稱為環境溫度遞減率（environmental lapse rate），因此山頂的氣溫較山腳低（見〈鳳凰山〉一文）。此外，山上的雨水沿河谷山澗流到山腳，所以山頂的土壤水分較

大帽山

隨著高度增加，兩旁的植物由喬木和灌木，漸漸變成草本植物。

泥土被過分踐踏，令雨水不能滲入土壤中。

山腳低。山頂低溫、低水分的環境，加上當風，不利喬木和大部分灌木生長，只有小型與柔軟的草本植物可以生存。大帽山亦是香港觀霜的熱點，每逢氣溫驟降，山頂就更加寒冷，甚至有機會降至攝氏零度以下。受全球暖化的影響，自一九九一年和二〇一六年大帽山大規模結霜後，結霜的頻率也越來越低了。

有學者指出，近年全球暖化問題越趨嚴重，本來需生長於山腳的

隱約可見的廢棄梯田，反映這裡曾有大型的農業活動。

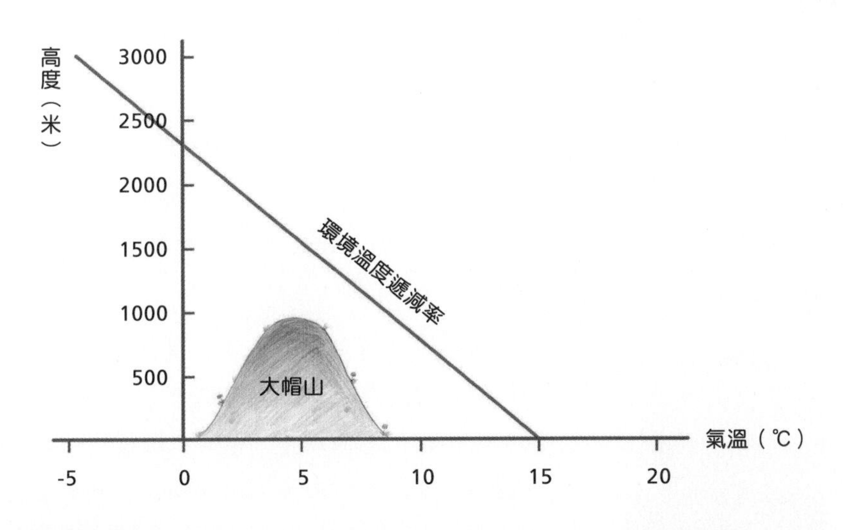

▲▲ 環境溫度遞減率

環境溫度遞減率為每上升一千米，氣溫下降攝氏六點五度。假設地面氣溫是攝氏十五度，以環境溫度遞減率計算，大帽山的山頂氣溫是攝氏八點八度，與冰點尚有距離。不過，假如情況轉換到一座數千米高的山時，即使地面的氣溫仍舊維持在攝氏十五度，在二千三百米左右的高度便會開始低於冰點。這例子解釋了為什麼即使在熱帶地區仍然有機會出現山頂終年積雪的現象。

植物可以向山上生長，增加覆蓋率；原本長在山腰的植物，亦因為氣溫上升而需向較低溫的山頂遷移。據預測，到了二一〇〇年，香港的平均氣溫將會上升攝氏三度，屆時生物就需要向上遷移五百米才可找到與現時相同溫度的生長環境。可是，原本生長在山頂的植物已經「無路可走」，最終無法適應高溫而有滅絕的危機（見〈溫室效應〉一文）。

自全球暖化的問題被提出後，不同界別的科學家提出了不同的解決方案。不過問題至今始終沒有解決，甚至變得更糟。原因何在？有環境倫理學學者曾嘗試以博弈論（Game Theory）去解釋這個情況，見下表：

自己燃燒 \ 他人燃燒	較少化石燃料	更多化石燃料
較少化石燃料	對雙方都好	他人較好，自己較糟
更多化石燃料	自己較好，他人較糟	對雙方都不好

香港天文台多普勒天氣雷達

博弈論的基本假設為雙方均不知道對方的最終選擇。從上表看到，在資訊不完全（imperfect information）的情況下，為防止自己在不公平的情況下蒙受損失，個體（individual）通常會選擇燃燒更多化石燃料。雖然這個博弈論的展示把全球暖化所涉及的人數和原因過分地簡化，但可取的地方是它把問題的癥結呈現出來：當大部分（甚至所有）個體都有著「除非所有他人都燃燒較少化石燃料，否則我仍會燃燒化石燃料」的想法時，那全球暖化的問題將難以解決。在其他環保問題上，你身邊的人有沒有類似的想法？

大帽山山頂

登上了大帽山，為什麼仍然找不到用來測量高度的三角網測站（trigonometrical station）？一般三角網測站多設於山頂、水壩等位置，用以測量高度。但大帽山山頂卻被香港天文台（Hong Kong Observatory）的多普勒天氣雷達（Doppler weather radar）所用，附近一帶範圍則列作禁區，不能進入。雖然未能踏足真正的香港之巔，但能夠俯瞰城門水塘、荃灣和葵涌一帶的景色也可作補償。遇上天色晴朗時，更可看見東面的鯉魚門、灣仔和中環，以及西面的汲水門和香港國際機場等。

▲ 植物以刺狀葉片和矮小的生長形態抵抗山頂惡劣的生長環境。

▲▲ 右方島嶼為破邊洲，可見凝灰岩是如何塑造出陡峭的懸崖地勢。

火山岩地質塑造地形

香港的火山岩抗蝕力較高，多形成高山。大帽山（九百五十七米）、鳳凰山（九百三十四米）、大東山（八百六十九米）、馬鞍山（七百〇二米）多由火山岩所組成。

▲▲ 萬宜水庫的六角柱狀凝灰岩

其中西貢之凝灰岩為火山岩的一種。一億四千萬年前，西貢一帶原是一個超級火山（super volcano）。火山爆發過後，火山灰（volcanic ash）在火山口內積聚、冷卻，形成今天看到的六角柱狀凝灰岩。部分凝灰岩受到褶曲作用（folding）影響而扭曲，不過大抵上仍是垂直發展。由於抗蝕力強，這些凝灰岩形成近乎垂直的懸崖峭壁。

即使沿海的凝灰岩被海浪侵蝕，由於其垂直節理的特性，新的岩石面依然以懸崖形式出現，在萬宜水庫東壩附近的破邊洲就是其中例子。

扶輪公園・遠足研習徑

沿大帽山道路下山，可到達大帽山遊客中心。多走幾分鐘便到達荃錦公路，可乘車返回山腳。有時間的話，亦可選擇繼續沿大帽山道前往扶輪公園和遠足研習徑。扶輪公園內有充足的郊遊設施；遠足研習徑的入口也在扶輪公園附近，全長約一公里，沿途設有多個傳意牌，講解遠足技巧，適合初學遠足的人士前往，感受一下遠足的樂趣。

植物的生長高度、密度和品種數量隨高度下降。

沿路下山。

旅程資料

位置	行程需時	行程距離
新界中	6 小時	13 公里

主題　植物分佈

路線　城門水塘 ▶ 鉛礦坳 ▶ 大帽山 ▶ 大帽山郊野公園遊客中心或扶輪公園 ▶ 荃錦公路

前往方法　於荃灣兆和街乘 82 號專線小巴至總站城門水塘。

注意事項　路程較長，宜準備充足糧水；山上氣溫較低，夏天遊覽時亦須帶備禦寒衣物。

生態價值指數	文化價值指數	難度	風景吸引度
★★★	★★	★★★★	★★★★★

1. 在北半球，為什麼山峰向南的一面，植物生長得較茂盛；向北的一面，植物生長得較稀疏？你認為南半球的情況一樣嗎？
2. 為什麼天文台的天氣雷達須建於大帽山山頂上？
3. 假設地面氣溫為攝氏十度，試利用環境溫度遞減率，推算大帽山山頂的溫度。

大帽山一帶在十七世紀曾是種植茶樹的地方。為了提供土地和防止水土流失，先民在大帽山的山坡上開闢了梯田，至今仍然可見。根據香港天文台的資料，大帽山全年平均氣溫攝氏十七點一度，冬天平均氣溫更低至七點九度；平均每年有百多天溫度低於十二度；總雨量二千四百多毫米；全年平均風速達每小時二十四點五公里。在如斯寒冷、潮濕和當風的地方，為什麼會適合耕作？

大帽山的種茶活動

茶是怎樣的植物？它需要怎樣的生長環境？與一般植物有什麼相異之處？為什麼先民不選擇低地、平地，反而偏好山勢崎嶇、位處偏僻的大帽山山坡設立茶園？這與茶的生長特性有關嗎？大帽山的氣候和生態環境如何？它在哪些方面適合種茶？除了氣候環境，大帽山還有什麼因素有利種茶？在全球暖化的影響下，大帽山還適合茶樹成長嗎？漁護署在昂平設有「奇趣徑」介紹種茶和其相關工業。在廣東一帶，亦有供觀賞和攝影的大型茶田，適合作近距離的考察。

八仙嶺自然教育徑

在山上找沉積岩

▲ 沿路一直向上走。

登上八仙嶺山腰，沿途一邊欣賞船灣淡水湖的風光，一邊考察香港常見的植物和土壤。你甚至可以在山上發現常在海邊找到的沉積岩。來到八仙嶺，在大自然中上有趣的一課吧！

南洋杉

從大美督巴士總站沿新娘潭路北行方向一直向上走，直至見到「大美督管理站」的指示牌後

▲ 異葉南洋杉

靠左走，在路的左面種有兩棵頗為高大的樹木。這兩棵樹名為異葉南洋杉（南洋杉，*Araucaria heterophylla*, Norfolk Island Pine），屬裸子植物，是較原始的植物，它的特徵是以球果（strobile）繁殖，胚珠（ovule）沒有子房保護。松樹（pine）是較為人所知的裸子植物，常用作聖誕裝飾的松果（pine cone）便是松樹的球果。異葉南洋杉枝條堅韌，即使在香港生長亦不怕受颱風（熱帶氣旋，tropical cyclone）破壞，所以一般都長得很高大。

球果

大美督管理站

春風亭．藿香薊

往山上走，轉入八仙嶺自然教育徑，走到末段，春風亭昂然聳立眼前。春風亭建於一九九六年三月，以紀念當年在八仙嶺山火中為拯救學生而捨身的兩位中學教師。亭前種有兩棵羅漢松，象徵兩位教師無私地為學生付出的崇高教育精神。

羅漢松

八仙嶺自然教育徑

春風亭

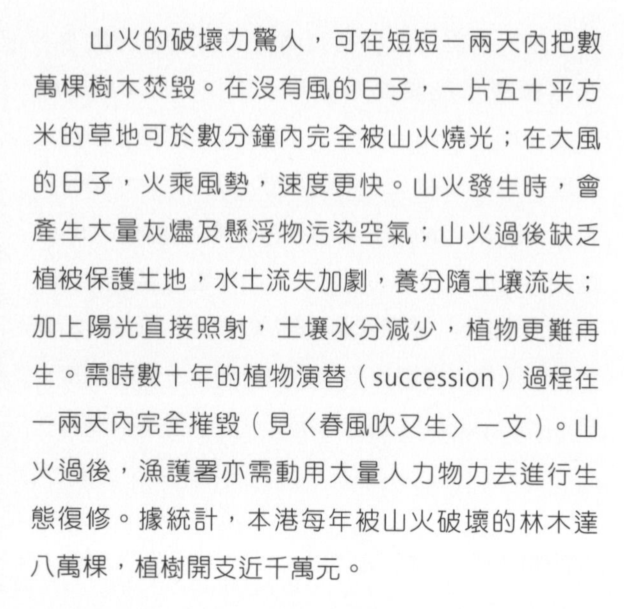

山火的破壞力驚人，可在短短一兩天內把數萬棵樹木焚毀。在沒有風的日子，一片五十平方米的草地可於數分鐘內完全被山火燒光；在大風的日子，火乘風勢，速度更快。山火發生時，會產生大量灰燼及懸浮物污染空氣；山火過後缺乏植被保護土地，水土流失加劇，養分隨土壤流失；加上陽光直接照射，土壤水分減少，植物更難再生。需時數十年的植物演替（succession）過程在一兩天內完全摧毀（見〈春風吹又生〉一文）。山火過後，漁護署亦需動用大量人力物力去進行生態復修。據統計，本港每年被山火破壞的林木達八萬棵，植樹開支近千萬元。

在春風亭稍作休息後往山上走，沿路有一些紫色小花，名為藿香薊，是香港常見植物，花期在六至十月。大自然中每種動植物均有其生態角色（niche）：別小看藿香薊，它是昆蟲的主要花

蜜來源。有了藿香薊這種隨處可見的小花，昆蟲才不愁沒東西吃。另一方面，植物也依靠昆蟲採蜜來繁殖下一代：昆蟲在吸食花蜜時，身體會黏上雄蕊（stamen）所產生的花粉（pollen），同時亦會把從另一株植物黏上的花粉傳播到雌蕊（pistil）。昆蟲在不同的花朵間採食花蜜，相比風力，透過昆蟲傳播花粉更有效率。因為風力傳播的成功機率不穩定，所以依賴風力傳播的植物會製造大量花粉，以提高成功繁殖的機會。

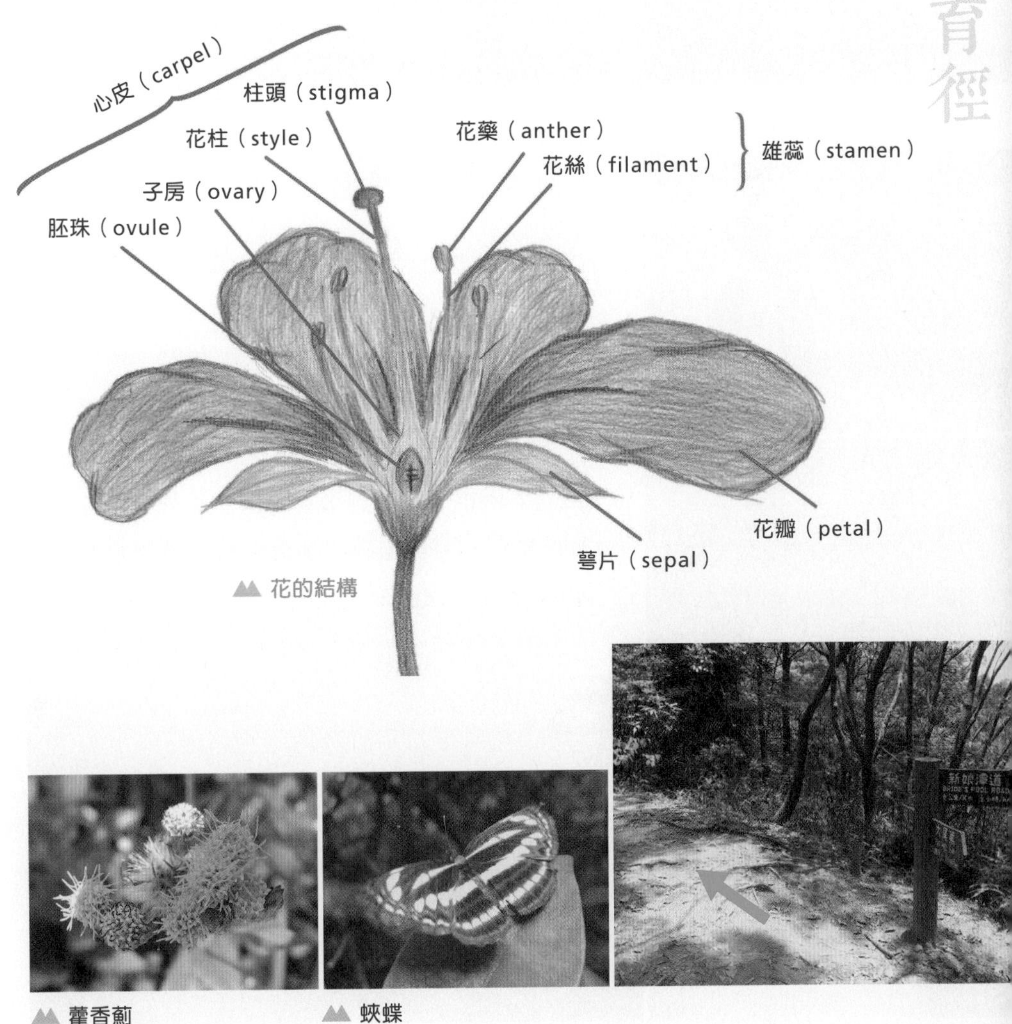

花的結構

藿香薊

蛺蝶

▲ 礫石表面

高山上的礫岩

在山上行走時，不妨注意地上的石頭。嘗試細看地下的岩石，赫然見到它們是礫岩（conglomerate）。礫岩是沉積岩的一種，由水中沉積物（如沙泥等）因長時間受壓而形成。靠近一點便會看到礫岩是由一些粗糙顆粒（coarse grain）所組成。說到這裡，讀者也許會有疑問：為什麼在三百多米高的山徑上會出現礫岩這種由水中沉積物所組成的岩石？

我們站著的地面並不穩定，香港在過去數千萬年經歷著不同的地殼活動（tectonic activity）。這些沉積岩約在一億四千萬年前的白堊紀形成。岩石形成後因地殼活動而被抬升至現時的位置。在八仙嶺，以至較西的屏風山，均是被這一組（formation）沉積岩所覆蓋。所以說，每塊岩石都是大自然的結晶品，它們背後都有故事──很多時候，地質學家會透過岩石的種類、特徵、磁性和所含化石去重組過去。只要有一定的地質學知識，你也可以成為大自然小偵探。

沉積岩地質塑造地形

香港沉積岩所佔的面積不多，不足一成，但其多樣性塑造了不同的地貌。當中以礫岩和砂岩（sandstone）抗蝕力最強，常為下層岩石提供保護。例如八仙嶺的礫岩、砂岩層傾斜地覆蓋在山上，令風化和侵蝕過程減慢，形成八仙嶺山脈，最高點為五百九十米。這層礫岩、砂岩的保護作用在八仙嶺北坡最為明顯。南坡缺乏礫岩、砂岩層保護，下層抗蝕力較低的岩石外露，經風化、侵蝕和塊體移動過程後，南坡變得陡峭；相反，北坡受礫岩、砂岩層保護，其坡度早已被岩層平緩的傾角所主宰。

砂岩

礫岩

又如八仙嶺腳下的新娘潭瀑布，上層的礫岩較下層的砂岩堅硬。礫岩的盡頭由於缺乏保護，砂岩被河水沖刷侵蝕，最終形成近十五米的落差。在另一端的照鏡潭的情況亦類似，只不過下層岩石換作火山岩。在沒有礫岩保護的位置，火山岩被侵蝕，形成三十五米高的瀑布。

不過並非所有沉積岩均具抗蝕力。大部分沉積岩都有明顯的層理（bedding），層理之間的層面（bedding plane）往往成為風化和侵蝕的弱點。如果層理剛好與海面平衡，潮汐和海浪便很容易把沿海的沉積岩結構破壞，最終形成一廣闊的平面，是為海蝕平台（wave-cut platform）。

香港很多沉積岩島嶼都有海蝕平台出現，東平洲的是比較明顯和容易到達；香港東北鴨洲上的角礫岩長期受海浪侵蝕，最終在脆弱的位置形成一海蝕拱。在這平緩的小島上，海蝕拱下小洞的形狀和位置猶如鴨子的眼睛，稱為鴨眼。

角礫岩

海蝕平台

鴨洲上的海蝕拱和鴨眼

酸溜溜的泥土

崗松

鐵芒萁

按照指示牌往新娘潭方向走，在較開揚的位置遇上了一片翠綠的植物群落。這些綠得使人心曠神怡的植物名叫崗松（*Baeckea frutescens*, Dwarf Mountain Pine）。崗松跟鐵芒萁一樣，是酸性土壤指示植物（acid soil indicator，見《綠色香港——生態欣賞與認識》（增訂版）一書），對環境

各方面的要求都較低，只要有充足的陽光就可以生長，所以它們通常都是第一批在山火後重生的植物。當酸性土壤指示植物出現了一段時間，微氣候（microclimate）和養分循環（nutrient cycling）漸漸改善，林底也因陽光被樹冠遮擋而變得陰暗，酸性土壤指示植物才會慢慢退出。

桃金娘

土壤（soil）一樣有酸鹼值高低之分。酸鹼值影響土壤中的養分有效度（nutrient availability），造就不同的植物生長。基於養分的化學特性，酸鹼值極端的土壤中，其養分有效度都會較低；簡單而言，過酸或過鹼的土壤都是不肥沃（infertile）的。理想的土壤酸鹼值為六至七之間。在香港，由於大部分土壤都傾向酸性（酸鹼值約為五點五），所以較常見到崗松、鐵芒萁等酸性土壤指示植物。鹼性泥土則有機會於濕地找到，這是因為海水中含礦物的緣故。濕地生長環境惡劣，故並不適合一般植物生長。

沿路前行不久就會返回新娘潭路，在此可乘巴士返回大埔。時間尚早的話，建議趁機到馬路對面的新娘潭自然教育徑，開展另一段不同主題的旅程（見〈新娘潭〉一文）。

旅程終點

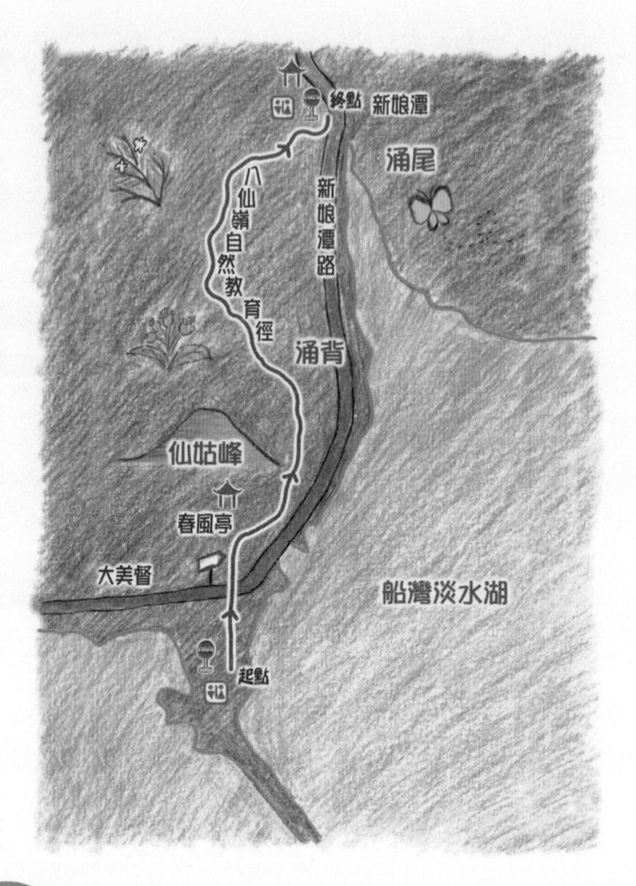

旅程資料

位置	行程需時	行程距離
港島東北	2 小時	5.3 公里

主題　本地植物

路線　大美督 ▶ 八仙嶺自然教育徑 ▶ 新娘潭巴士總站

前往方法　於大埔墟巴士總站乘 75K 前往大美督巴士總站。

生態價值指數	文化價值指數	難度	風景吸引度
★★★	★★	★★★	★★★

1. 裸子植物會開花嗎？
2. 岩石可按形成機制分為三大類，除了沉積岩外，還有哪兩類？你在旅途上找到它們的蹤跡嗎？
3. 為什麼香港的土壤多傾向酸性？

從航空照片或地圖可以看到八仙嶺南坡較北坡陡峭，這樣的地勢與八仙嶺地質有直接關係。八仙嶺的北坡由兩個岩層組成，抗蝕力高的砂岩覆蓋在抗蝕力較低的凝灰岩上；南坡只由凝灰岩組成。有了砂岩的保護，北坡的風化和侵蝕較少，加上地殼運動，南坡比北坡陡峭，形成單斜山（escarpment）的地貌。

八仙嶺的植被分佈和原因

地理學上坡向（aspect）的概念是指山坡所面對的方向。坡向對接收太陽能量有直接影響，所以也影響溫度和植被的生長。在北半球，向南坡（south-facing slope）比向北坡（north-facing slope）能接收更多陽光，溫度也較高，促成了風水「座北向南」為佳者之說。八仙嶺山脈的東西走向令坡向的影響更加清楚。生態學上，植被發展反映著環境因素，比較八仙嶺南北坡的植被密度和種類（草本、灌木、喬木），兩者有什麼分別？在香港，坡向對植被發展有多大影響？小心留意八仙嶺南坡的植被分佈，它們都在哪裡生長？這反映了什麼？除自然因素外，人為因素又如何影響八仙嶺的植被發展？

野牡丹

野牡丹的果實

油塘 ▶▶▶ 馬游塘 戰略要塞

▲▲ 沿路登山

從油塘出發，沿衛奕信徑前進，九龍半島與將軍澳就在左右兩旁——原來自然環境和歷史古蹟就隱藏在繁囂城市的背後！

沒有煙霞的日子

衛奕信徑（Wilson Trail）是香港第二長的遠足徑，全長七十八公里，僅次於長一百公里的麥理浩徑（MacLehose Trail）。衛奕信徑共分十段，由港島赤柱至新界南涌，橫越香港島、九龍半島和新界。

▲▲ 沒有煙霞的日子

▲▲ 有煙霞時的情況

在油塘港鐵站出發，沿鯉魚門道往東南方走，至迴旋處時左轉，走上往墳場的斜路。油塘位於九龍的東南角，一路上香港島和九龍兩岸的景色盡收眼底。沒有煙霞時，還可遠眺中環等地。你可有注意到煙霞（haze）與季節（season）有何關係？香港的煙霞常在夏季還是冬季出現？

冬季時氣溫較低，空氣密度提高，因而下沉並形成反氣旋（anticyclone）或高氣壓系統（high pressure system）。在下沉氣流影響下，城市的上空就如蓋了一塊毛毯，污染物因此久久不散，形成煙霞；相反，夏季時主要受氣旋（cyclone）或低氣壓系統（low pressure system）影響，加上經常下雨，把空氣中的微粒沖刷，故較少機會出現煙霞，而我們亦可以眺望到較遠的景色。

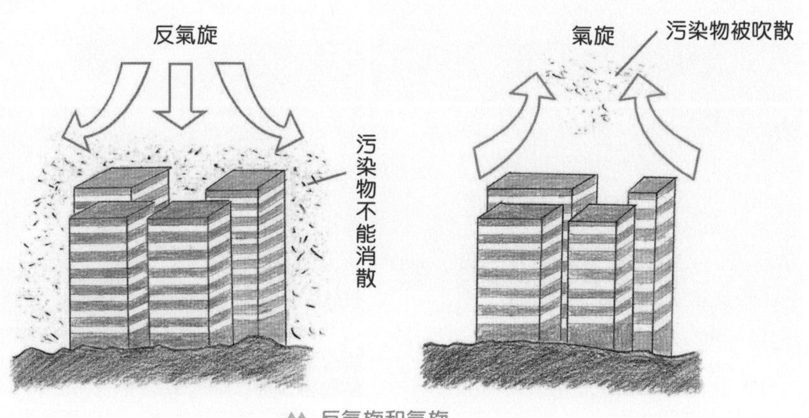

▲▲ 反氣旋和氣旋

能見度

利用簡單的方法便可以測量能見度（visibility）。先找一固定的觀測方向，這個方向最理想是可以望到很遠的景物，並且有很多不同遠近的目標，如建築物、山峰、電塔等。在地圖上找出這些目標跟觀測點的距離，以後便可憑肉眼觀測，找出最遠而又清晰可見的目標和其距離。根據香港天文台的準則，在沒有霧或下雨、而相對濕度又低於百分之九十五的日子，當能見度少於八公里時，便算是低能見度。

九龍半島的炮台山

走大概十五分鐘，便會見到衛奕信徑的指示牌和位於道路左面的小路，走上小路並往「炮台山」方向走。炮台山？我們不是在九龍嗎？原來九龍半島也有一座炮台山。這座炮台山原名魔鬼山，是維多利亞港東面較高的山，

▲ 魔鬼山棱堡

▲ 沿梯級往炮台山。

▲ 左轉往魔鬼山棱堡，或可直走直接往五桂山。

地理上的優勢令它早在明末清初時已被海盜佔據。一九〇〇年英軍正式在山頂位置設立炮台及其他防禦工事，名為魔鬼山棱堡。當然，要守護鯉魚門海峽（Lei Yue Mun Pass）這進出維多利亞港的要道，又豈能只在一岸建立據點？在棱堡附近望向港島，你會找到一座奪目的白色帳篷建築物，那裡正是英軍鯉魚門炮台及魚雷發射站遺址，現已被修建為海防博物館。試想想，當日狹窄的鯉魚門海峽被南北兩座重要的軍事設施守護，要闖入維多利亞港也不是易事呢！來到這裡，似乎對歷史科中那些「地勢險要」、「易守難攻」等詞彙有更具體的認識吧。

海防博物館

大葉相思

沿指示牌往藍田方向走，沿路均植有樹木，較為舒適。一路上可見香港相思屬三大成員之一：大葉相思（馬占相思，*Acacia mangium*, Big-leaved Acacia）。大葉相思能於貧瘠的泥土中生長，並且有固氮作用，把空氣中的氮氣轉化為植物可吸收的形式，提高泥土中氮的含量，對其他

大葉相思

植物也有益處，所以在香港被廣泛用作植林品種。除了對生態的貢獻之外，大葉相思的葉片較其「親屬」臺灣相思和耳果相思大，能提供更多樹蔭，故亦可算是優良的遮蔭樹種。

空中花園

經過迂迴曲折的小路後，又返回油塘的後山上。山下的建築物中，有一座屋頂的設計非常特別。這座建築物把屋頂佈置為一個小庭園，名副其實一個「空中花園」。天台綠化這概念在歐美和日本相當流行，但在香港還未算十分普及，施行者多為公營機構。天台綠化在擠擁的城市中有多方面的好處：生活方面，天台綠化為繁忙的都市人提供一個融入生活的綠化環境；受益者也包括毗鄰樓宇的使用者，天台綠化為他們提供了視覺觀感上的改善；城市微氣候方面，植物遮去陽光、製造陰影，減低天台建築物料（通常為混凝土）吸收的太陽能量，有助紓緩熱島效應（heat island effect，見〈熱島效應〉一文）；能源消耗方面，由於天台的溫度降低，大廈使用者對空調設備的需求相應減少，直接減少能源消耗──這種改善在大廈頂層尤其顯著。除了以上所述外，你還想到天台綠化的其他好處嗎？

石英岩脈

橫過澳景路後轉右走，會看見登五桂山的梯級。往上走數分鐘，可找到石英（quartz）岩脈。石英是一種很堅硬的礦物（mineral），按「摩氏硬度計」（Moh's hardness scale）來算，石英的硬度是七（見《綠色香港──生

沿梯級往五桂山。

石英雖堅硬，但在風化的影響下，部分由白色變成黃色。

態欣賞與認識》（增訂版）一書）。不過，石英雖然堅硬，但長年在風化的影響下，部分已經由原來的白色變成了黃色。

有鈎的種子

繼續行程。走過山徑時，小腿突然感到一陣刺痛。細看下發現原來是白花鬼針草（*Bidens alba*）的種子勾在褲上。相信你也曾在遠足時被它的種子勾著，只是不知「物主」是誰吧！白花鬼針草是常見的菊科植物，在山徑隨處可見。為了增加傳播的機會，種子的末端長有小鈎，以便勾在動物身上，再把種子帶到遠處。回想過去遠足的經驗，你可想到還有哪些植物依靠這種方法傳播種子嗎？

白花鬼針草

五桂山

五桂山

植物受到刺激或感染，形成癭。

沿途你或許會發現一些植物的葉有點「與眾不同」。這種現象叫「癭」（gall），簡單而言，就是植物生病了。生物學上，癭是指植物受到昆蟲、真菌或細菌的物理或化學刺激所引致的不正常生長現象，並會因應不同的刺激而以不同形式呈現。

經五桂山山頂，沿梯級往山下走。最後經馬游塘村抵達寶琳路。在此可乘巴士返回市區，體能尚可的，還可沿翠林路接回衛奕信徑繼續行程，經村落至西貢井欄樹。

馬游塘村

將軍澳

考考你

1. 在香港，煙霞的出現除了與季節有關外，還受什麼地域性因素影響？
2. 你找到設在對岸、近鯉魚門炮台的魚雷發射口嗎？當日英軍工程師是如何巧妙地把魚雷發射站藏在岩洞中？
3. 找出那座已進行天台綠化的建築物的用途。為什麼它特別有需要進行天台綠化？

旅程資料

位置	行程需時	行程距離
九龍東南	3.5 小時	5.6 公里

主題　歷史遺跡和人文環境關係

路線　油塘港鐵站 ▶ 鯉魚門道 ▶ 炮台山 ▶ 澳景路 ▶ 五桂山 ▶ 馬游塘

前往方法　油塘港鐵站 A1 出口。

注意事項　魔鬼山棱堡已非常破舊，切勿進入參觀，免生危險；五桂山一段較少樹木，須帶備足夠食水及做好防曬措施；橫過馬路時要注意交通情況。

生態價值指數	文化價值指數	難度	風景吸引度

延伸思考

城市是人類文明的象徵，它代表著人類智慧、科技和文化的演進。人口集中居住，可以有效地分享資源，不致浪費；但人口大量聚居也造成不少環境問題，熱島效應正是其中之一。處理熱島效應最有效的方法莫過於鼓勵人口分散居住（例如透過改善交通網絡和興建新市鎮促進近郊化）和重新進行城市規劃。但在有限的土地供應下，香港實難以持續透過這些方法處理問題；天台綠化被視為這些限制下的可行出路之一。

大廈綠化的成效

大廈綠化對環境、經濟和建築物結構有什麼好處？本港大廈綠化的成效如何？現時天台綠化多集中在哪些大廈進行？為什麼？是什麼因素限制了天台綠化的應用？與建築物設計和法例有關嗎？近年興起的大廈綠化方案還包括外牆綠化，與天台綠化相比，外牆綠化有什麼優勢？油塘的油麗邨、荃灣的荃新天地和新政府總部均有大廈綠化計劃；面對熱島效應，東京市政府多年前已經開始推行大廈綠化計劃，當地的設計可作參考。

元荃古道

昔日的貿易要道

上山的石級

路，是人走出來的。而「元荃古道」就是在馬路未鋪設以前，由荃灣及元朗居民走出來的道路。有了高速公路以後，元荃古道雖然失去了作為貿易要道的地位，卻發展為一條著名的遠足路線。

元荃古道

元荃古道連接了元朗大棠和荃灣柴灣角，長約十公里，行畢全程需八小時左右，因此比較適合有經驗的遠足人士。這次介紹的只是部分路段，長度較短，適合一家大小同行。

長長的斜路，走起來會有點吃力。

乘巴士在港安醫院站下車，會看見一條登山石級，這就是元荃古道的入口。由於上山石級較斜，加上以後還有一大段路要走，建議大家放慢腳步，慢慢走上山。到達引水道，繼續沿指示牌登山。

梯田

經過下花山，會看見幾塊梯田。梯田上掛了幾片光碟，用作驅趕雀鳥，是可持續耕作（sustainable

梯田

用來驅趕雀鳥的光碟

從山腰可遠望青衣橋

牽牛花

farming）的方法之一。一般農民使用化學劑施肥、殺蟲及驅趕雀鳥，殺死土壤中有益的微生物和動物；過量的化學劑也會隨水流污染河流和海洋。可持續耕作則強調在自然環境的配合下生產農產品。利用光碟驅趕雀鳥及使用有機肥料可以減少使用化學劑，確保收成之餘亦可減少化學劑帶來的問題。梯田後又是一段上斜的路，沿途有涼亭可供小休。清風送爽，欣賞過美麗的牽牛花（*Ipomoea*, Morning-glory）後，要繼續前進了。

沿途有不少寮屋（squatter）。寮屋是指在政府或私人土地上搭建的非法房屋。五、六十年代，大量移民從中國內地湧到香港，房屋供應不足，

寮屋

加上內地移民經濟能力有限，因此在市區邊緣的山坡上出現大量寮屋，引發一連串問題。寮屋欠缺規劃和公共設施（public facility），居住環境狹窄，衛生和治安等問題亦非常嚴重。

▲▲ 刺葵

寮屋經常受水浸、火警和山泥傾瀉等災難威脅，尤其颱風襲港時，身處寮屋的居民更首當其衝。為根治寮屋問題，政府在一九八二年開始登記全港的寮屋，並在一九八五年開始進行全面的寮屋居民普查，以便安排寮屋居民搬遷。時至今日，大部分寮屋居民已經得到安置。二〇〇六年四月一日，房屋署寮屋管制組（俗稱「寮仔部」）及寮屋清拆組正式把清拆職務轉交地政總署（Lands Department），而安置工作仍然由房屋署負責。

▲▲ 山坡上的寮屋

▲▲ 寮屋的問題

位於下花山的分岔路口，向左走繼續旅程。

沿路牌指示前進，又是上斜的路段。

企業贊助種植的樹苗

石龍拱的山頭沿路沒有大樹，只有幾塊不知經歷過幾許風雨的大石，以及一群流浪牛。居高臨下，可以鳥瞰荃灣和青衣的市區，剛才的汗水沒有白流。天氣好的話，更可遠望青衣及汀九橋的景色。如果對攝影有興趣，這裡絕對是個拍照好地點。接近下山的路段，有一片由一些企業贊助種植的人工林。這樣的安排除了有助保護環境外，企業又可回饋社會、提升形象，一舉兩得。

下山路段是一大片具防火作用的相思林，有樹蔭遮擋陽光，走起來十分輕鬆。臺灣相思的根

正在採花蜜的小蜜蜂

位於山頂的分岔路，向左走即進入相思林。

除了路牌指示外，石頭上亦有箭嘴指示方向，但不宜盡信。

眺望青衣及汀九橋。

流浪牛

部會釋放出化學物質，形成相剋效應（allelopathic effect），抑制林底下野草生長；加上屬喬木的臺灣相思成長後可改變微氣候，提高林間濕度和降低風速（wind speed），對控制山火有顯著作用。

量度下滲速率

如果泥土長期被踐踏，泥土顆粒之間的空間便會被壓縮，無法容納水分，泥土的下滲能力大減。

利用自製的工具便可計算下滲速率（infiltration rate）。先把一闊口塑膠瓶的底部和頂部剪去，形成一環狀。把塑膠環的其中一面壓向泥土，確保稍後測試時水不會從環底外溢。把一片保鮮紙鋪在塑膠環內的空間，形成一個臨時容器。

把水倒進這臨時容器內，並記錄水的深度（以毫米為單位）。一切準備好後，把保鮮紙拿走並計時，讓水開始在塑膠環內下滲進泥土。記錄水完全下滲的時間（以小時為單位），並利用以下算式，便可得出下滲速率（單位是毫米／每小時）：

圓環內水位的起始高度（毫米）／圓環內的水完全下滲的所需時間（小時）

如下滲時間不足一小時，建議把單位換算為毫米／每小時，以方便比較。例如四毫米高的水共花了十分鐘下滲，則應轉化為二十四毫米／每小時。

一切準備好後，把保鮮紙拿走，並開始計時。

下滲速率受多個因素影響：

- 泥土質地（texture）和顆粒大小：黏土（clay）顆粒細小（直徑小於零點零零二毫米），顆粒間的孔隙（pore space）細小，水難以滲進這些孔隙，下滲速率慢；沙質泥土（sandy soil）顆粒比較大（直徑大於2毫米），產生較大的孔隙，下滲速率快。

- 泥土的既有水分：乾旱泥土的孔隙沒有水分，可容納很多水，下滲速率快；濕潤泥土中的孔隙早已充滿了水，下滲速率較慢。

- 持續降雨時間：降雨開始時，泥土較乾，雨水的下滲速率快；當泥土變得濕潤，可容下的雨水量減少，下滲速率下降。

- 植被：坡面上的植物有助攔截雨水，令水有更多時間下滲。植物根部亦令泥土更為鬆軟，有較多孔隙吸收水分，下滲速率快。

- 坡度：水分在平緩土地上有較多時間滯留，下滲速率快；水在陡峭坡面迅速向下流動，下滲速率較慢。

往右走進入田夫仔營地，向左走繼續旅程。

走三十分鐘左右，就會到達田夫仔營地。沿山腰走一段路後轉入一條馬路，再走一會便到達清快塘，那裡設有士多可供補給。再走過一段下山的石級，深井就在眼前。回頭一看，更可見到全港最長的隧道──大欖隧道，不久就會到達深井新村。整段路程大約花四小時便可完成，作為家庭日的活動最適合不過。

荷花

旅程資料

位置	行程需時	行程距離
新界西南	4 小時	7.7 公里

主題　城市發展

路線　柴灣角 ▶ 石龍拱 ▶ 田夫仔 ▶ 清快塘 ▶ 深井

前往方法　乘搭 39M、30、30X 或 39A 巴士，於港安醫院站下車。

生態價值指數	文化價值指數	難度	風景吸引度
★★★	★★	★★★	★★★★

考考你

1. 可持續耕作是否適用於香港的農業？為什麼？
2. 試分析流浪牛出現的原因及影響。

延伸思考

在沒有交通工具的時代，古道（ancient trail）是村民往返各地和進行社會與經濟活動的主要通道。由於交通不便、人口密度低和分佈不集中，當時的市集並不常設。墟（periodic market）設有墟期（market period），販賣者按期到不同地點售賣貨品，以接觸更多顧客、擴展市場，以支持營運。大埔墟、聯和墟都是香港早期的墟市，後來因為交易頻繁，墟才被固定的「市」取代；經濟活動轉型、交通科技進步和運輸成本下降，古道逐漸被廢棄。

古道的發展和沒落

香港尚有多少條古道保存至今？現存的古道多分佈在哪裡？試以數條古道作為詳細的考察對象，研究這些古道的歷史和價值。古道連接著什麼地方？為何興起？什麼因素令古道失去其重要性？研究時當留意古道所途經的地點（部分村落今天已不存在），當時的主要經濟活動是什麼？今天又看到這些活動的遺址嗎？為什麼古道沿途的村落今天多不再繁榮，甚至已經消逝？這反映著社會和經濟有什麼轉變？嘗試向老一輩村民作一個口述歷史紀錄，聽聽他們在古道的故事。

從下山石級環視深井的山谷

羌山 ▸▸▸ 大澳

植物群落的發展

▲▲「羌山道、深屈道口」巴士站

一邊眺望大澳和鳳凰山，一邊尋找隱於深山的神秘花園，旅程末段還可到訪大澳的紅樹林種植區。面對急速發展，幸而大嶼山仍是個文化和生態寶庫。

生命力高 卻脆弱的地衣

在「羌山道、深屈道口」巴士站下車，沿路回頭走約數分鐘，便抵達鳳凰徑第五段入口。從這裡沿梯級往山上走，展開旅程。

鳳凰山

地衣

在登山的石級上，我們遇上了地衣（lichen）。只要細心留意，會發現這些石級上都長滿了地衣。地衣是世界上最古老的植物之一，按形態可分為殼狀地衣（crustose lichen）、葉狀地衣（foliose lichen）和枝狀地衣（fruticose lichen）。香港可找到的地衣有二百六十種，有多種不同顏色，例如灰、橙、綠、白等。地衣是真菌和藻類的共生體，兩者互相依賴下生存，是大自然中共生（symbiosis）的最佳例子。地衣是主要的生物風化媒體，它釋放有機酸（organic acid），把岩石風化（weather）為泥土，供植物生長（見〈春風吹又生〉一文）。值

鳳凰徑第五段入口

遠眺大澳

路徑被草本植物覆蓋

羌山山頂

得留意的是，地衣的生命力高卻脆弱：它的生長環境廣泛，從極地（polar region）、荒漠（desert）到熱帶雨林（tropical rainforest）；由樹幹到岩石，均可找到它的蹤影。縱使地衣能夠適應不同的溫度和濕度，空氣污染卻是它的大敵，空氣中的硫化物會殺死它。在繁忙熱鬧的城市中容易找到地衣嗎？

植物的分佈：山谷與高地

到訪鳳凰徑前剛下了數天的雨，加上遊人較少，以致很多路段均被草本植物（herb）及灌木所覆蓋。你可有留意一個有趣的現象：被植物覆蓋的路段多位於山谷，位於高地的植物反而長得沒有那麼茂盛，原因何在？其實只要從山谷與高地的生長環境方向思考，就會得到答案。

山谷因為處於低位，容易積存雨水，水分較為充足，草本植物得以迅速成長；高地位置風勢強勁，有利蒸發（evaporation）過程，水分較少，草本植物因此不會那麼茂盛。

植物與高度的關係

沿鳳凰徑走，一路上每相距五百米就設有一標距柱（distance post）。標距柱上註有標距柱號碼及六位數字的格網座標（grid reference），方便遠足人士在地圖上尋找身處的位置。要確保旅程安全，其中一個方法是培養閱讀標距柱的習慣。標距柱有助確認你在郊遊徑上行走；假若走了一段頗長的距離（超過五百米）還沒有看見下一個標距柱時，那你便有機會已偏離了郊遊徑；標距柱亦有助遇上緊急事故時向救援單位報告位置，增加救援行動效率。

石壁水塘

標距柱

全球定位系統

郊野地區不如城市，缺乏人為建設，除了依靠標距柱可以得知準確位置外，利用全球定位系統（global positioning system, GPS）是更精確的方法。全球定位系統依靠二十多個美國國防部的衛星運作，只需要最少三顆衛星的訊號，便能確定接收器所在位置。一般運動用的接收器的誤差度已少於十米。

市面上有兩大類接收器，一是只具有接收和記錄功能，一般稱為全球定位系統記錄器（GPS logger）；考察時，接收器會自動記下行走的路線和時間；考察完成後便可經電腦存取數據。這類接收器優點是體積輕巧、操作簡單。

另一類是具有更多功能的接收器。考察前可先輸入沿路各點的經緯座標，並在考察時利用定位功能找出目標的距離、方向和預計所需時間。

使用全球定位系統較流動電話定位好，因為它靠衛星操作，在全球任何地點皆可使用，而且精準度高、不用額外付費，還可整合主要的虛擬地球軟體，進一步分析數據。只要啟動接收器的記錄功能，圍繞研究地點走一圈，便可輕易繪製研究範圍，甚至計算其面積；沿著叢林中的山徑走，亦可輕易標出山徑位置。若沒有全球定位系統的幫助，只靠地圖完成這些工序並不容易。

養分循環

雨後考察生態環境往往有意外驚喜。雨後最活躍的動物可算是蚯蚓（earthworm）了。蚯蚓依靠皮膚呼吸，雨後泥土中的孔隙被水佔據，空氣較少，故此蚯蚓需要爬出地面呼吸。蚯蚓俗稱「黃犬」，屬環節動物門（Annelida）寡毛綱（Oligochaeta）。蚯蚓雖然是雌雄同體的動物，牠們在繁殖時亦需要進行交配，互相令對方受精。對於進行有機耕作的農民而言，蚯蚓翻動泥土，增加泥土中的孔隙，避免排水不良（poor drainage），可算是一種對人類有益的動物。

刺葵

向前走直接往龍仔。

靈會山慈興寺和騰龍裝飾（右上方）

沿路有不同大小的蚯蚓爬出來，走路時真的要小心，不然會把牠們踩傷。可是，有些蚯蚓就沒有這麼幸運了，眼前一大群螞蟻正合力把一條蚯蚓抬回洞穴。見到這情景總覺得有些傷感，但大自然就是這樣運作的了。沒有蚯蚓的死亡，螞蟻失去了食糧，能量流（energy flow）和養分循環（nutrient cycle）也因此中斷（見〈養分循環與能量轉移〉一文）。惟有循環不息的「捕殺－被吃掉」的過程，大自然才得以維持運作。

一群螞蟻正合力把蚯蚓抬走。

龍仔悟園

經過羌山後繼續往龍仔和大澳走，抵達龍仔悟園。龍仔悟園是一位信奉佛教的商人的私人庭

龍仔悟園

園，建於一九六二年，曾是香港盛極一時的郊遊勝地，可惜庭園失修多時，不再對外開放，只能從外窺探那充滿江南風格的建築。

紅樹林種植區

沿鳳凰徑下山至大澳，從前還在進行工程的地方，今已成為一個面積約十二公頃、有十二萬棵紅樹的紅樹林種植區。這個地區的設立是為了補償因發展赤鱲角及北大嶼山所失去的七公頃紅樹林。據資料顯示，政府共耗資七十萬元來種植紅樹。就觀察所得，這片紅樹林已成了鷺鳥、清白招潮蟹（*Uca lactea*）和粗腿綠眼招潮蟹（*Uca crassipes*）等泥灘生物覓食的地方。不過，反對聲音表示紅樹林種植區破壞了原生紅樹；紅樹林的種植密度較高，未能使生態系統成熟地發展；該區種植的紅樹以秋茄為主，欠缺其他紅樹和植物品種，生物多樣性（見〈生物多樣性〉一文）較低，對培養一個成熟穩定的生態系統造成障礙。

大澳紅樹林種植區

清白招潮蟹

粗腿綠眼招潮蟹

秋茄

1. 除水分外，風向怎樣影響植物的生長？
2. 蚯蚓以什麼為食物？

旅程資料

位置	行程需時	行程距離
大嶼山西北	3.5 小時	6.3 公里

主題　生態保育

路線　羌山道 ▶ 觀音山 ▶ 羌山 ▶ 龍仔悟園 ▶ 大澳

前往方法　在東涌乘 11 或 23 號巴士，於「羌山道、深屈道口」站下車。

注意事項　部分路徑被植物覆蓋，宜穿著長褲以作保護。

生態價值指數	文化價值指數	難度	風景吸引度

延伸思考

紅樹林位於水陸交界位置，促使它成為香港生物多樣性最高的生境。紅樹林是食物鏈的起點，也是眾多動植物的棲息地。香港強調紅樹林的自然發展，盡量減低人為影響。但在某些情況下，紅樹林原來會對生境構成負面影響。台北淡水的關渡自然公園裡，秋茄過度生長，佔據了彈塗魚、招潮蟹和鷺鳥的生境，造成單一生境的局面，當地在二〇〇七年開展了「紅樹林疏伐試驗」，希望透過控制紅樹林的密度，平衡動植物之間的生境。

人工紅樹林生境控制

大澳的人工紅樹林與關渡自然公園的情況相近，兩者都是近乎單一品種的紅樹林。在香港，疏伐紅樹林似乎是不可思議，但從科學實驗的角度，為平衡動植物之間的生境，也未嘗不可。仔細觀察大澳的人工紅樹林，研究生物多樣性、物種之間的互動和生境穩定性，並把數據與香港其他天然紅樹林作對比，判斷人工紅樹林是否過度生長，並提出改善建議。研究時亦應先參考關渡自然公園疏伐試驗的個案。

第四章
生態點滴

溫室效應

溫室效應與溫室氣體

「溫室效應」（greenhouse effect）總是令人聯想到電影裡世界末日的片段，似乎溫室效應是百害而無一利的大氣現象（atmospheric phenomenon）。但你又是否知道，地球的生態系統能發展至今，也是全賴溫室效應所賜？

溫室氣體	主要的天然來源
臭氧（ozone, O_3）	紫外線（ultra-violet light）與氧分子產生的化學作用
水汽（water vapor, H_2O）	火山活動（vulcanicity）、海洋、湖泊、河流
二氧化碳（carbon dioxide, CO_2）	火山活動、動物的呼吸（respiration）
一氧化二氮（nitrous oxide, N_2O）	微生物活動（microbial action）
甲烷（沼氣，methane, CH_4）	植物分解（decomposition）、動物腸道的發酵作用（fermentation）

▲ 溫室氣體的天然來源

地球的表面被一層厚約一百公里的大氣層覆蓋，當中（尤其是最接近地面的四十公里內）包含不同的氣體。其中一些是溫室氣體，這些氣體包括臭氧、水汽、二氧化碳等，可以吸收由地球所發出的能量。

▲▲ 廢物堆填和畜牧是甲烷的主要來源

▲▲ 水稻田也是甲烷的主要來源之一

地球能量的運作

地球的能量全由太陽供給。太陽能量以短波輻射（shortwave radiation）的形式經過大氣層，途中經反射（reflection）、散射（scattering）和吸收（absorption）等過程消耗，最終只有大概百分之四十六的太陽能量能夠抵達地球表面，情況就像溫室的玻璃幕牆容許太陽光射進溫室裡一樣。地球再把從太陽所吸收的能量以長波輻射（longwave radiation）形式傳回太空。傳回太空的過程中，大氣層中的溫室氣體把部分能量吸收，就如溫室的玻璃把熱能困住一樣。這種溫室效應，長久以來已經存在。假如沒有這個天然溫室效應（natural greenhouse effect），地球的表面平均溫度估計將會低至攝氏零下十八度，而非現時的約攝氏十四點五度，那時地球上的生態系統將會受到嚴重的影響。

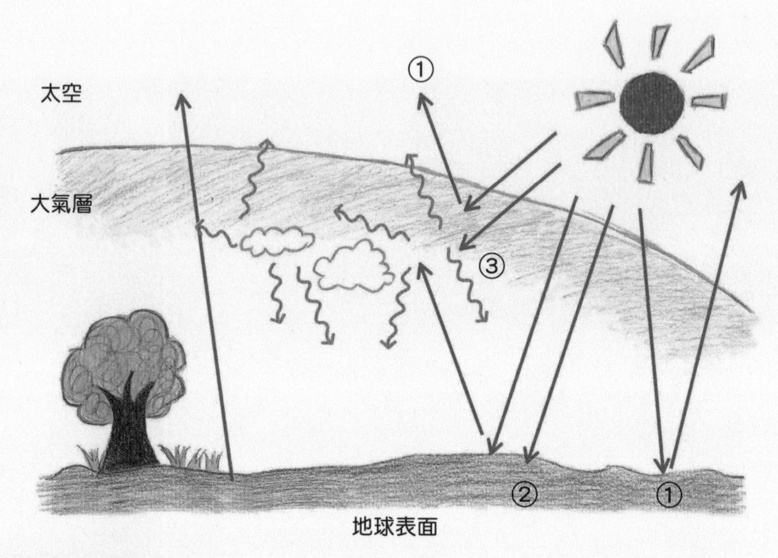

太陽輻射進入地球後
① 被地面和大氣反射（33%） ② 被地面吸收（47%） ③ 被大氣中的粒子吸收（20%）

▲▲ 溫室效應
地面吸收太陽（短波）輻射後，再釋出地球（長波）輻射。這些長波輻射小部分會直接離開大氣層，但大部分都被大氣層中的溫室氣體吸收，使地球保持溫暖。

增強溫室效應

隨著人類的發展，我們不斷釋出更多的溫室氣體。以二氧化碳為例，二〇一六年位於夏威夷的冒納羅亞天文台（Mauna Loa Observatory）錄得的大氣二氧化碳濃度較一九五八年的紀錄多出百分之二十七。大量燃燒化石燃料（參看〈能量之源〉一文）迅速地把二氧化碳釋放到大氣層中；砍伐樹林（deforestation）亦減低自然界吸收二氧化碳的能力。其他的溫室氣體如甲烷和一氧化二氮亦分別透過廢物堆填和製造化肥（chemical fertilizer）產生。還有，空調和電冰箱的冷凍劑（refrigerant）及泡沫塑料（foam）中的氯氟碳化合物（chlorofluorocarbons, CFCs）亦是溫室氣體。氯氟碳化合物是一種完全人為的溫室氣體，大自然中並不存在。因為氯氟碳化合物有很高的化學穩定性（stability），它的全球變暖潛能（global warming potential）較二氧化碳高出一千六百倍至一萬六千倍不等。

人類的農業（agriculture）和工業（industry）活動令更多的溫室氣體排放至大氣層，意味著有更多熱能被困，使全球平均氣溫上升。這種效應，稱為增強溫室效應（enhanced greenhouse effect）。根據「政府間氣候變化專門委員會」（Intergovernmental Panel on Climate Change, IPCC）的預測，到了二十一世紀末（二〇九〇至二〇九九年），全球平均氣溫（global mean temperature）將較二十世紀末（一九八〇至一九九九年）高出攝氏一點一度至六點四度。別小看這小小的溫度轉變，在一萬年前的冰河時期（Ice Age），全球大部分地方都被冰雪覆蓋，當時的全球平均氣溫也不過比今天的低攝氏三至五度。

溫室效應只是百年後的問題嗎？過去數十年，人類排放出來的溫室氣體已引發了不少問題。二〇一五年是全球自一八六一年有儀器記錄以來最暖的一年，較一九六一年至一九九〇年平均值高出零點七六度。再者，溫帶地區（temperate region）的氣溫提升，一些原本只於熱帶地區滋生的害蟲和細菌，現在亦可於溫帶和高地繁殖。近年在世界各地，極端天氣頻生，例如乾旱、水災、超級颱風、嚴冬、熱浪等，亦與全球暖化有關。

緩減的方法

增強溫室效應引發的全球暖化是影響全球的，因此最佳的解決方案莫過於國際合作，例如技術轉移（technology transfer）、排放量限制等方案（參看〈京都議定書〉一文）。但在顧及國內經濟增長的大前提下，一些國家拒絕參與國際合作計劃。縱使我們個人可以做的很有限，但行動正好實實在在反映我們對緩減全球暖化的決心。我們可以在日常生活中透過節約能源（energy conservation），減低因產電所排放的二氧化碳；多使用公共交通工具（public transport）亦有助減少使用化石燃料；拒絕使用泡沫塑料器皿及採用不含氯氟碳化合物產品亦可間接令全球暖化得以紓緩。

參考路線

在南丫島可以見到火力發電廠和香港首個風力發電站。究竟哪種發電方法較適合香港？大帽山是全球暖化下受到明顯影響的地區，植物為尋找較低溫的生長環境，需向山上遷移，原在山頂的植物因無路可走而有絕種的危機。

能量之源

一個發生在未來的故事

能源將近耗盡，各國已實施能源管制措施。除執行緊急服務的交通工具外，其他交通工具已經停駛；大部分發電廠亦因沒有足夠的煤和天然氣而停產。沒有了電燈，人們只好嚴守日出而作、日入而息的自然規律。黑夜來臨，就是一切活動停止之時。

能源

能源（energy resource）是日常生活中不可缺少的一種物質。嚴格而言，能源是任何可以直接或間接提供能量的物質。現時世界主要的能源是石油（petroleum）、煤（coal）和天然氣（natural gas），它們都是由動植物殘骸經長時間演變而成，統稱為化石燃料。

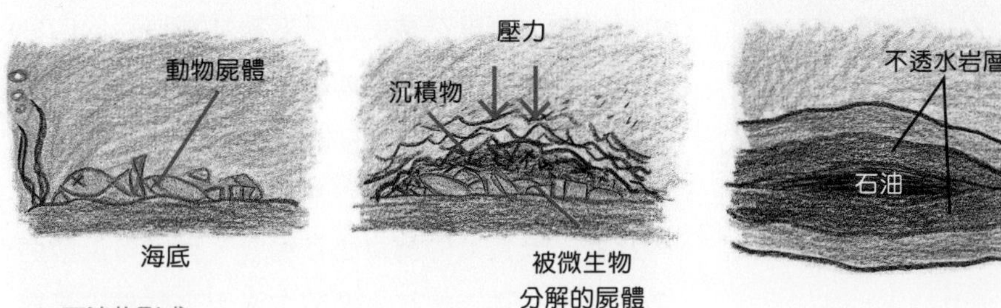

▲▲ 石油的形成

石油由動物屍體形成。幾百萬年前，動物死後沉在海底，漸漸被微生物分解及被沉積物覆蓋。經壓力及熱力的影響，屍體腐化遺下的碳氫化合物漸漸形成石油。石油通常在不透水岩層（impermeable layer）之間出現。

能源可按其來源分為「非可再生能源」（non-renewable energy）和「可再生能源」。上述提及的化石燃料需要長時間形成，並非取之不盡（inexhaustible），故屬非可再生能源；核能（nuclear energy）因其原料——鈾（uranium）的蘊藏量有限，故亦屬此類別。相反，太陽能（solar energy）與風能（wind power）等可以無限量地由大自然供應，故被稱為可再生能源。

能源	
非可再生能源	可再生能源
• 化石能源（石油、天然氣、煤） • 核能（鈾）	• 太陽能 • 水力 • 風力 • 浪／潮汐能 • 地熱能

▲ 能源分類表

能源耗盡的一天

我們現時使用能源的速度快得驚人。例如單是一班由香港至美國三藩市的航機便需要近一百噸的燃油；單是空調便佔香港總能源消耗的四分之一。今天，我們已經能夠預見各種主要能源的盡頭。按照現時的使用速度及已知的蘊藏量預測，現今主要的能源——石油，將在未來五十至一百年內耗盡；天然氣的壽命雖然稍長，也只可供我們多使用約一百二十年。至於主要用來為重工業提供動力和生產電力的煤，則預計有二百年壽命。不過，能源的需求亦隨著人口增長與發展程度而

增加。此外，燃燒化石燃料亦同時引致酸雨（acid rain）、空氣污染、熱島效應（見〈熱島效應〉一文）和溫室效應（見〈溫室效應〉一文）等環境問題。尋找新的能源遂成為今天最重要的科研題目之一。

可再生能源的發展情況

現時大部分已發展國家（developed country）均致力發展可再生能源。不過由於科技上的局限，可再生能源在產電效率方面仍未達理想。以一塊二十呎長八呎闊的太陽能光伏板為例，它生產的電力只足夠推動五座直徑十八吋的電風扇與數支照明管。座落於南丫島上的那座五十米高風力發電機亦只可提供約二百五十戶家庭的電力。水力發電是現時較為廣泛利用的可再生能源，不過水力發電要求建設地點有大型的河道，所以只有在少數地方可行。而建設水壩會把上下游的水路交通和天然生態系統割裂，這也增加了興建水力發電站的阻力。除技術限制外，高昂的建設費用亦令大部分可再生能源欠缺成本效益，成為推行上的最大阻力。

可再生能源現時仍處於小規模的應用階段，而其角色亦只屬輔助性質。例如美國只有百分之八的能源消耗來自可再生能源，餘下的大部分消耗均來自石油、煤、天然氣和核能。在中國，隨著國家發展，石油佔所有能源的使用比例由一九七〇年的百分之十四上升至近年超過百分之二十。可再生能源雖已漸漸普及，但石油與其他化石燃料的重要性仍是不可取代的，而且還會隨著世界各國的發展而持續增加。

那個未來的故事

核能雖備受爭議，但產電過程不會產生溫室氣體，加上效率高，面對現今龐大的能源需求，核能是相當理想的過渡能源，以緩和全球暖化問題。是否可以考慮待他日科技進步，可再生能源得以大規模應用時，才淘汰核能？在新能源可以被廣泛應用前，我們只可以透過節約能源以延長各種現存能源的壽命。有效的措施包括停止不必要的能量消耗、使用具有能源效益裝置的電器產品和多使用公共交通工具。循環再用（reuse）和循環再造（recycle）亦有助避免因製造、提煉新資源而引致的額外能源消耗。 但願那個未來故事不會真的發生。

參考路線

南丫島設有香港首座風力發電站；蕉坑種植的甘蔗是能源作物，可提煉乙醇作為汽車燃料，取代傳統的化石燃料。

熱島效應

火熱城市

隨著城市發展，建築密度不斷提高，更多能源被應用於城市生活上。高密度的建築方式在香港這個寸金尺土的城市尤其普遍，但這種「善用土地資源」建築方式的代價，便是一連串的環境問題。

在旺角或尖沙咀街頭走動後汗流浹背的情況，相信你也經歷過。細心留意天氣報告，會發現香港市區的氣溫（air temperature）通常比郊區高。根據香港天文台的研究，香港市區與郊區的溫度平均相差攝氏零點八度，最極端的更可達十一點五度。這情況不止在香港出現，世界各地的大城市，尤其是一些欠缺周詳環境規劃的城市，也面對同樣問題。這個市區氣溫較郊區為高的現象，稱為「熱島效應」。

熱島效應的原因

熱島效應的成因有三方面：首先是建築物增加了市區接收太陽能量的表面面積；第二，混凝土（concrete）和金屬等建築物料的熱容量（heat capacity）較植被為高，市區能儲存較多的太陽能量。

大量能源消耗亦令城市製造大量熱能。汽車、空調和電燈都是市區的主要熱源（heat source），它們令晚間的市區氣溫仍然保持在稍高水平，形成熱夜（hot night，即晚間溫度不低於攝氏二十八度）。香港的熱夜日數自六十年代中起有明顯的上升趨勢，近十年的全年熱夜日數皆維持在十五日或以上。

最後，高密度的建築形成「都市峽谷」（urban canyon）現象。高密度的建築群形成狹小的空間，清涼新鮮的空氣難以在市區建築群內流動；建築群內，熱力亦因微弱的風速而不能散失。香港市區的地面風速（wind velocity）常低於每秒一米。空氣對流不佳，熱能只能滯留在市區而久久不能散去。近十年成為焦點的「屏風樓」問題，亦被指是熱島效應的原因。不過空氣具有極高的流動性，並非數座建築物可以阻擋空氣前進；加上香港的風向因地勢和季節多變，要界定建築物是否構成屏風效應實在是一個精密而互動的科學問題，並非單純依靠觀看樓宇的分佈便可決定。

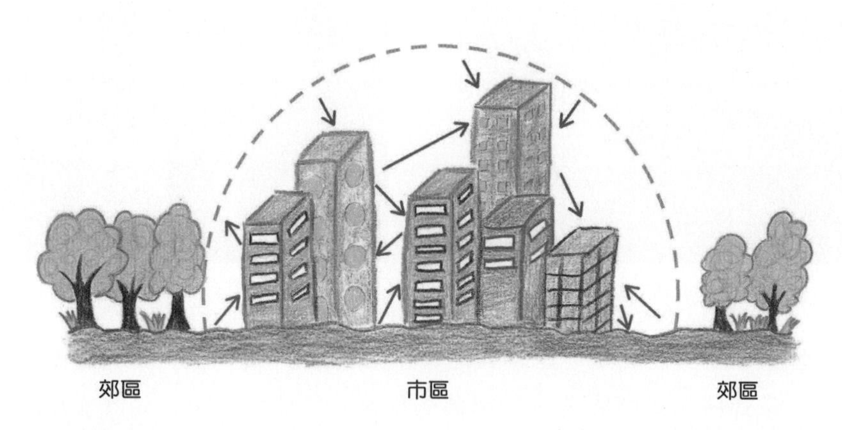

▲▲ 熱島效應

市區中的人工環境（建築物等）有利吸收太陽輻射，加上市區中產生的人為熱（機器運作放出的熱能），令市區溫度上升。密集的建築物不但促進輻射的吸收和反射，亦阻擋了空氣流動，減低市區的散熱能力。市區的氣溫比郊區為高的現象，稱為「熱島效應」。

環境經濟學可以解決問題嗎？

熱島效應是城市化的產物。城市化（urbanization）是經濟發展時不可避免的過程，它意味著人類的聚居及更有效率的資源運用。要解決熱島效應，當然不可以盲目地反對城市建設。發展城市的同時，可以透過配合環境的規劃方法，例如透過環境影響評估（environmental impact assessment, EIA），減低建築物密度，或以階梯形式排列建築物，在沿海興建較矮的建築物，不致阻擋海風吹向內陸。設計在空氣流動方面能與盛行風配合得宜的建築物，以減少熱力的產生和積聚。

當然，熱島效應並不能單純地靠城市規劃（urban planning）便可以消除。深究熱島效應的主因是個體的聚集。以空調為例，從環境經濟學（environmental economics）上分析，因為每家每戶都使用空調，大量熱空氣被排出室外，致使更多人因氣溫上升而需要使用空調。空調所排出的熱空氣並非由用戶本身承擔，故不屬用戶自身的機會成本（opportunity cost）。相反，承擔熱空氣的責任卻算在社會上，形成外在成本（external cost）。

要解決這問題，教育當然是老生常談的解決方案。但在舒適生活的利誘下，人們往往都會把口號和小冊子等拋諸腦後。在自由市場經濟（free market economy）這大前提下，增加電費似乎是更有效的方法。增加電費直接提高空調用戶的機會成本，使用戶自行減少使用空調。同樣道理，市區的另一主要熱源──汽車，也可以透過提高汽油價格或在繁忙街道引入道路收費系統以減低人們使用汽車或把汽車駛入城市的意欲。不過也許如塑膠購物袋環保徵費（Environmental Levy on Plastic Shopping Bags）一樣，富裕的人根本不會在乎那小小的額外費用，到頭來有關措施是否只會增加低下階層的負擔，對高收入人士毫無作用也是未知之數。在環境問題前，責任應是人人平等，抑或是富裕的人要分擔多一些？

環境經濟學雖然可在理論上紓緩熱島效應這問題，但推行環境政策的其中一個要點是避免受眾有被強迫的感覺；再者，若環境經濟學真的是靈丹妙藥，那我們今天還會遇上這麼多的環境問題嗎？

就熱島效應這切身問題，你有沒有更好的建議？

參考路線

天台綠化有助減低熱島效應。在油塘—馬游塘的路途上可見到進行了天台綠化的建築物；蕉坑找到的假連翹是常用的天台綠化植物。在城市中多設公園，以植物大規模綠化，亦有助解決問題。九龍寨城公園便是市區公園的例子之一。

京都議定書

為控制全球溫室氣體排放量而草擬的《京都議定書》（Kyoto Protocol）在二〇〇五年二月十六日正式生效。想當日你我如常上課上班，可能忘記了人類對地球的破壞從未間斷——人類不斷排放溫室氣體（見〈溫室效應〉一文），令全球平均氣溫上升，引發前所未有的危機。

《京都議定書》全名《〈聯合國氣候變化框架公約〉京都議定書》（Kyoto Protocol to the United Nations Framework Convention on Climate Change）。早在上世紀九十年代初，聯合國（United Nations）就開始討

論如何保護環境以達至可持續發展，《聯合國氣候變化框架公約》（United Nations Framework Convention on Climate Change, UNFCCC）正是把全球暖化這議題搬到國際談判桌上。《京都議定書》希望透過制約已發展國家（developed country）排放溫室氣體，以紓緩全球暖化。一般而言，已發展國家人均消耗較多能源，溫室氣體人均排放量亦較高。另一方面，已發展國家在科技（technology）及國民教育水平（education level）方面也較有優勢，她們對控制溫室氣體排放的成效亦會較高。《京都議定書》的目標是在二〇一二年把全球溫室氣體的排放量減低至一九九〇年排放量的百分之九十五。雖然溫室氣體看不到，也不可能準確量度，不過只要得知石油、天然氣和煤等燃料的消耗量，聯合國便可以監察參與國在控制溫室氣體排放方面的成效。

為照顧不同國家的發展需要，議定書對各國減排溫室氣體的要求亦有所不同——美國減少百分之七，歐盟國家減少百分之八，日本減少百分之六，俄羅斯為百分之零（即維持一九九〇年的排放量），而澳洲及冰島則容許分別增加百分之八及百分之十的排放量。對已發展國家而言，其減排要求比較苛刻，但她們仍然可以透過利用可再生能源以達到目標。除減少國內排放量外，已發展國家還可以透過協助發展中國家（developing country）減少排放溫室氣體，以及向發展中國家提供經濟援助以獲得額外的排放量。

令人惋惜的是，全球溫室氣體排放國之首——美國，並沒有參與《京都議定書》。時任總統克林頓曾同意簽署《京都議定書》，但當時因未能獲得參議院通過而未有落實。布殊上台後，撤回了對《京都議定書》的支持。他以「實行議定書會打擊國內經濟」及「中國作為世界第二大溫室氣體排放國，卻不受議定書監管」為理由，拒絕把《京都議定書》交予國會審議，這亦意味著美國不會加入《京都議定書》。幸而，另一溫室氣體排放大國——澳洲已於二〇〇七年末重新簽訂議定書。

至於中國，自改革開放後，經濟漸漸發展。在蓬勃經濟發展背後，中國天然資源（natural resource）的消耗及對環境的破壞都是史無前例的嚴重。誠然，現在的中國仍然是個發展中國家，但假如中國繼續以「發展中國家」作藉口，繼續實行「犧牲式」的發展，這對中國以及全世界的生態環境均有害無利。一個有遠見的政府，應該在經濟發展與環境保護之間取得平衡，否則當問題變得積重難返的時候，不論國家發展與否都要加入臨渴掘井的行列了。幸見中國近年不時落實一些環境保育措施，相信只要國民加以注意，環境還是可以得到保護的。

《京都議定書》已於二〇一二年失效，取而代之的是二〇〇九年底的《哥本哈根協定》（Copenhagen Accord）和二〇一五年的《巴黎協議》（Paris Agreement）。縱然如此，國際間仍未見達成什麼突破性的合作協議，合作、減排、援助等口號變得陳腔濫調。今天，《京都議定書》差不多已被人遺忘，甚至有人認為，這些國際協議全都是一紙空文。

縱使這些國際協議在政治層面上是如此不濟，它在環境保育精神上的影響是深遠的：表面上國際協議無助於解決全球暖化問題，事實上環境保護也不能一蹴而就。《京都議定書》、《哥本哈根協定》和《巴黎協議》均使我們對環境保護作出反省和討論，更令人們認清國際間合作的真正障礙。這點尤見於中國和美國間的角力：世界兩大強國，一方是發展中國家，一方是已發展國家。兩國的著眼點各有不同：雖互相矛盾，卻又各有理據。要解決氣候問題，並不是誰的嘴巴大或掌有話語權（right of discourse）就得聽誰話。關鍵是各方都要有所捨棄，同時也要伸出援手，盡早落實國際合作。

在香港，我們不斷聽到呼籲環保的聲音，例如減排廢氣、少用膠袋和試行風力發電等。雖然這些環保工作在成效方面仍然乏善足陳，或仍處於試驗階段，但若每一個香港人都有這種積極的環境態度，便正是實踐了國際協議的精神──環境保育是每個人的責任。

養分循環與能量轉移

「落紅不是無情物，化作春泥更護花」。文學有趣之處就是不同的讀者會領會到不同的意思。這詩句在我眼中看來，是訴說著生態系統中一個重要的概念——養分循環。

枯萎的花朵落葉、失去了生命的昆蟲，表面上好像已經完成了自然的使命，但當它們掉到泥土上成為殘落物時，土壤中的小昆蟲（如螞蟻）、細菌和真菌便會將其分解並化為氮（nitrogen, N）、磷（phosphorus, P）等養分（nutrient），令泥土變得更加肥沃，泥土上的植物繼續茁壯成長，而這些植物也成為其他動物的食物，一個奇妙又複雜的故事又再開始……

在養分循環以外，生態系統中尚有另一個同樣重要的過程——能量流，這要從宇宙中的大火球——太陽說起。太陽能量是地球的生命之源，太陽負責提供能量予地球的生態系統，地球則為生物提供必需的物質和養分，這些物質一直存在於地球的空氣、水和土壤岩石中。太陽以光能和熱能的形式把能量輸入地球，綠色植物透過光合作用，利用水分、陽光和二氧化碳製造食物（即碳水化合物，carbohydrate），並儲存在植物的組織如根、莖、葉和果實中。植物可說是能量流與養分循環的起點，因為除了植物，地球上其他生物也不可透過直接吸收太陽能量自行製造食物維生。

食物鏈是生態系統中養分與能量供求的關係鏈。地球上的生物種類多不勝數，但根據它們在養分循環和能量流中所扮演的角色，可分為生產者（producer）、消費者和分解者三類。

綠色植物是食物鏈中的生產者，它們把養分及能量帶入食物鏈，供其他消費者和分解者使用。消費者是指那些以其他生物或有機物為食物的動物，它們直接或間接以植物為食物。根據不同的食性，消費者又詳細分為下列三類：

一、**初級消費者**（primary consumer）

牠們是草食性動物，以生產者（植物）作食物。牠們透過進食植物得到養分和能量。例如牛、羊、象等。

二、**次級消費者**（secondary consumer）

牠們是肉食性動物（carnivore），以消費者作食物，例子有獅子、狼、狐狸、豹等。

三、**三級消費者**（tertiary consumer）

牠們是雜食性動物（omnivore），同時以生產者和消費者為食物。若把人類看作是自然生態系統的一分子，那人類也屬此類。

分解者以死去的動植物作食物，以細菌和真菌為主。當然某些動物如蚯蚓、白蟻也是分解者。它們把動植物的殘骸分解為無機物（inorganic substance），回到自然環境中再被生產者利用。分解者在養分循環中具有重要的意義，因為大部分的養分都是透過分解者回歸泥土，重新成為植物的養分，以維持光合作用。沒有分解者，養分就無法從殘落物中重返自然供其他植物使用。中國人的那句「塵歸塵，土歸土」，也可以解讀為描繪著養分循環這過程。

養分不斷循環流動之下，萬物生生不息。雖然動植物終會有死去的一日，但這並非終結，反而是另一個開始。至於能量流，雖然它只是個單向過程，全靠太陽源源不絕地供應能量予地球，才能維持下去。

參考路線

食物鏈是連繫養分和能量的重要渠道。透過林村和羌山—大澳兩條路線，可認識淡水和陸上的食物鏈。

拉姆薩爾濕地

水是生命之源。我們需要水分排走體內的毒素和廢物，維持身體健康；大自然一樣需要水進行養分循環（見〈養分循環與能量轉移〉一文）及過濾污染物，令生態系統得到平衡，因此將濕地（wetland）比喻成地球的腎臟，實不為過。濕地上以紅樹林為主要的植物群落，在香港可以找到八種紅樹：

秋茄（*Kandelia obovata*）

木欖（*Bruguiera gymnorhiza*）

桐花樹（蠟燭果，*Aegiceras corniculatum*）

銀葉樹（*Heritiera littoralis*, Looking-glass Tree）

▲▲ 欖李（*Lumnitzera racemosa*, Lumnitzera）

▲▲ 海欖雌（*Avicennia marina*）

▲▲ 海漆（*Excoecaria agallocha*）

▲▲ 鹵蕨（*Acrostichum aureum*, Leather fern，又名 Mangrove Fern）

河水經過紅樹林流出海洋時，紅樹林把水中的污染物過濾（filtering），防止污染物流出大海。濕地亦是食物鏈的起點和動植物棲息地，是重要的自然資源。一九七一年，國際自然和自然資源保護聯盟（International Union for the Conservation of Nature and Natural Resources, IUCN）在伊朗拉姆薩爾（Ramsar）的會議上，通過了一條重要的國際公約──《關於特別是作為水禽棲息地的國際重要濕地公約》（Convention on Wetlands of

International Importance especially as Waterfowl Habitat）——即《拉姆薩爾公約》（Ramsar Convention）。

根據公約的定義，濕地是無論天然或人工，長久或暫時性的沼澤地、泥炭地或鹹淡水域地帶，以及低潮時水深不超過六米的水域。可見濕地的定義十分廣泛，海邊的紅樹林，以至人工的灌溉農田及魚塘（fish pond）都屬濕地。提到濕地，你可能只說得出米埔和香港濕地公園。國際知名的米埔是其中一片「拉姆薩爾濕地」（Ramsar Site），與其他濕地相比，為什麼米埔的地位如此超然？

米埔擁有全中國第六大的紅樹林群落，加上結合了自然和人工因素，生態價值大幅提升。米埔位於鹹淡水交界的泥灘地帶，自居民在當地修築總面積達二百四十公頃的基圍（*gei wai*）發展漁業（fishery）之後，它的生態價值突飛猛進——居民每年秋季潮漲時打開水閘，把魚苗、蝦苗、海水中的養分和氧氣引入基圍，憑藉蘆葦（*Phragmites australis*, Common Reedgrass）和紅樹等植物提供食物，魚苗和蝦苗在欠缺天敵的環境下成長；養殖期間漁民定期開啟水閘，一方面排出基圍中的廢物，另一方面引入海水以補充養分和氧氣；收成時漁民排走海水，撈捕魚蝦，其餘沒有商業價值的魚類就成為水鳥（waterbird）的食物來源。從這例子看，人類的漁農業活動對自然環境也有正面作用。

由於食物來源充足穩定，米埔每年吸引了超過六萬隻雀鳥棲息。香港四百六十多種雀鳥當中，超過七成可在米埔找到。這些雀鳥中不乏一些尊貴的「稀客」，包括黑臉琵鷺（*Platalea minor*, Black-faced Spoonbill）、黑嘴鷗（*Larus saundersi*, Saunders's Gull）和小青腳鷸（*Tringa guttifer*, Nordmann's Greenshank），牠們都是稀有品種，因此米埔對保育稀有品種和維持生物多樣性（見〈生物多樣性〉一文）有重大貢獻。到米埔考察時緊記細心觀察身邊的一草一木，以及成群的候鳥（migratory bird），相信你會在讚嘆自然之美時，亦為香港這個大自然寶藏而感到自豪。

參考路線

米埔拉姆薩爾濕地不容易前往，亦須經申請才能參觀。本港有多片生態價值高又方便前往的天然濕地，例如鹿頸、汀角一船灣、榕樹澳一深涌和望原。

春風吹又生

由一片寸草不生的裸地（bare land）發展至一個成熟的森林（forest）需時多久？答案可能是數十年、上百年，甚至是數百年。高大的樹木並不能剎那間在裸地上生長，植物群落在一片土地上的發展有特定的次序：由地衣、苔蘚，到灌木、喬木。這個植物群落的生長過程叫「演替」。

地衣

鐵芒萁──另一種先鋒植物

一切由地衣開始

一切發生之前，那一片光禿禿的土地上沒有泥土，只有母岩露出地面。此時，其他植物因為缺乏泥土而無法生長，只得地衣與苔蘚能在岩石上生長。這些首先開拓裸地的植物叫先鋒植物。地衣與苔蘚在生長過程中釋出有機酸，形成生物風化；它們同時能保持岩石濕潤，促進化學風化。配上環境因素，岩石漸漸被風化為薄薄的泥土層。

草本植物群落

有了泥土，樹木還需要更佳的生境。先鋒植物群落（pioneer community）出現後的一段時間內，泥土還是非常薄，養分也少得不足以支持樹木生長。草本植物在此時出現，因為它們對生境的要求較低，比樹木「粗生」，能在瘦瘠泥土上生長。草本植物的出現增加了風化速度，提供了更多有機物（organic matter）；它們亦有助遮擋陽光照射，提高土壤含水量（soil moisture content）。這些環境上的調節有助培養出「嬌生慣養」的灌木。

頂極群落

灌木進一步為泥土提供有機物和提高土壤含水量。泥土的發展漸趨成熟，為喬木的生長提供優良生境。當大量喬木組成的森林形成時，就代表著生態系統已經踏入成熟穩定的階段，生態系統內所有的能量已被充分利用，並沒有能量未被用於生長。從生態學的角度而言，這種植物群落稱為「頂極群落」（climax community）。

演替的意義

演替不止標誌著先鋒植物發展至木本植物（woody plant）的改變。觀察演替過程時，不難發現植物無論在高度、壽命、林木分層結構（forest stratification）、生物量（biomass）與生產力（productivity）均有顯著增長。植物特性方面，由於陽光逐漸被樹冠（canopy）所遮擋，原在林底生長的陽生植物（heliophytic plant）被陰生植物（sciophytic plant）取代。整個生態系統而言，生物多樣性（見〈生物多樣性〉一文）亦大大提高。植物品種由演替開始時的數種增加至頂極階段的數百至數千種不等。養分循環（見〈養分循環與能量轉移〉一文）變得更緊密、更有效率。

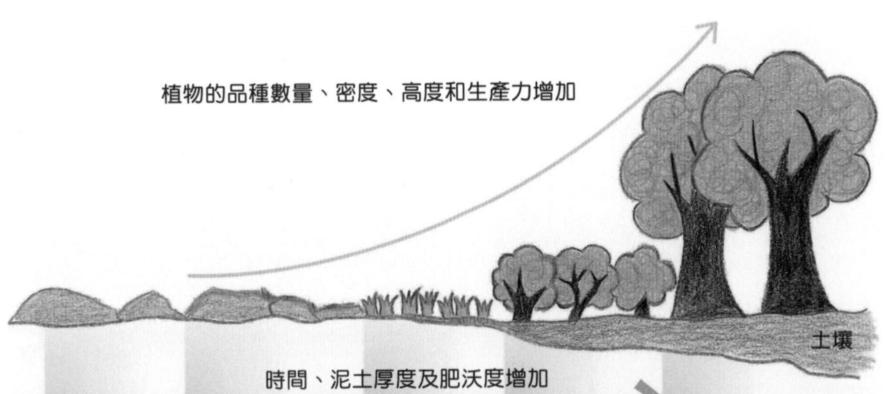
植物的品種數量、密度、高度和生產力增加
土壤
時間、泥土厚度及肥沃度增加
裸地
沒有土壤，不適合植物生長。
地衣及苔蘚期
地衣及苔蘚的生長促進了風化作用，薄薄的泥土層漸漸形成。
草本植物期
薄薄的泥土令草本植物成功生長。
灌木期
草本植物的生長間接增加了泥土的厚度，有利灌木生長。
樹木期
灌木的生長持續增加泥土的厚度，有利樹木生長。

▲▲ 植物的演替

值得一提的是，除了植物外，演替所影響的還包括林內微氣候。植物降低了林內的日照、氣溫與風速，植物蒸騰作用（transpiration）亦提高相對濕度（relative humidity）。這些微氣候上的調節有助營造一個優良的植物生境，創造成熟的林木生態系統。動物在演替過程中亦扮演著非常重要的角色。例如飛鳥等動物將新的植物品種帶入群落；草食性動物以植物天敵的身分，避免了個別植物品種過量繁衍，維持生態平衡。

一個森林往往是由一個不起眼的先鋒植物群落開始，經歷數十至百年的時間才可以形成。在這長時間的演替過程中，常受到很多天然與人為因素影響，甚至終止它的發展。以香港為例，頻密的人為山火使演替不能達致頂極階段，這解釋了香港沒有森林的原因（除了少數受法例保護或人工植林的地點）。近年較大型的山火就有三宗。一是二〇〇六年十一月初的大欖郊野公園

▲▲ 二〇〇四年十二月的八仙嶺山火

山火，燃燒了近五十一小時，破壞了四百六十公頃面積的土地，超過六萬五千棵樹被焚毀。另外兩宗是二〇〇四年十一月下旬和十二月初分別於愉景灣附近和八仙嶺發生。當時兩宗山火均燃燒了四十小時，合共影響範圍達六百二十公頃，破壞逾萬棵樹木。

每一片樹林都是可貴的群落。雖然小草的生命力頑強，「野火燒不盡，春風吹又生」，但在經常性的破壞下，任憑它們的成長再快速，也不能演替出繁盛的樹林。

▲▲ 牛──草食性動物有助控制植物生長

參考路線

八仙嶺多次受山火蹂躪，在八仙嶺自然教育徑可見到山火後的生態復修工作。大棠過去是採泥區，採泥後如何使植物在劣地上重新生長極需學問。羌山一大澳則可考察植物的空間分佈。

中草藥

植物除了是食物來源外，對中國人而言，某些植物更有治療之效。明朝時，李時珍撰寫了《本草綱目》，並於一五九六年發行，自此成為中醫藥的經典。即使是西方醫學，亦有從植物中提取其藥用成分。以下介紹的植物醫藥功效旨在說明植物特性，使用草藥前請先尋求專業人士之意見。

大薸

別　名：水浮蓮
學　名：*Pistia stratiotes*
英文名：Water Lettuce
介　紹：用於治療傷風、濕疹等。

靈芝草

別　名：仙鶴草、扭序花
學　名：*Rhinacanthus nasutus*
英文名：Rhinacanthus
介　紹：用於治療吐血、瘧疾和血痢等。

龍脷葉

別　名：龍利葉、龍舌葉
學　名：*Sauropus spatulifolius*
英文名：Spatulate-leaved Sauropus
介　紹：用於治療咳嗽和大便秘結。

五月艾

別　名：艾
學　名：*Artemisia indica*
英文名：Mugwort
介　紹：用於治療婦女月經不調諸症。

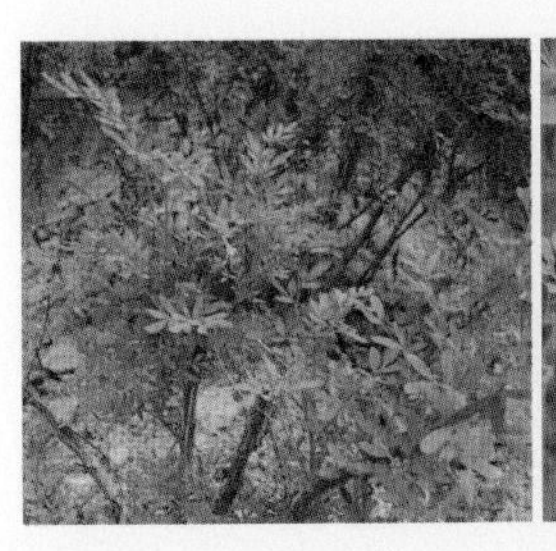

芸香

別　名：臭草
學　名：*Ruta graveolens*
英文名：Common Rue
介　紹：能清熱解毒，散瘀止痛。用於治療感冒發熱、牙痛、跌打損傷等。

假馬鞭

別　名：假敗醬
學　名：*Stachytarpheta jamaicensis*
英文名：Jamaica Vervain
介　紹：用於治療風濕症。

兩面針

學　名：*Zanthoxylum nitidum*
英文名：Shiny-leaved Prickly Ash
介　紹：用於治療牙痛和跌打損傷。

粉葛

學　名：*Pueraria lobata var. thomsonii*
英文名：Thomson's Kudzu
介　紹：用於治療感冒發熱、麻疹等症。

崩大碗

別　名：積雪草
學　名：*Centella asiatica*
英文名：Moneywort
介　紹：用於治療瘡毒和跌打損傷。

龍牙草

學　名：*Agrimonia pilosa*
英文名：Pilose Cocklebur, Agrimony
介　紹：用於治療出血症。

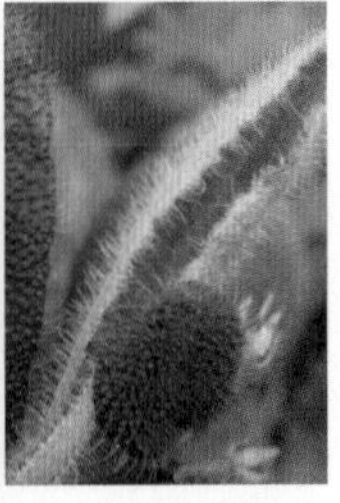

虎舌紅

學　名：*Ardisia mamillata*

介　紹：能散瘀止血，清熱利濕。用於治療跌打損傷和風濕關節痛。

銅錘玉帶草

學　名：*Pratia nummularia*

英文名：Common Pratia, Pratia

介　紹：用於治療創傷出血和月經不調。

癲茄

別　名：牛茄子

學　名：*Solanum capsicoides*

英文名：Poisonous Tomato, Soda-apple Nightshade

介　紹：用於治療跌打損傷。

海金沙

別　名：羅網藤

學　名：*Lygodium japonicum*

英文名：Climbing Fern

介　紹：有清熱利濕的功效。

白棠子樹

別　名：紫珠
學　名：*Callicarpa dichotoma*
英文名：Purple Beauty-berry
介　紹：用作消炎、止血。

桔梗

學　名：*Platycodon grandiflorus*
英文名：Balloon Flower
介　紹：用於治療咳嗽。

粗葉榕

別　名：五指毛桃、牛奶仔
學　名：*Ficus hirta*
英文名：Hairy Fig, Hairy Mountain Fig
介　紹：用於治療肺結核咳嗽、慢性支氣管炎、風濕性關節炎、腰腿疼、脾虛浮腫、病後盜汗、白帶。

貓尾草

別　名：布狗尾
學　名：*Uraria crinita*
英文名：Cat's Tail Bean, Tail Bean
介　紹：用於治療感冒、中暑。

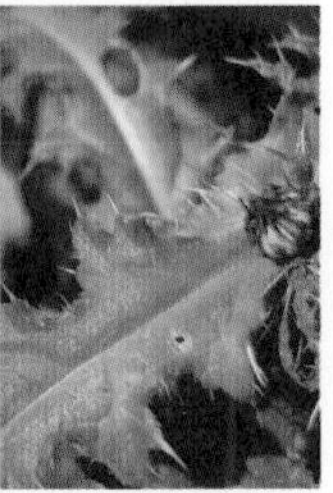

薊

學　名： *Cirsium japonicum*
英文名： Japanese Thistle
介　紹： 用作止血、消腫。

貼生石韋

學　名： *Pyrrosia adnascens*
英文名： Tongue-fern,
Close-growing Pyrrosia
介　紹： 用於治療腮腺炎。

繡球

別　名： 八仙花
學　名： *Hydrangea macrophylla*
英文名： Hydrangea
介　紹： 用作治療瘧疾。

桂花

學　名： *Osmanthus fragrans*
英文名： Kwai-Fah
介　紹： 用於化痰、散瘀。

薑黃

學　名： *Curcuma longa*

介　紹： 用於治療氣滯血阻之痛症。

石斑木

別　名： 車輪梅、春花

學　名： *Rhaphiolepis indica*

英文名： Hong Kong Hawthorn

介　紹： 用於治療風寒頭痛、鼻塞、鼻淵、鼻流濁涕。

土茯苓

別　名： 光葉菝

學　名： *Smilax glabra*

英文名： Glabrous Greenbrier

介　紹： 用作解毒、清濕、通利關節。

銀杏

別　名： 白果樹

學　名： *Ginkgo biloba*

英文名： Maidenhair Tree, Ginkgo

介　紹： 用於治療痰多喘咳、尿頻。

腎茶

別　名：貓鬚草

學　名：*Clerodendranthus spicatus*

介　紹：用於治療膀胱炎、尿路結石、急性和慢性腎炎。

萱草

別　名：金針菜

學　名：*Hemerocallis fulva*

英文名：Day-lily

介　紹：用於治療便血、膀胱炎、黃疸、腮腺炎。

大葉千斤拔

學　名：*Flemingia macrophylla*

英文名：Large-leaved Flemingia

介　紹：能治氣虛腳腫，勞傷久咳；用於治療咽喉腫痛、風濕骨痛。

射干

別　名：較剪蘭

學　名：*Belamcanda chinensis*

英文名：Black-berry Lily

介　紹：用於治療痰多咳嗽、咽喉腫痛。

蝴蝶

香港這繁華城市內，生物多樣性不可小覷，單是蝴蝶已有約二百四十個品種。以下為大家介紹一些可能並不稀有，但形態習性各異的蝴蝶品種，讓大家對「花樣百出」的蝴蝶有初步的認識。

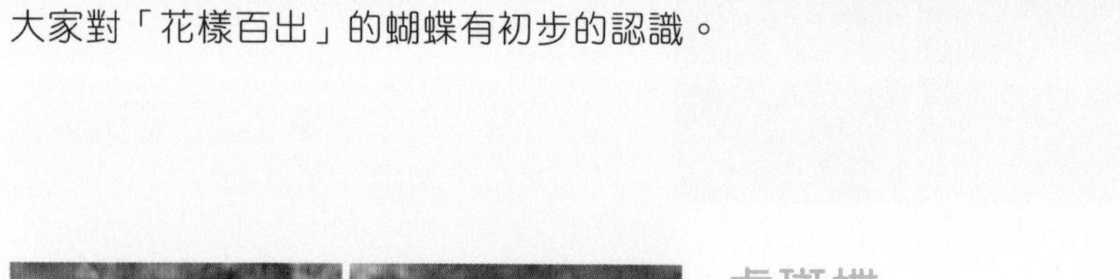

虎斑蝶

學　名：*Danaus genutia*

英文名：Common Tiger

介　紹：顧名思義，虎斑蝶的花紋就像中國東北虎一樣，橙色的底色，襯以粗黑色的邊緣，十分容易辨認。

金斑蝶

學　名：*Danaus chrysippus*

英文名：Plain Tiger

介　紹：金斑蝶的顏色和斑紋分佈基本上跟虎斑蝶差不多，但黑色的紋比虎斑蝶幼得多，可能這就是牠叫金斑蝶的原因吧！

幻紫斑蝶

學　名：*Euploea core*

英文名：Common Indian Crow

介　紹：幻紫斑蝶棕色的翅膀上有很多白斑點，細心觀察腹面邊緣可看到淡淡的紫色。雄性的前翅背面有兩道性標暗斑。

擬旖斑蝶

學　名：*Ideopsis similis similis*

英文名：Ceylon Blue Glassy Tiger

介　紹：擬旖斑蝶翅膀的顏色十分鮮艷，黑色底色上有條狀和點狀的青色斑紋。牠停下來吸食花蜜時，常會同時拍動翅膀。

巴黎翠鳳蝶

學　名：*Papilio paris*

英文名：Paris Peacock

介　紹：巴黎翠鳳蝶翅膀的背面佈滿綠色閃亮的鱗片，在陽光下十分明顯。後翅上的兩個大藍點是牠最大的特徵。

藍鳳蝶

學　名：*Papilio protenor*

英文名：Spangle

介　紹：藍鳳蝶是一種大型蝴蝶，飛來飛去時只能看到牠是黑色的龐然大物。有機會在牠停下來時細看，會發現牠背面有暗暗的藍色。

蛇目褐蜆蝶

學　名： *Abisara echerius*

英文名： Plum Judy

介　紹： 蛇目褐蜆蝶的飛行方式十分奇怪，就像盲衝亂撞般，令人難以捉摸。紅色的翅膀上有淺色的橫紋和小眼斑。

東方菜粉蝶

學　名： *Pieris canidia*

英文名： Indian Cabbage White

介　紹： 東方菜粉蝶的前翅有點狀黑斑，翅膀腹面靠近身體位置漸變為淡黃色，是一種十分常見的蝴蝶。

黑脈園粉蝶

學　名： *Cepora nerissa*

英文名： Common Gull

介　紹： 黑脈園粉蝶尖尖的翅膀上有變化很大的黑色斑紋，有些像斑馬一般，有些則只在翅膀背面有明顯的黑色邊緣。

寬邊黃粉蝶

學　名： *Eurema hecabe*

英文名： Common Grass Yellow

介　紹： 寬邊黃粉蝶的特徵是黃色的底色加上翅膀背面的黑色圍邊，是一種郊區和市區都頗常見的蝴蝶。

遷粉蝶

學　名：*Catopsilia Pomona*

英文名：Lemon Emigrant

介　紹：遷粉蝶雌蝶的顏色跟寬邊黃粉蝶差不多，但前翅邊緣較尖，很容易分辨出來；雄蝶翅膀則為白色。

曲紋稻弄蝶

學　名：*Parnara ganga*

英文名：Rare Swift

介　紹：曲紋稻弄蝶的身體較肥大，形態容易令人誤以為是蛾。頭胸腹呈淺啡色毛絨狀，飛行姿態好像蟋蟀彈跳似的。

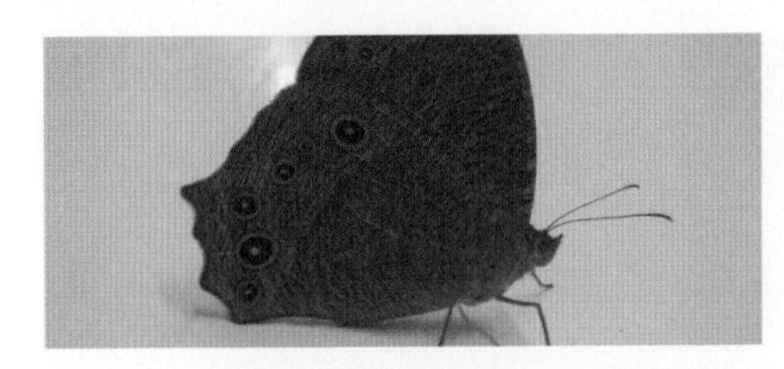

暮眼蝶

學　名：*Melanitis leda leda*

英文名：Common Evening Brown

介　紹：暮眼蝶的生活習慣就如牠的名字一樣，喜歡在天色漸暗時出沒，或躲在陰暗環境，有時在隧道內也能遇見牠們。

平頂眉眼蝶

學　名：*Mycalesis zonata*

英文名：South China Bush Brown

介　紹：平頂眉眼蝶飛行時好像跳躍一樣，十分有趣，牠的特徵是橫跨前翅和後翅較淺色的直紋和外面的眼斑。

矍眼蝶

學　名：*Ypthima baldus baldus*
英文名：Common Five-ring

介　紹：矍眼蝶的體形較平頂眉眼蝶小，飛起來亦是一彈一彈的。前翅只有一點眼斑；後翅則有六點眼斑，大小會隨季節改變。

生灰蝶

學　名：*Sinthusa chandrana*
英文名：Broad Spark

介　紹：生灰蝶後翅的尾部有一條黑色的假觸鬚，假觸鬚基部有一個橙斑和黑色眼斑，令敵人誤以為是頭部，以便逃生。

酢醬灰蝶

學　名：*Zizeeria maha*
英文名：Pale Grass Blue

介　紹：酢醬灰蝶是市區公園中常見的品種，但你未必察覺到，因為牠的體形很細小，牠不停下來時，甚至未必知道牠是蝴蝶呢！

吉灰蝶

學　名：*Zizeeria karsandra*
英文名：Dark Grass Blue

介　紹：吉灰蝶翅膀上的花紋排列跟酢醬灰蝶大致一樣，邊緣斑點的顏色較其他黑點顏色為淡，黑點亦較細小。

鐵木萊異灰蝶

學　名：*Iraota timoleon*

英文名：Silver Streak Blue

介　紹：鐵木萊異灰蝶有白色足部，翅膀腹面為啡色；背面則是深啡色配上金屬藍色，整體顏色對比十分明顯。

珐灰蝶

學　名：*Famegana alsulus*

英文名：Small Grass Blue

介　紹：珐灰蝶的體形很小，翅膀腹面主要是白色，邊緣有一黑線圍著，後翅黑線旁有一點明顯的黑斑。

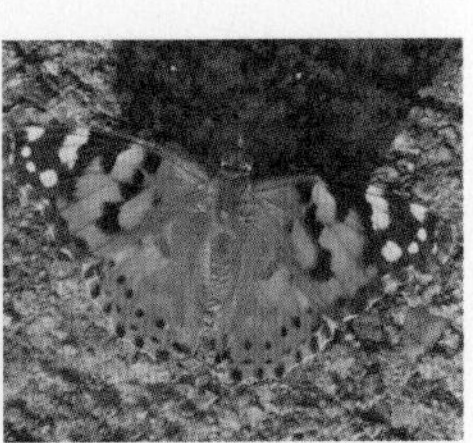

小紅蛺蝶

學　名：*Vanessa cardui*

英文名：Painted Lady

介　紹：小紅蛺蝶前翅的兩端都是黑色，前翅中間和後翅邊緣分別有黑點散落。翅膀近身體的位置則沒有斑紋，只有和身體一樣的啡色。

琉璃蛺蝶

學　名：*Kaniska canace*

英文名：Blue Admiral

介　紹：琉璃蛺蝶翅膀的兩面有很大差異，當翅膀摺起來時就像破爛的枯葉般，但當牠打開翅膀卻會露出鮮艷的藍帶。

網絲蛺蝶

學　名： *Cyrestis thyodamas*
英文名： Common Mapwing

介　紹： 網絲蛺蝶的花紋十分特別，白色底色上的黑線呈網狀。牠很喜歡伏在地上吸水，下雨後或排水渠中都有可能找到牠。

斐豹蛺蝶

學　名： *Argyreus hyperbius*
英文名： Indian Fritillary

介　紹： 斐豹蛺蝶的名字令人想起豹的花紋，橙色翅膀上佈滿黑白色圓點。雌蝶的翅膀上更襯上幻彩般的顏色。

生物多樣性

生物多樣性可以從三個層面看：物種多樣性（species diversity）、生境多樣性和基因多樣性（genetic diversity）。三個層面中，以物種多樣性最為人熟悉。熱帶雨林的物種多樣性非常之高，一平方公里面積內一般有數千至近萬種動植物。生境多樣性是指生物生活環境的變異，較為人所知的生境包括森林與濕地（見〈拉姆薩爾濕地〉一文）。至於基因多樣性，則多被人忽略。基因多樣性是指物種在基因上的差異，如同一品種中的基因變化越多，該品種因某基因缺陷而產生問題的機率就越低。

香港濕地公園

生物多樣性為何重要？

一九六〇年代提出的蓋亞論（Gaia Theory）指出大自然為一複雜有機體，各物種間互相依靠，構成井然有序、生生不息的系統。但隨著人類對大自然的控制和影響漸漸增強，生物多樣性受到破壞。以農業系統（agricultural system）為例，農業活動把原有自然環境轉為只有數種，甚至只有單一農作物品種；城市發展亦把原有的生態環境改造至只剩下零星動植物。

生物多樣性常被強調，是因為多元系統較單元系統穩定。高生物多樣性的生態系統對外來物種的入侵有較高防禦能力；維持生物多樣性亦有助保存自然資源的可持續性（sustainability），使我們可以繼續從中提取木材

(timber)、礦物、淡水等資源。當大自然漸漸地失去平衡，變得依賴人類控制、不能自行運作時，人類也不可持續地從大自然取得資源。

香港的生物多樣性

香港位處亞熱帶地區，因為是熱帶與溫帶(temperate)的交界地，日照高，降水(precipitation)充足，氣候溫和，夏季溫度不太高，冬季溫度不會低於冰點(freezing point)；位於臨海地帶，既有淡水，亦有海岸和海洋環境，多元的生境適合不同的水陸動植物生長。

本港的主要生境有森林、灌木林、河溪、岩岸、泥灘、河口和海洋。香港急劇的城市發展同

清白招潮蟹

時造就了大量「無心插柳式」的淡水濕地。農田和魚塘被荒廢後，漸漸生長出各種植物，吸引雀鳥到來棲息覓食。上水附近的塱原（見〈塱原〉一文）與西貢的深涌（見〈榕樹澳—深涌〉一文）都是這類濕地的例子。

從物種多樣性而言，香港擁有植物三千一百餘種；陸棲哺乳類動物約五十種；鳥類四百六十五種（佔全中國品種數目的三分一）；淡水魚一百六十種；蜻蜓一百一十二種；蝴蝶約二百四十種。物種這樣豐富，其中一個原因是香港的亞熱帶臨海位置是動物遷徙的「中途站」。每年冬季逾百隻世界瀕危的黑臉琵鷺來港過冬，佔全球總數約一成。

深涌

大自然對我們的意義

隨著城市發展，香港的生物多樣性正遭受重大威脅。以新界發展為例，西鐵的確促進了新界與市區之間的連繫，但它同時破壞了很多由荒廢農田和魚塘所生成的淡水濕地。雖然今天在西鐵錦田段高架橋腳下盡是片片人工濕地，可是這些人工濕地的成效還是存疑。

又例如四、五十年前，天水圍還是處處農田魚塘；今天，已是高樓林立的新市鎮。諷刺的是，在昔日農田魚塘的位置上建立了香港濕地公園（Hong Kong Wetland Park）。濕地公園無疑對環境教育起了很大的作用，但更值得深思的是，大自然究竟對我們有什麼意義？大自然是需要我們去保護的珍貴資源，抑或只是一個可人為再造的公園展覽品？

參考路線

香港的生物多樣性十分高。鹿頸、塱原、大棠、汀角一船灣、榕樹澳一深涌等地可分別觀察到多種雀鳥、植物和濕地動植物。

索引

植物通常有多個名稱：學名（scientific name）、俗名（common name）、中文名、別名等。學名以屬（genus）和種（species）組成，都是拉丁文。如 *Acacia confusa*（臺灣相思）中，Acacia 指相思屬，confusa 指品種；而 *Acacia mangium*（大葉相思）中，mangium 亦是指品種。由於臺灣相思與大葉相思均為相思屬，故用同一個屬名 Acacia。

由於各地區或會對同一品種的植物給予不同的英文名或別名，而一些不常見的植物甚至沒有英文名或別名，故學名是唯一可以國際通用的植物名稱。動物的命名大致與植物相同。

中文名	學名／正式名稱	俗名	頁數
三級消費者	tertiary consumer		176, 361
三裂葉蟛蜞菊	*Wedelia trilobata*		142-143
三疊紀	Triassic		226
上游	upper course		90-92, 99, 148, 175, 183, 205, 243
下游	lower course		72, 90, 92, 96-97, 99, 148, 175-176, 183, 243
下滲速率	infiltration rate		326-327
土木工程拓展署	Civil Engineering and Development Department		139, 240, 257
土地利用	landuse		89, 230
土流	earth-flow		144
土茯苓（光葉菝）	*Smilax glabra*	Glabrous Greenbrier	378
土壤	soil		82, 136, 292, 300, 302, 307, 309, 322, 360-361, 369
土壤水分	soil moisture		284, 291, 302
土壤含水量	soil moisture content		368
土蠕	soil creep		143
大白鷺	*Egretta alba*	Great Egret	17-18, 23, 121
大豆	*Glycine max*	Soybean	36-37
大花紫薇	*Lagerstroemia speciosa*	Queen Crape Myrtle	29
大氣／大氣層	atmosphere		82, 114, 277, 343-345
大氣現象	atmospheric phenomenon		342
大腸桿菌	*Escherichia coli*		108
大葉千斤拔	*Flemingia macrophylla*	Large-leaved Flemingia	379
大葉相思（馬占相思）	*Acacia mangium*	Big-leaved Acacia	313-314
大頭茶	*Gordonia axillaris*	Hong Kong Gordonia	284
大薸（水浮蓮）	*Pistia stratiotes*	Water Lettuce	372
子房	ovary		156, 301, 303
小白鷺	*Egretta garzetta*	Little Egret	17-18, 23, 51
小青腳鷸	*Tringa guttifer*	Nordmann's Greenshank	366

中文名	學名／正式名稱	俗名	頁數
水平	horizontal		130
水石榕	*Elaeocarpus hainanensis*		30-31
水污染	water pollution		105, 187, 209
水坑口街	Possession Street		54-55
水汽	water vapor, H_2O		342-343
水系	drainage		87, 175, 179
水鳥	waterbird		366
水循環	hydrological cycle		114
水稻	wet rice		38
火山灰	volcanic ash		296
火山岩	volcanic rock		257, 296, 305
火山活動	vulcanicity		342
火成岩	igneous rock		130, 138, 257
火殃簕	*Euphorbia antiquorum*	Fleshy Spurge	131
片蝕	sheet erosion / sheetwash		135, 287
牛背鷺	*Bubulcus coromandus*	Cattle Egret	18, 23
五畫			
仙人掌	cactus		136, 138
代	era		226
冬至	winter solstice		271-273
凸岸	convex bank		72
凹岸	concave bank		72
北回歸線	Tropic of Cancer		271, 273
半山區	Mid-Levels		57
古生代	Paleozoic		226
古物及古蹟條例	Antiquities and Monuments Ordinance		264
古物古蹟辦事處	Antiquities and Monuments Office		65
古道	ancient trail		329
可再生能源	renewable energy		38, 152, 159-161, 163, 348-350, 357
可吸入懸浮粒子	respirable suspended particulate, RSP		53, 105
可持續性	sustainability		388
可持續耕作	sustainable farming		321-322, 329
可持續發展	sustainable development		6, 25, 45, 63, 185, 238, 357

中文名	學名／正式名稱	俗名	頁數
可溶性礦物	soluble mineral		94
四環九約	Four Wan and Nine Yeuk		200, 203
外在成本	external cost		354
外來品種	exotic species		167, 283
外來植物	exotic plant		144, 281
外飛地	exclave		33
尼龍網	nylon net		108
市區	urban area		9, 24, 53, 59, 89, 109, 118, 128, 149, 152, 163, 181, 201, 203, 246, 277-278, 316, 324, 351-354, 382, 391
市區更新	urban renewal		89, 141
市區重建局	Urban Renewal Authority		141
平原	plain		77, 117, 278
平頂眉眼蝶	*Mycalesis zonata*	South China Bush Brown	383-384
幼蜆	young clam		190
打爛埕頂山	Shek O Peak		262, 267
本地品種	local species		281, 283-284
母岩	parent rock		287, 367
母群	parent population		282
玉葉金花	*Mussaenda pubescens*	Splash-of-white	161, 269
甘蔗	sugar cane		36-38, 350
生化燃料	biofuel		38
生灰蝶	*Sinthusa chandrana*	Broad Spark	384
生物多樣性	biodiversity		77, 181, 219, 284, 337, 339, 366, 368, 380, 387-389, 391
生物風化	biological weathering		260, 331, 367
生物量	biomass		368
生長週期	growth cycle		76
生產力	productivity		368-369
生產者	producer		361-362
生境	habitat		20, 31, 125, 148, 183, 191, 195, 206, 220, 288, 339, 368-369, 387, 389
生境多樣性	habitat diversity		245, 387

中文名	學名／正式名稱	俗名	頁數
地圖	map		6, 58, 84, 89, 99, 125, 149, 151, 223, 230-231, 245, 249, 267, 277, 309, 312, 333-334
地貌	geomorphology / landform		49, 91, 99, 134, 139, 175, 249, 305, 309
地質／地質學	geology		81, 129-130, 139, 152, 225, 233, 239-240, 245, 257, 305, 309
多普勒天氣雷達	Doppler weather radar		294-295
年雨量	annual rainfall		38, 131
成長	growth		153, 190, 370
曲流	meander		72
曲紋稻弄蝶	*Parnara ganga*	Rare Swift	383
有機物	organic matter		361, 368
有機耕作	organic farming		107-108, 335
有機酸	organic acid		331, 367
次級消費者	secondary consumer		176, 361
次級輻射體	secondary radiator		277
污染	pollution		160, 174, 252, 257
污染物	pollutant		21, 53, 86, 181, 205, 257, 267, 311, 363-364
灰渣洞	lime cave		109
百慕達草	*Cynodon dactylon*	Bermuda Grass	281
竹	bamboo		191, 195, 209, 238
羊角拗	*Strophanthus divaricatus*	Goat Horns	155
老鼠簕	*Acanthus ilicifolius*	Spiny Bears Breech	224-225
耳果相思	*Acacia auriculiformis*	Ear-leaved Acacia, Ear-pod Wattle	281-282, 314
肉食性動物	carnivore		361
肉質莖	fleshy stem		136
自由市場經濟	free market economy		354
自然保育區	conservation area		21
自給自足	subsistence		119

中文名	學名／正式名稱	俗名	頁數
防火帶	fire break		284
防滲透墊層	impermeable liner		252
八畫			
亞熱帶	subtropical		15, 389-390
京都議定書	Kyoto Protocol		356-359
侏儒鍔弄蝶	*Aeromachus pygmaeus*	Pigmy Scrub Hopper	23, 211
侏羅紀	Jurassic		225-226
兩面針	*Zanthoxylum nitidum*	Shiny-leaved Prickly Ash	192, 374
具特殊科學價值地點	Site of Special Scientific Interest, SSSI		12, 23, 76, 83-85, 149
初級生產者	primary producer		176, 178, 210
初級消費者	primary consumer		176, 361
呼吸	respiration		210, 342
呼吸根	pneumatophore		81-82, 89
固氮	nitrogen-fixing		281, 313
坡度	gradient		144, 262-263, 305, 327
夜鷺	*Nycticorax nycticorax*	Black-crowned Night Heron	18
季風氣候	monsoon climate		134
季節	season		51, 53, 271-272, 311, 318, 353, 384
孤立系統	isolated system		86
定居	sedentary		119
岩石區	The Rocks		141
岩池	rockpool		243
岩床	sill		170
岩岸	rocky shore		15, 389
岩脈	dyke		170, 314
岩崩	rockfall		143
岩漿	magma		130, 170
岩體	intrusive body		170
岬角	headland		48, 149, 260-261
抽樣	sampling		282
拉尺	measuring tape		177, 240, 250-251
拉姆薩爾	Ramsar		364
拉姆薩爾公約	Ramsar Convention		365

中文名	學名／正式名稱	俗名	頁數
捕獵者／捕食者	predator		146, 199, 209
時間轉變	temporal change		230
核心石	corestone		135, 259
核能	nuclear energy		348, 350
格網座標	grid reference		333
桂花	*Osmanthus fragrans*	Kwai-Fah	377
桃金娘（崗棯）	*Rhodomyrtus tomentosa*	Rose Myrtle, Downy Rosemyrtle	103-104, 158, 268-269, 307
桐花樹（蠟燭果）	*Aegiceras corniculatum*		14, 82, 217, 363
桔梗	*Platycodon grandiflorus*	Balloon Flower	376
氣根	aerial root		58-59, 61, 67, 82
氣旋	cyclone		311
氣溫	air temperature		133, 276-277, 291-293, 298-299, 311, 345, 351-354, 369
氧氣	oxygen		82, 210, 366
浮游動物	zooplankton		176, 178, 190
浮游植物	phytoplankton		176, 178
海水化淡	desalination		187-188
海杧果	*Cerbera manghas*	Cerbera	13, 224-225
海岸地貌	coastal landform		47-48, 260, 267
海岸線	shoreline		33, 192, 210, 249
海金沙（羅網藤）	*Lygodium japonicum*	Climbing Fern	375
海星	starfish		76, 82
海漆	*Excoecaria agallocha*	Milky Mangrove	14, 20, 224, 364
海蝕平台	wave-cut platform		306
海蝕拱	sea arch		48, 306
海蝕柱	stack		48
海蝕洞	sea cave		46-48, 109
海欖雌（白骨壤、海茄冬）	*Avicennia marina*	Black Mangrove	81-82, 89, 364
海灣	bay		15-16, 49, 79, 81, 87, 204-205, 209-210, 218, 228, 249, 254, 258, 260-261
消費者	consumer		178, 361
珠江	Pearl River		187, 192
留鳥	resident bird		18, 23
畜牧	pastoral		119, 343

中文名	學名／正式名稱	俗名	頁數
假馬鞭（假敗醬）	*Stachytarpheta jamaicensis*	Jamaica Vervain	373
假連翹	*Duranta erecta*	Golden Dewdrops	42, 45, 355
假蘋婆	*Sterculia lanceolata*	Lance-leaved Sterculia	153-154
勒克斯	lux		106
區位優勢	locational advantage		219
商業	commercial		119
商業性穀物農業	commercial grain farming		118
國際自然和自然資源保護聯盟	International Union for the Conservation of Nature and Natural Resources, IUCN		8, 364
域多利監獄	Victoria Prison		56, 65
基因多樣性	genetic diversity		387
基圍	*gei wai*		365-366
基層	substratum		190
基質	substrate		181, 191
堆填區／廢物堆填	landfill		35, 252-253, 257, 343-344
崗松	*Baeckea frutescens*	Dwarf Mountain Pine	306-307
崩大碗（積雪草）	*Centella asiatica*	Moneywort	374
崩塌	slump / rotational slide		48, 143-144
巢蕨	*Neottopteris nidus*	Bird-nest Fern	239
排水不良	poor drainage		335
採泥區	borrow area		280-281, 287, 371
採礦	mining		169-170, 173
掩蔽海灣	sheltered coast		149
教育水平	education level		357
斜坡綠化	slope-greening		140, 142-143
梔子（水橫枝）	*Gardenia jasminoides*	Cape Jasmine	274
梯田	terrace		290, 292, 299, 321-322
氫	hydrogen, H		67
淋溶作用	leaching		279
淡水	fresh water		96, 114, 176, 178, 187-188, 362, 389
淡水濕地	freshwater wetland		20, 216-217, 219, 390-391

中文名	學名／正式名稱	俗名	頁數
陰生植物	sciophytic plant		368
雪松		Cedarwood Himalayan	28-29, 33
雪崩	avalanche		144
頂極群落	climax community		368
魚排	mariculture raft		51, 154-155, 209, 230
魚塘	fish pond		16, 19-20, 125, 219, 279, 365, 390-391
麥理浩徑	MacLehose Trail		289-290, 310
十二畫			
博弈論	Game Theory		293-294
喙	bill		17-18, 116
喜瑪拉雅山	The Himalayas		28
喬木	tree		106, 154-155, 290-292, 309, 325, 367-368
單斜山	escarpment		309
單葉蔓荊	*Vitex rotundifolia*		190
壺穴	pothole		91, 99
寒武紀	Cambrian		226
復修	rehabilitation		141
循環再用	reuse		350
循環再造	recycle		35, 350
惠特萊西	Derwent Whittlesey		118-119
散射	scattering		343
斐豹蛺蝶	*Argyreus hyperbius*	Indian Fritillary	386
斑絡新婦（大木林蜘蛛）	*Nephila maculata*	Large Woodland Spider	145
斯皮爾曼等級相關係數	Spearman's rank correlation coefficient		207-208
智能電網	smart grid		161
森林	forest		93, 367-369, 387, 389
植林	afforestation		144, 150, 278, 283-285, 287, 314
植林三寶	forestry triple		107, 111, 144
植物群落	vegetation community		81, 230, 290-291, 306, 330, 363, 367-368

中文名	學名／正式名稱	俗名	頁數
腹	abdomen		82, 145-146, 206, 242, 383
腹足	pleopod		39
腹足綱	Gastropoda		39
萱草（金針菜）	*Hemerocallis fulva*	Day-lily	379
萼片	sepal		303
落葉	defoliation		27, 76
葉狀地衣	foliose lichen		331
葉紅素	erythrophyll		27
葉黃素	xanthophyll		27
葉綠素	chlorophyll		27
蜆	clam		189, 190, 195
衙門	almshouse		25, 31
資訊不完全	imperfect information		294
農業	agriculture		45, 103, 107, 118-120, 125, 170, 211, 219, 221, 245, 278, 292, 329, 345, 388
農業系統	agricultural system		388
遊牧業	nomadic herding		118
過濾	filtering		83, 114, 188, 363-364
酪農業	dairying		118
鈾	uranium		348
鉀	potassium, K		67, 105
隔音屏障	sound barrier		165-166, 173
福木	*Elaeodendron orientale*	False Olive	27
裸子植物	gymnosperm		155-156, 163, 301, 309
裸地	bare land / bare ground		135, 367, 369
十四畫			
畜牧業	livestock ranching		118
厭氧	anaerobic		15, 82
圖騰	totem		132
寡毛綱	Oligochaeta		334
對生	opposite		167
對葉榕（牛奶樹）	*Ficus hispida*	Opposite-leaved Fig	167-168
榕屬	Ficus		58, 82

增訂版

生態悠悠行

編著： 梁永健

作者： 梁永健、陳曉霞、楊松穎、陳嘉耀、齊嘉昊、林靄詩、黃筑君、李慧妍

總編輯： 葉海旋

編輯： 李小媚

助理編輯： 黃秋婷

書籍設計： TakeEverythingEasy Design Studio

插圖繪畫： 邱倩雯、李燕萍、009（P.93, 177, 240, 250, 263）

鳴謝： 葉海旋先生提供部分照片

出版： 花千樹出版有限公司

地址： 九龍深水埗元州街 290-296 號 1104 室

電郵： info@arcadiapress.com.hk

網址： www.arcadiapress.com.hk

印刷： 美雅印刷製本有限公司

初版： 2007 年 9 月

增訂版： 2018 年 3 月

ISBN ： 978-988-8265-77-0